ein Ullstein Buch

W0402456

ÜBER DAS BUCH:

Ende des 19. Jahrhunderts ereignete sich in London eine grauenvolle Mordserie, der ausschließlich Prostituierte zum Opfer fielen und die zu einer der furchtbarsten aller unaufgeklärten Fälle der Kriminalgeschichte wurde. Der Mörder, der sich in seinen Briefen an Scotland Yard selbst als *Jack the Ripper* bezeichnete, wurde nie ausfindig gemacht. Er wurde zur legendären Figur, mit der sich auch Persönlichkeiten wie Conan Doyle, George Bernard Shaw, Frank Wedekind und Bertolt Brecht auseinandersetzten. Doch erst Tom Cullen gelang es, aufgrund seiner Nachforschungen und seiner minutiösen Rekonstruktion der Morde eine überzeugende Theorie über Identität und Motivation des Mörders zu entwickeln, in der er auch die sozialpolitischen Aspekte jener Epoche berücksichtigt.

DER AUTOR:

Tom Cullen, ein amerikanischer Journalist, lebt als Korrespondent einer Presseagentur in London. Bereits während seiner Studienzeit an der Sorbonne in Paris beschäftigte er sich intensiv mit soziologischen, kriminalistischen und literarischen Problemen. Seit seiner Übersiedlung nach London konzentriert sich seine Forschungsarbeit vorwiegend auf die Viktorianische Ära.

Tom Cullen

Jack the Ripper

Der Mörder von London

Mit 18 Abbildungen

ein Ullstein Buch

ein Ullstein Buch
Nr. 20890
im Verlag Ullstein GmbH,
Frankfurt/M–Berlin
Titel der englischen Originalausgabe:
Autumn of Terror
Übersetzt von Jutta und Theodor Knust

Ungekürzte, um den Bildteil
erweiterte Ausgabe

Umschlagentwurf:
Theodor Bayer-Eynck
Alle Rechte vorbehalten
Taschenbuchausgabe mit Genehmigung
der Albert Langen–Georg Müller
Verlag GmbH, München–Wien
© der deutschsprachigen Ausgabe
by Albert Langen–Georg Müller
Verlag GmbH, München–Wien
Printed in Germany 1988
Druck und Verarbeitung:
Clausen & Bosse, Leck
ISBN 3 548 20890 8

März 1988

CIP-Titelaufnahme der Deutschen
Bibliothek

Cullen, Tom:
Jack the Ripper: d. Mörder von London/
Tom Cullen. [Übers. von Jutta u. Theodor
Knust]. – Ungekürzte, um d. Bildteil erw.
Ausg. – Frankfurt/M; Berlin: Ullstein,
1988
(Ullstein-Buch; Nr. 20890)
Einheitssacht.: Autumn of terror ⟨dt.⟩
ISBN 3-548-20890-8

NE: GT

Inhalt

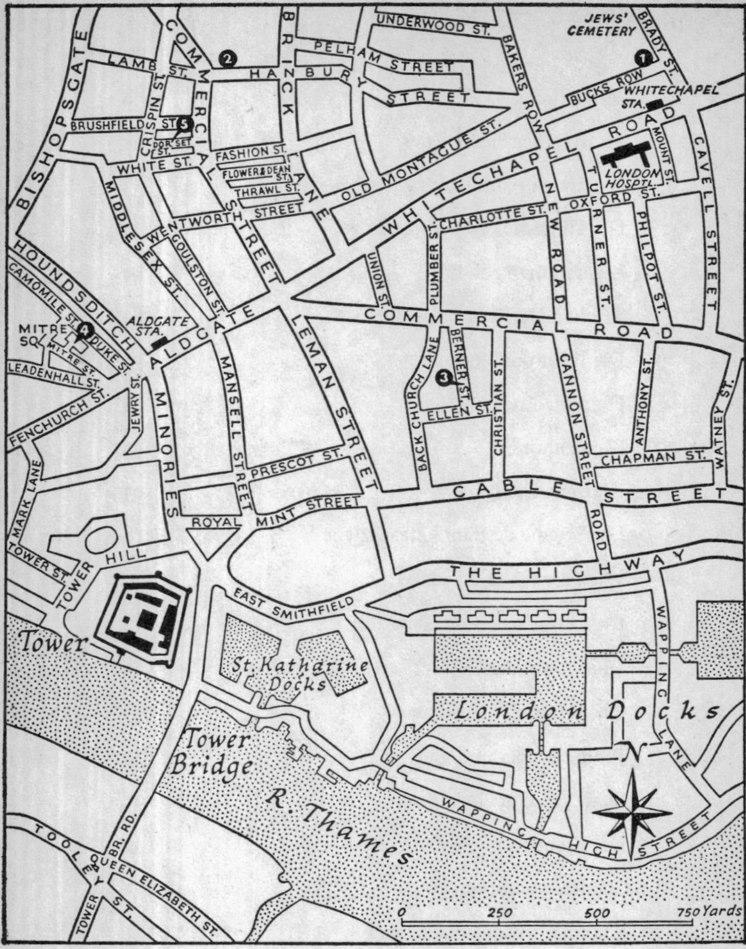

Ost-London im Jahr 1888: Daten und Plätze der Morde »Jack the Rippers«. 1. 31. August – Mary Ann Nichols 2. 8. September – Annie Chapman 3. 30. September – Elizabeth Stride 4. 30. September – Catherine Eddows 5. 9. November – Mary Jane Kelly

»Während wir konventionellen Sozialdemokraten unsere Zeit an Erziehung, Agitation und Organisation verschwendeten, hat irgendein unabhängiges Genie die Sache in die Hand genommen und dadurch, daß es einfach vier Frauen tötete und ausweidete, die das Privateigentum vertretende Presse zu einer Art von unvernünftigem Kommunismus bekehrt.«

George Bernard Shaw in einem Brief an den *Star*,

24. September 1888

Für Tom und Elizabeth van Dycke

1

»Entsetzen lief durch das Land«, so lautete ein zeitgenössischer Bericht. »Die Männer sprachen mit verhaltener Stimme davon, und die Frauen schauderten, blaß bis in die Lippen, wenn sie die furchtbaren Einzelheiten lasen. Leute, die weit vom Schuß wohnten, hatten den Geruch von Blut in der Nase, und die Abergläubischen behaupteten, der Himmel sei in diesem Herbst von tieferem Rot.« Es war der Herbst 1888, und England, noch leicht verkatert von den Feiern zum Goldenen Jubiläum der Königin im Jahr zuvor, sah voller Besorgnis, daß Victorias Enkel, Wilhelm II., in Deutschland den Thron bestieg.
Aber es war nicht Kaiser Wilhelm, der die Männer veranlaßte, die Stimme zu senken, und die Frauen, bis in die Lippen zu erbleichen. Es war auch nicht die Aussicht auf Krieg, die im Jahr 1888, als dieser noch in weiter Ferne lag, so manchen Blut wittern ließ. Was das Entsetzen hervorrief und in den Toren den Wahn erzeugte, Kain sei wiederauferstanden, war eine Reihe von Morden, die in den Annalen des Verbrechens keine Parallele hatten. Der Herbst 1888 war die Zeit, in der ein geheimnisvoller Mörder in den Straßen des Londoner East End sein Unwesen trieb, seine weiblichen Opfer unvermutet niederschlug, ihnen die Kehle durchschnitt, sie auf gräßliche Weise verstümmelte und durch die Polizeikordons entkam, um abermals zu morden. »Jack the Ripper« war der Name, den er sich selber gegeben hatte und unter dem er der Nachwelt bekannt wurde: Jack der Aufschlitzer. Ein Name, der einem noch heute das Blut in den Adern stocken läßt.
Allzubald wurden in diesem Herbst die blutigen Sonnenuntergänge, die manche als Vorzeichen deuteten, von dichten schwefligen Nebeln ausgelöscht, die als »Londoner Spezialität« bekannt sind; so erhielt der Schrecken eine neue Dimension. Auf dem Höhepunkt der Angst vor dem Ripper weigerten sich russische, polnische und deutsche Einwanderer, die in Whitechapel ankamen, auch nur vorübergehend dort zu bleiben, so groß war ihre Furcht vor dem unbekannten Mörder. Und selbst die Cockneys, die Londoner aus dieser Gegend, rührten sich nach Sonnenuntergang nicht mehr aus dem Haus. Der Gastwirt von *Star and Garter* auf der Commercial Road, der Pleite machte, gab mit deutlichen Worten Jack the Ripper die Schuld an seinen Schwierigkeiten. »Die Leute gehen abends überhaupt nicht mehr aus«, beklagte er sich beim Konkursgericht. »Seit den Morden kommt abends kaum noch einmal jemand in mein Lokal.« Selbst in der ruhigen Gegend von Belgravia und South Kensington wurden die Vorhänge dichter zugezogen als sonst, und die Hausherren hatten es schwer, ihre Dienstmädchen dazu zu bewegen, nach Einbruch der Dunkelheit noch einen Brief in den Postkasten zu bringen.

Südlich der Themse, auf der Blackfriars Road, wurde Mrs. Mary Burridge, eine Scheuertuchhändlerin, von der Lektüre des unheimlichen Berichts über einen Ripper-Mord im *Star* so überwältigt, daß sie tot umfiel, die Nachtausgabe der Zeitung noch in der Hand. Vielleicht war ihr Blick gerade auf folgenden Absatz gefallen: »Ein namenloser Verworfener – halb Tier, halb Mensch – ist losgelassen ... Gräßliche Bosheit, tödliche List, unersättlicher Blutdurst – das sind die Kennzeichen des wahnsinnigen Mörders. Das bestialische Geschöpf, das sein Opfer beschleicht wie ein Pawnee-Indianer, ist geradezu trunken von Blut und will noch mehr.«

Doch nicht alle Londoner blieben zu Haus. Richard Mansfield, der amerikanische Schauspieler, trat seit August erfolgreich in dem Drama *Dr. Jekyll und Mr. Hyde* im Theater Lyceum auf; vor allem seine Darstellung des Ungeheuers Hyde begeisterte allgemein. Theaterbesucher, die sich, noch ganz im Bann des Schauerstücks, in den von Gaslaternen beleuchteten »Strand« hinausdrängten, wurden von neuen Sensationen erwartet, die ihnen die Zeitungsjungen in die Ohren schrien: »Mord! Mord! Wieder ein Mord in Whitechapel! Ausführlicher Bericht!« Das war ein Fall, wo man mit Recht sagen konnte, die Wirklichkeit plagiiere die Kunst. Doch nicht nur im »Strand« wurde die Stille von den Ausrufen der Zeitungshändler zerrissen. Vom bürgerlich ruhigen Pembroke Square stieg folgender gequälter *cri de cœur* auf, der an den *Daily Telegraph* gerichtet war:

»Läßt sich denn gar nichts tun, um eine Gruppe von lärmenden Rowdys daran zu hindern, nachts auf unsere vorstädtischen Plätze und Straßen zu kommen, aus Leibeskräften zu schreien und die empfindsamen Frauen und Kinder unseres Viertels auf den Tod zu erschrecken? Gestern abend beispielsweise schrien sie: ›Extrablatt – Mord – Zeitung – Jack – the – Ripper – Gefaßt – Zeitung – Whitechapel – Zeitung – Endlich gefaßt – Zeitung – Mord – Ripper – Zeitung – Mord – Ripper gefaßt – Zeitung – Endlich.‹ Diese furchtbaren Worte ertönten gegen neun Uhr in einem ruhigen Teil von Kensington; eine Dame, die bei uns zu Abend aß, nahm dieses schreckliche Gebrüll so mit, daß sie völlig die Nerven verlor und mit einer Droschke nach Haus fahren mußte, weil sie bei der Fahrt mit dem Omnibus am Ende ihres Weges etwa hundert Meter eine stille Straße hätte hinuntergehen müssen. Nun erlaube ich mir zu fragen, ob es nicht ungeheuerlich ist, daß uns die Polizei nicht vor so flagrantem und gräßlichem Lärm schützt.«

2

Wie viele Morde hat Jack the Ripper begangen? In dieser Hinsicht herrscht keine Übereinstimmung unter den Amateurkriminologen oder den Polizeifachleuten, die den Fall studiert haben. Einige sagen acht, andere elf, doch manche schreiben dem Ripper auch vierzehn Morde zu, darunter solche, die sich lange nach 1888 ereigneten. Der Ripper wurde geradezu etwas wie ein Kollektivausdruck für Mord, ein zweckmäßiges Behältnis, in das man alle ungeklärten Verbrechen gewaltsamer oder sadistischer Natur gegen Frauen warf. Nach Sir Melville Macnaghten, dem früheren Chef der kriminologischen Abteilung von Scotland Yard, »beging der Mörder von Whitechapel fünf Morde und nicht mehr«. Nachdem ich das Beweismaterial genau studiert habe, neige ich dazu, mich Sir Melvilles Ansicht anzuschließen.

Die fünf Morde wurden in der Zeit von zehn Wochen zwischen dem 31. August und dem 9. November 1888 begangen und spielten sich in einem Gebiet von etwa einem halben Quadratkilometer ab. Sie hatten gewisse Merkmale gemein. Allen Opfern wurde, nachdem sie offenbar von hinten angefallen worden waren, die Kehle durchgeschnitten. In allen Fällen außer einem war der Versuch gemacht worden, die Leichen zu verstümmeln, obwohl nichts für ein Sexualverbrechen sprach. In zwei Mordfällen wurden Organe aus dem Körper des Opfers entfernt. Die Morde zeichneten sich durch zunehmende Grausamkeit aus, die zu dem Doppelmord vom 30. September und zu den Blutsaturnalien beim Mord der Mary Jane Kelly am 9. November führte, nach dem das Gemetzel ebenso plötzlich aufhörte, wie es begonnen hatte. Mit Ausnahme der letztgenannten Tötung ereigneten sich alle Morde im Freien, in den dunklen Gassen und Hinterstraßen von East End.

Schließlich fanden sämtliche Morde entweder am ersten oder am letzten Wochenende des Monats statt, und zwar zwischen Mitternacht und fünf Uhr morgens, was einen gewissen Dr. L. Forbes Winslow, Bakkalaureus der Medizin, Dr. beider Rechte (Cambridge), Dr. iur. (Oxford), dazu veranlaßte, eine »Lunartheorie« auszuarbeiten. Die Morde wurden nach Dr. Winslows Ergebnissen entweder begangen, wenn der zunehmende Mond im ersten Viertel aufging oder der abnehmende Mond das letzte Viertel erreicht hatte. »Wahnsinnige werden stark von den verschiedenen Perioden der Gestaltveränderung des Mondes beeinflußt«, setzt er hinzu, beinah als ob das jeder wissen müßte[1].

[1] Daß sowohl Jack the Ripper wie auch der unbekannte Täter, der für eine Reihe exzentrischer Strangulierungen in Boston während der Jahre 1962/63 verantwortlich war, Opfer eines »Mondwahns« waren, wurde von Dr. E. A. Jannino aus Lynn, Mass., auf einer internationalen Konferenz für Gerichtsmedizin im April 1963 in London behauptet. »Die moderne wissenschaftliche Forschung an den von Menschen ausgehenden Elektrowellen weist auf eine Veränderung des elektrischen Potentials zweimal im Monat hin, die mit dem Voll- und dem Neumond zusammenfällt«, erklärte Dr. Jannino. »Eine untersuchte Gruppe von Milieugestörten erbrachte die höchsten Voltergebnisse«, setzte er hinzu.

3

Wer waren die Opfer des Rippers? »Überall, wo Lachen und die Fröhlichkeit des Cancan – überall, wo Schönheit war, lauerte *er* im Schatten«, heißt es in einem Programmheft der Twentieth Century-Fox für den Film *The Man in the Attic.* Und tatsächlich sind in vielen Verfilmungen der Geschichte des Rippers die Opfer als Varietékünstlerinnen oder Bardamen dargestellt worden[1].

Nichts könnte der Wahrheit ferner liegen. In Wirklichkeit waren alle fünf Opfer des Rippers Prostituierte oder »Schwestern des Abgrundes«, wie die Victorianer sie lieber nannten – und sie hatten tatsächlich die letzten Sprossen der Leiter erreicht, die in den Abgrund führte. Es waren, mit einer Ausnahme, Schlampen mittleren Alters, wirklich der Bodensatz elender Menschheit. Alle fünf hatten auffallend ähnliche Lebensläufe, ein Umstand, der den meisten Schriftstellern, die sich mit dem Thema beschäftigt haben, entgangen zu sein scheint. Alle waren irgendwann einmal verheiratet gewesen und waren nun entweder verwitwet oder lebten von ihrem Mann getrennt; die Kinder hatten sie zu Verwandten oder in Waisenhäuser gegeben. Eine der Frauen befand sich im Frühzustand einer Schwangerschaft, als sie ermordet wurde.

Alle waren chronische Alkoholikerinnen, was hauptsächlich zur Auflösung ihrer Ehen und Haushaltungen geführt zu haben scheint; und mindestens eine von ihnen war bereits so stark durch die Brightsche Krankheit genannte Nierenschrumpfung reduziert, daß sie bestenfalls noch wenige Jahre zu leben gehabt hätte. Sie wohnten in den Logierhäusern von Spitalfields, das heißt, wenn sie die vier Penny für ein Bett besaßen. Sonst schliefen sie mit andern Heruntergekommenen in Parks oder an der Einfriedigung der Christuskirche in Spitalfields.

Elend und äußerste Armut sind der erschütterndste gemeinsame Nenner bei ihnen. Mary Ann Nicholls, Polly genannt, war vierundzwanzig Stunden, bevor man sie ermordet fand, in einer verlausten »Penne« auf der Thrawl Street abgewiesen worden, weil sie die vier Penny für ein Bett nicht bezahlen konnte. Ihre Leiche, der der Bauch aufgeschlitzt worden war, wurde an der Kennzeichnung des Lambeth-Armenhauses in ihrem Flanellunterrock erkannt. Der Kamm und die Scherbe eines zerbrochenen Spiegels, die sich in ihrer Tasche fanden, waren ihr einziger irdischer Besitz. Thomas Hood mochte an Polly gedacht haben, als er diese Klagezeilen schrieb:

Noch eine – unglücklich,
atmet in Not,
unverschämt, zudringlich –
ging in den Tod!

[1] Vgl. Anhang A.

4

Die anatomischen Versuche des Rippers wurden von der Kanzel erörtert, und die *Times* widmete ihnen Berichte von täglich vier, fünf Spalten, die noch heute als Kostbarkeiten ihrer Art betrachtet werden[1]. Zu den Männern, die ihren Scharfsinn auf das Problem ansetzten, wer der Ripper war, gehörten George Bernard Shaw, damals noch junger Musikkritiker, und Arthur Conan Doyle, dessen erste Sherlock-Holmes-Geschichte, »A Study in Scarlet«, erst im Jahr zuvor in *Beeton's Christmas Annual* veröffentlicht worden war.

Das Interesse für Jack the Ripper beschränkte sich keineswegs auf London. In einem Brief an die *Times* erzählte ein »älterer Herr«, der ausgedehnte Reisen durch ganz England unternommen hatte, von der weitverbreiteten Erregung, die die Morde in Whitechapel besonders in den unteren Schichten hervorgerufen hatten. »Vorige Woche teilte ich in einer landwirtschaftlichen Grafschaft«, so schrieb er, »während eines heftigen Regens meinen Schirm mit einem Dienstmädchen, das nach Haus ging. ›Trifft es zu, Sir‹, fragte sie, ›daß sie das weibliche Geschlecht in London niedermetzeln?‹ Und sie erläuterte dabei, daß sie damit meine, ›man ermorde sie einzeln und zu zweien‹. Mein Hauptinteresse an der Angelegenheit«, setzte der Schreiber hinzu, »ist, daß ich selbst für den Mörder gehalten worden bin. Und wenn das bei mir der Fall ist, warum dann nicht bei jedem älteren Herrn von ruhigen Lebensgewohnheiten?« Tatsächlich – warum eigentlich nicht?

Der Ruf des Rippers überquerte rasch den Ärmelkanal, rief ähnliche Morde im Pariser Montmartre-Viertel hervor und gipfelte in den scheußlichen Taten von Joseph Vacher, dem Bauern, der in den neunziger Jahren elf Menschen ermordet haben soll. Der Ruhm des Rippers drang auch nach Amerika, wo er manche andere Nachricht aus den Zeitungen verdrängte. Besonders die *Police Gazette* widmete Jack the Ripper ganze Spalten, während die New Yorker *Graphic* Dr. J. G. Kiernan, eine medizinische Kapazität, auftrieb, der darauf schwor, daß der Mörder von Whitechapel einfach ein Kannibale sei, »ein Typ, der glücklicherweise in den angelsächsischen Ländern selten ist, dem man aber in Rußland, Deutschland, Böhmen und Frankreich häufig begegnet«; wenigstens meinte das der gelehrte Arzt[2].

Schließlich nahm Königin Victoria in ihrem Witwensitz in Windsor ebenso

[1] Die Berichte aus der *Times* sind in der von Louis L. Snyder und Richard B. Morris als Vorbilder der Verbrechensberichterstattung herausgegebenen Anthologie *A Treasury of Great Reporting* abgedruckt.

[2] Der Ripper war anscheinend auch in Süditalien wohlbekannt. In seinen Erinnerungen erzählt der in Spitalfields geborene Professor Thomas Okey in Cambridge, wie er von zwei jungen Neapolitaner Juristen, die London im Jahr 1888 besuchten, gebeten wurde, ihnen als Führer behilflich zu sein. »Als ich fragte, womit ich ihnen dienen könne, kam die einstimmige Antwort, ob ich sie zum Schauplatz eines der Morde von *Giacomo lo Squarciatore* führen könne«, berichtet der Professor.

reges Interesse an den Morden wie ihre bescheidensten Untertanen, und sie bombardierte ihren Innenminister mit Vorschlägen, wie man den Ripper fassen könne. (»Sind die Vieh- und Passagierdampfer durchsucht worden? Ist eine Kontrolle der möbliert wohnenden unverheirateten Männer vorgenommen worden? Die Kleidung des Mörders muß blutgetränkt sein und irgendwo verborgen liegen ...«) Als sie den Eindruck hatte, daß ihre Vorschläge ignoriert würden, pfefferte sie ihrem Premierminister Lord Salisbury ein Telegramm in den Amtssitz. »Dieser neue, überaus scheußliche Mord beweist die unbedingte Notwendigkeit für entschlossenes Handeln«, beschwerte sie sich nach dem Mord an Mary Kelly am 9. November. »All diese Gassen müssen beleuchtet und unsere Detektive besser eingesetzt werden. Als der erste Mord geschah, haben Sie mir versprochen«, erinnerte sie den Premierminister, »sich mit Ihren Kollegen darüber zu beraten.«

5

Im Lauf der Jahre hat das Interesse für Jack the Ripper nicht nachgelassen, soweit es die Londoner betrifft. Er ist geradezu zu einer Figur der Folklore geworden, wie ich entdeckte, als ich an drei Ostlondoner Zeitungen schrieb, weil ich hoffte, daß einige ihrer Leser ein wenig Licht in das Ripper-Geheimnis bringen könnten. Die Reaktion auf diesen Appell war überraschend, wenn man sich vergegenwärtigt, daß die Morde vor sechsundsiebzig Jahren verübt worden sind. Die meisten Antwortenden waren Rentner, Ende der Siebzig oder um Achtzig. Der älteste, den ich interviewte, war neunzig. Sie alle erinnerten sich lebhaft der Ereignisse, entweder weil sie sie als Kinder miterlebt oder weil sie von ihren Eltern darüber gehört hatten.
Einige meiner Gewährsleute irrten sich erheblich im Hinblick auf die Tatsachen. Ein alter Mann verwechselte beispielsweise die Ripper-Morde mit den Sidney-Street-Unruhen, die im gleichen Gebiet zu einer sehr viel späteren Zeit stattfanden und durch die Anwesenheit des jungen Winston Churchill, des damaligen Innenministers, denkwürdig wurden, der Kopf und Kragen riskierte, als er zusah, wie die Polizei ein Feuergefecht mit zwei litauischen Anarchisten auskämpfte. Doch dank dieser Gewährsleute stellte ich fest, daß der Ripper noch überaus lebendig ist. Mütter aus dem East End versetzen ihre Nachkommen immer noch mit dem Popanzspruch in Angst: »Der Ripper wird dich holen, wenn du nicht artig bist.« Und ebendiese Nachkommen singen beim Seilspringen: »Jack the Ripper / stole a kipper / hit it in his father's slipper[1].« In Westschottland erzählt ein ähnliches Kinderlied von dem Ripper, »der sich die Kehle mit Sunlight-Seife durchschneidet«.

[1] »Jack the Ripper stahl einen Bückling und versteckt' ihn im Pantoffel seines Vaters.«

Das Bild, das sich in Ostlondon von Jack the Ripper erhalten hat, stammt – das wurde mir bei den Gesprächen klar – geradewegs aus dem victorianischen Melodram. Es ist der Schurke mit dem pomadisierten Schnurrbart aus *Maria Marten oder der Mord in der roten Scheune*, der von den Eltern der heutigen Ostlondoner ausgezischt wurde, als er im Paragon-Theater oder im alten Pavillon, der Music Hall auf der Whitechapel Road, spielte. »Ich sehe Jack the Ripper noch so deutlich vor mir, wie ich Sie da sitzen sehe«, rief Mrs. Annie Tapper, eine kleine stämmige Polin Anfang Achtzig, die das eisengraue Haar kurz geschnitten trug und dazu eine dieser unkleidsamen Brillen, wie sie der Gesundheitsdienst kostenlos ausgibt. Wir saßen in der Küche der Sozialwohnung in der Nähe der Docks an der Cable Street, in der Mrs. Tapper mit ihrem dritten Ehemann lebt. Mrs. Tapper war ein neunjähriges Mädchen, als sie, wie sie behauptete, Jack the Ripper nicht nur sah, sondern in einem Laden bediente und ihm eine Weintraube verkaufte (»Almira nannte man sie, glaube ich – diese blaßgrünen«), die sich, wie (irrigerweise) berichtet worden war, noch in der Hand eines der Opfer befunden hatte. »Ich will Ihnen sagen, wie er aussah, so sicher wie heute Freitag ist.« Sie machte eine Pause, während der Zug von Blackwall vorüberdröhnte und die Küchenfenster klirren ließ. »Er war groß und dunkel – sah ausländisch aus, möchte ich sagen – und hatte einen schwarzen Spitzbart. Die Augenfarbe kann ich Ihnen nicht angeben, weil er dauernd runterguckte. Aber er trug einen Cut mit gestreiften Hosen und eine leichte zweiteilige Reisetasche.« Sie hielt inne und suchte in ihrer Erinnerung nach einem zusammenfassenden Eindruck. »Er sah aus, als ob er für eine Hochzeit angezogen wäre, nur daß er keinen Zylinder trug«, schloß sie.

Handgepäck, wie es Mrs. Tapper beschrieb, findet man überall auf der Spur des Rippers. Manchmal war es diese leichte zweiteilige Reisetasche, der »Gladstone-Bag«, doch häufiger bestand die beschriebene Tasche aus glänzend schwarzem Wachstuch oder »amerikanischem Tuch«, wie es die Victorianer nannten. Solche Taschen waren in den achtziger Jahren sehr modern, doch nachdem der Ripper seinen ersten Auftritt gegeben hatte, befand sich jeder, der im East End mit dieser schwarzen Mordtasche angetroffen wurde, nicht nur in Gefahr, verhaftet zu werden, sondern wirklich in Lebensgefahr. Einer, der der Festnahme als Jack the Ripper nur mit Müh und Not entging, war der inzwischen verstorbene Music-Hall-Star Bransby Williams, damals ein Bursche von achtzehn, der gerade auf der Bühne begonnen hatte[1]. William, der aus Hackney stammte und 1961 im Alter von 91 Jahren starb, war bekannt für seine Darstellungen Dickensscher Gestalten und bei Ed-

[1] Ein weiterer war John Burns, »der Mann mit der roten Fahne«, der den großen Dock-Streik von 1889 leitete und später Minister wurde. Burns war spät abends auf dem Heimweg von einer Dockarbeiterversammlung, als er von der Polizei angehalten und vernommen wurde.

ward VII. sehr beliebt. Doch zur Zeit der Ripper-Morde war er Tapetenzeichner und trat gelegentlich in den Arbeitervereinen des East Ends auf, wo die Schauspieler auf der Bühne mit den Händlern in Konkurrenz treten mußten, die ihre Schnecken und Muscheln im Saal anpriesen. »Eines Abends war ich auf dem Weg zu so einem Klub«, berichtete er, »als ich von der Polizei, die Jack the Ripper suchte, angehalten wurde. Die Polizisten verhörten mich und verlangten dann, daß ich die schwarze Tasche aufmache, in der ich meine Schminke und Utensilien hatte. Stellen Sie sich ihre Überraschung vor, als sie in der Tasche ein blutiges Messer fanden – und meine eigene Überraschung, darf ich wohl hinzusetzen, denn ich hatte ganz vergessen, daß ich dieses verdammte Beweisstück bei mir trug. Das Blut war natürlich Farbe«, fuhr er fort, »und die Polizisten, die begriffen, daß sie es nur mit einem verrückten jungen Schauspieler zu tun hatten, ließen mich laufen.«

Das Bild, das sich Ostlondon von Jack the Ripper auf der Netzhaut bewahrt hat, ist ebensoweit von der Wirklichkeit entfernt wie Blut von der roten Farbe auf Williams' Messer. Außerdem ist es im wesentlichen ein Klassenbild. In den Augen des Ostlondoners war der Ripper ein »guv'nor«, ein »toff[1]« oder einer »von denen!«, und er war »für eine Hochzeit angezogen«, um einen Ausdruck von Mrs. Tapper zu entlehnen. Interessanterweise hat keiner von den Leuten aus East End, mit denen ich sprach und die wie Mrs. Tapper behaupteten, sie wüßten manches über den Ripper, diese Information der Polizei zur Verfügung gestellt.

6

»Wenn der Unsinn Gewicht besäße«, schrieb Sir Robert Anderson, der zur Zeit der Ripper-Morde die Kriminalabteilung von Scotland Yard leitete, »dann würde der Unsinn, der über diese Morde gesprochen und geschrieben worden ist, ein Panzerschiff zum Sinken bringen.« Da tritt ein anderer bevorzugter Begriff jener Zeit ins Bild: die »Große Britische Flotte«. Keine andere Serie von Verbrechen in der britischen Geschichte hat so viele Spekulationen hervorgerufen oder ein solches Wuchern von Theorien erlebt; das geht so weit, daß das Raten, wer der Ripper gewesen ist, noch heute oft als Gesellschaftsspiel geübt wird.

Manche haben die Ripper-Verbrechen Mördern zugeschrieben, die wegen anderer Taten verurteilt und hingerichtet wurden, vor allem Dr. Thomas Neill

[1] »Guv'nor«, korrekt governor, der Gouverneur, Vorsitzende, Präsident und manches andere, benutzt der Cockney etwa so, wie bei uns Arbeiter besser Gekleidete wohl als »Chef« anreden; »toff« dagegen wird nicht als Anrede benutzt, sondern ist eine abwertende Bezeichnung, die vielleicht unserm »feiner Pinkel«, »Fatzke« und ähnlichen Ausdrücken entspricht. (Anm. d. Ü.)

Cream, dem Giftmörder, der auf dem Schafott ausgerufen haben soll: »Ich bin Jack the ...«, gerade als sich die Falltür des Galgens öffnete. Der Fehler an dieser Theorie ist jedoch der, daß Cream in einem Zuchthaus der Vereinigten Staaten eine Strafe verbüßte, als die Morde in Whitechapel begangen wurden. Wieder andere haben die Theorie von dem »unsichtbaren Mörder« vorgetragen, einem Verbrecher, der so sehr in Anonymität gehüllt war, daß er für das gewöhnliche Publikum ebenso unsichtbar blieb wie für die beruflichen Spürhunde. Ein Polizist wäre eine solche unsichtbare Person, seine Anwesenheit auf der Bühne des Verbrechens oder in ihrer Nähe so plausibel, daß er als Verdächtiger völlig ausgeschaltet wäre. So wurde »Jack the Copper«, Jack der Polizist, geboren; diese Theorie benutzt Thomas Burke sehr scharfsinnig in seiner Short story »The Hands of Mr. Ottermole«, die Hände von Mr. Ottermole; der Ottermole der Geschichte ist ein Polizeisergeant, der die Opfer mit seinen »großen, weißbehandschuhten Händen« erwürgt.
Ein katholischer oder protestantischer Geistlicher wäre ebenfalls »unsichtbar«. Maurice Heine führte »The Reverend Ripper«, Hochwürden Ripper, ein und stattete ihn in seinem Essay, den er im *Minotaure* veröffentlichte, mit Gehrock und umgedrehtem Kragen aus. In einem fiktiven Dialog in der Hölle brüstet sich der geistliche Herr dem Marquis de Sade gegenüber, wie er die Londoner Polizisten übertölpelt habe, die zu dumm seien zu begreifen, daß »die Maske der Nächstenliebe das Gesicht des Verbrechens verhüllen« könne. In die gleiche Kategorie fällt »Jill the Ripper«, das Ripper-Mädchen. Conan Doyle gehörte zu denen, die glaubten, der Ripper habe sich, wenn er nicht tatsächlich eine Frau gewesen sei, als solche verkleidet, um der Entdeckung zu entgehen.
Ich bin Colin Wilson, der einen Roman über Jack the Ripper geschrieben hat, für den Hinweis verpflichtet, daß General Booth, der Gründer der Heilsarmee, den Verdacht hegte, sein eigener Sekretär sei der Mörder. Warum? Weil der unglückliche Sekretär die Verbrechen geträumt hatte, ehe sie begangen wurden[1]. Als schließlich ein Mitglied der berühmten Familie Russell in einem Fernsehprogramm über Jack the Ripper als verdächtig genannt wurde, gab Bertrand Russell eine scharfe Erwiderung ab. »Ich bin erstaunt über Ihre Andeutung«, erklärte Earl Russell, »ich habe niemals davon gehört und bestreite es entschieden.«
Die britische Presse hat ihr Teil dazu beigetragen, daß der Ripper lebendig blieb. Kaum ein Jahr vergeht, in dem die Ripper-Story nicht unter der umfassenden Überschrift »Große Mordfälle« aufgewärmt wird und neue »Beweise« vorgetragen werden, Beweise freilich, die für keinen andern von Interesse sind als für den klinischen Psychiater. So veröffentlichte noch im Februar 1959 die *Reynolds News* ein Interview mit einem ehemaligen Grob-

[1] Colin Wilson sagt, daß er diese Information als achtjähriger Junge in der Zeitschrift *Tit-Bits* gefunden habe.

schmied aus Worthin, 82 Jahre alt, der behauptete: »Der Ripper war mein Vetter Frank.« Seine Beweise? Vetter Frank wurde im fernen Jahr 1888 sozusagen auf frischer Tat ertappt: Er hatte ein Rasiermesser und einen blutbefleckten Kragen in der Aktentasche; der Grobschmied, der damals ein schlaues Bürschchen von elf war, erinnerte sich ganz deutlich. Im Novemver 1958 schrieb ein Mann an *Empire News* und beschuldigte den eigenen Vater, der die Ripper-Morde als Junge von fünfzehn begangen haben müßte. Der Einsender legte freundlicherweise eine Sterbeurkunde des Vaters bei. Zu Nutzen von Leuten, die vielleicht auch in Zukunft noch vorhaben, »Geständnisse« dieser Art abzulegen, teile ich hier die Information mit, die ich von Scotland Yard erhalten habe: »Soweit es sich um die strafrechtliche Untersuchung des Verbrechens handelt, ist der Fall abgeschlossen.«

7

Fünf Morde innerhalb von zehn Wochen, alle Opfer aus der gleichen Schicht und alle in den »Pennen« der gleichen Straßen wohnend – wie ist es dann möglich, daß man den Ripper nicht gefaßt oder wenigstens herausgefunden hat, wer er war? Warum ist dieser Fall die klassische Mordgeschichte aller Zeiten geblieben?

Auf den folgenden Seiten hoffe ich zeigen zu können, wie sehr die mannigfaltigen Vorurteile den Victorianern den Blick trübten und daß sie deshalb gar nicht in der Lage waren, die gesuchte Gestalt zu erkennen. Die Ripper-Morde verletzten die tugendhaften Empfindungen der Victorianer. Nach ihrer Vorstellung konnten diese Morde nur das Werk eines Mannes sein, der aus den »unteren Schichten« stammte. Es war undenkbar, daß ein gebildeter Mann aus guter Familie sich mit so niedrigen Geschöpfen wie Prostituierten abgegeben, geschweige denn sie abgeschlachtet und ihnen den Bauch aufgeschlitzt hätte. Nach der gleichen Beweisführung mußte der Verbrecher ausländischer Herkunft sein; denn kein Brite hätte sich je einer solch gräßlichen Tat schuldig gemacht.

»Die Geschwindigkeit, mit der die Verbrechen begangen wurden, ist unvereinbar mit der phlegmatischen Natur des Engländers«, betont ein Leser der *Times* und fährt dann fort, daß die von dem Mörder bewiesene anatomische Fertigkeit »Ausländer, die in der *charcuterie* und andern verwandten Handwerken beschäftigt sind, in erheblichem Maß besitzen«. Ein anderer Leser der *Times*, der als »Nemo« unterschreibt, beginnt seinen Brief: »Da ich lange in Indien gewesen und daher mit den Methoden östlicher Verbrecher bekannt bin ...«, und folgert dann, daß die Morde von »einem Malaien oder einem andern Asiaten aus den unteren Schichten« begangen worden seien, »die man unter dem allgemeinen Begriff *Lascar* zusammenfaßt. Wenn den Schur-

ken, den Opium, Haschisch oder Schnaps enthemmt hat, erst einmal die Lust nach Gemetzel und Blut packt, dann bringt er sein wehrloses Opfer mit der Grausamkeit und List eines Tigers um; die Straflosigkeit aber und der Erfolg der Vergangenheit machen ihn nur noch verwegener und unbesonnener.«
Ganz offensichtlich zogen es die Victorianer vor zu glauben, daß die Ripper-Morde das Ergebnis eines dämonischen Impulses waren, ein vernunftwidriger Lustmord oder Tötung um des Tötens willen. Daraus folgerte man irgendwie, daß der Täter ein Ausländer sein müsse.
Daß Jack the Ripper ein mordsüchtiger Wahnsinniger gefährlichster Art war, ist nicht zu leugnen; und doch zeigt sich ein Schema bei den Verbrechen. Ich habe bereits auf die seltsame Übereinstimmung dieser Morde im Hinblick auf Zeit, Ort und Auswahl der Opfer gleicher Herkunft hingewiesen. Warum gerade diese Huren? Und warum dieser halbe Quadratkilometer, die »böse Viertelmeile«, wie sie Ehrwürden Samuel Barnett von Toynbee Hall nannte? Und warum schnitt der Ripper seinen Opfern, nachdem er sie ausgewählt hatte, auf so grauenhafte Weise den Bauch auf und ließ die Ermordeten offen auf der Straße liegen?
Hätte er die Leichen mit Steinen beschwert und sie in die Themse geworfen, wären sie vielleicht nie gefunden worden; oder falls sie doch an die Oberfläche gekommen wären, mußte es schwierig, wenn nicht gar unmöglich sein festzustellen, ob die Todesursache auf Unfall oder Verbrechen zurückzuführen war. Die Mauern an der Themse-Polizeistation in Wapping waren voll von Anschlägen mit der Überschrift: »Leiche gefunden.« Viele, die man aus der Themse fischte, waren weibliche Obdachlose von der Art, auf die sich der Ripper spezialisiert hatte, Frauen, deren Angehörige sich nicht einmal die Mühe gemacht hatten, sie als vermißt zu melden. Da sie nicht zu identifizieren waren, wurden sie bald in einem Armengrab verscharrt.
Der unausweichliche Schluß ist der, daß der Ripper bewußt alles tat, um diese Morde so publik wie möglich zu machen. Weit davon entfernt, seine Taten zu verheimlichen, beschilderte er sie sozusagen, hängte rote Lampen ringsherum auf. Wenn es das überhaupt einmal gegeben hat, dann wurde hier der Mord bekanntgemacht: der Mord schrie von den Dächern. Aber was wollte der Ripper damit sagen? Vielleicht etwas ganz Einfaches, und vielleicht war es nur die Beschränktheit seines victorianischen Publikums, die seine Botschaft verzerrte, mochte sie auch wahnsinnig gewesen sein.
Auf den folgenden Seiten werde ich die Kriminalgeschichte Jack the Rippers Schritt um Schritt nachzeichnen. Mit wenigen Ausnahmen werde ich mich genau an die Beweise halten, wie sie sich bei den verschiedenen Vernehmungen während der gerichtlichen Totenschau oder in Erklärungen vor der Polizei oder der Presse entwickelten. (Die Londoner Zeitungen berichteten über die Morde in Whitechapel mit erstaunlichen Einzelheiten, einschließlich der wörtlichen Wiedergabe der Aussagen von Zeugen bei der gerichtlichen

Totenschau.) In den wenigen Fällen, in denen ich Unterhaltungen rekonstruiert habe, konnte ich mich wiederum genau auf die schriftlichen oder mündlichen Aussagen der beteiligten Personen stützen.

Ferner werde ich die verschiedenen Theorien über die Person des Rippers untersuchen, die früher von Schriftstellern über diesen Fall vorgetragen worden sind, ehe ich selber eine Theorie entwickele, die meiner Ansicht nach besser mit den tatsächlichen Vorgängen übereinstimmt.

Schließlich werde ich, um den Nebel zu zerstreuen, der diese Mordgeschichte in den vergangenen sechsundsiebzig Jahren umgeben hat, zum erstenmal die Namen von drei Männern nennen, gegen die Scotland Yard »sehr starken Verdacht« hegte. Insbesondere werde ich das Individuum identifizieren, auf das sich der Verdacht der Polizei am Ende ausschließlich richtete. »Ich neige dazu, die beiden letzten zu entlasten, aber im Hinblick auf Nr. 1 ist meine Überzeugung immer stark gewesen«, erklärte Sir Melville Macnaghten, der sechs Monate nach den Ripper-Morden Leiter der Kriminalabteilung von Scotland Yard wurde. »Je länger ich über die Angelegenheit nachdenke, desto ausgesprochener wird diese Überzeugung.« Der Name dieses Mannes ist bisher noch nie veröffentlicht worden. Er war weder Ausländer, noch stammte er aus den sogenannten »unteren Schichten«. Er kam aus einer guten Familie in Dorset, hatte in Oxford studiert und wurde im Jahr 1885 als Strafanwalt an den Inner Temple berufen, genau drei Jahre, bevor die Schreckensherrschaft begann.

1

Als George Cross auf seinem Weg zur Arbeit in Spitalfields in die Buck's Row einbog, fing er tonlos an zu pfeifen. Dabei hatte der Marktträger gar nichts zu pfeifen, als er am Freitag, dem 31. August, morgens 3 Uhr 20 durch die leere Straße eilte. Im Gegenteil, der Tag, der noch nicht einmal heraufdämmerte, dehnte sich grau und endlos vor ihm aus: Obstkisten entladen und in den Marktschuppen stapeln. Das Pfeifen war einfach die hilflose Reaktion eines Menschen, dem solches bevorstand. Außerdem hatte Cross allen Grund, seinen ganzen Mut zusammenzunehmen, denn Buck's Row war eine der gemeinsten Hinterstraßen von Whitechapel; und Barbers Pferdeschlachthaus, das auf halber Höhe lag, hatte die Gegend in einen besonders üblen Ruf gebracht.

Den ganzen Tag und manchmal noch bis tief in die Nacht sah man Schlächter mit blutigen Schürzen kommen und gehen, und die Luft war voll vom Gestank und dem Röcheln verendender Tiere. Soviel Tod unter so eng zusammengepferchten Menschen mußte ja ein unheilvolles Omen sein; und wenn auch in der Buck's Row tatsächlich noch kein Mord oder Totschlag verübt worden war, neigten die Passanten doch dazu, bei Nacht einen weiten Bogen um das Schlachthaus zu machen. Aus diesen Gründen beschleunigte auch Cross den Schritt und fing an zu pfeifen wie ein verrückter Singvogel.

Er befand sich schon fast dem Schlachthaus gegenüber, als er auf der andern Straßenseite eine Plane liegen sah; wenigstens nahm er an, daß es eine sei, wahrscheinlich vom Wagen eines Pferdeschlächters heruntergefallen, wo sie benutzt worden war, um die geschlachteten Pferde zuzudecken. Wenn Cross nicht gerade Marktträger gewesen wäre, hätte er sich wohl gar nicht die Mühe gemacht, auf die andere Seite zu gehen und den Gegenstand zu untersuchen. Doch da er glaubte, vielleicht etwas Brauchbares entdeckt zu haben, überquerte er die Straße, um den Fund mitzunehmen. Als er näher kam, sah er, daß das, was er irrtümlich für eine Plane gehalten hatte, eine menschliche Gestalt war.

In diesem Augenblick hörte Cross auf der gleichen Seite der Buck's Row Männerschritte und trat, fast instinktiv, in den Schatten zurück, um den andern näher kommen zu lassen. Doch der andere hatte ihn offenbar auch bemerkt und zog sich, einen Hinterhalt fürchtend, ebenfalls zurück. Die beiden hätten sich so vielleicht umkreist wie zwei feindselige Hunde, wenn Cross in dem andern nicht zufällig einen Kollegen namens John Paul erkannt hätte.

»He, Kumpel«, rief er, »komm mal helfen! Hier liegt eine Frau, aber ich weiß nicht, ob sie betrunken ist oder ohnmächtig.«

Die beiden Männer bückten sich und befühlten die Frau. Cross berührte ihr Gesicht, das warm war. Dann hob er ihre Hände, doch die waren merkwürdig schlaff. Der Marktträger richtete sich auf. »Die hat's erwischt«, sagte er, und seine Stimme klang gepreßt vor Furcht. »Sie ist tot wie ein Schellfisch.« Es waren weniger die Sinneswerkzeuge, die ihm einen Beweis dafür lieferten, daß die Frau tot war, als der Instinkt. Doch Paul, der andere, war nicht so leicht überzeugt. »Ich glaube, sie atmet noch«, verkündete er, »aber nur sehr schwach.« Dann schlug er vor, die Frau aufzuheben. »Komm, wir wollen sie auf die Beine stellen. Sie ist wahrscheinlich bloß stockbesoffen.« Doch Cross trat zurück. »Ich nicht«, erwiderte er, »ich faß die nicht an.« Der Marktträger schauderte, als er dastand und die stille Straße entlangschaute, die nur schwach von Gaslampen beleuchtet war. Gewiß, es war niemand zu sehen, aber wenn nun einer im Schatten lauerte und aufpaßte, was geschah? Einer, der vielleicht eben noch mit der Frau zusammengewesen war und irgendwie mit ihrem Tod etwas zu schaffen hatte?
»Komm, wir wollen hier weg!« rief Cross seinem Kollegen zu. Und so machten sich die beiden eilends davon und liefen, bis sie die Baker's Row erreichten, wo sie Polizeikonstabler Misen von der Abteilung H. Whitechapel begegneten und ihm ihre Entdeckung meldeten. Das Seltsame dabei ist, daß keiner der beiden Männer, obwohl sie die Frau untersucht hatten, gemerkt hatte, daß ihr die Kehle fast von einem Ohr zum andern durchgeschnitten worden war.

2

Buck's Row gehörte zum Streifenbezirk eines andern Polizisten, des Konstablers John Neil, Nummer 97-J, der in halbstündigen Abständen durch diese erbärmliche Straße patrouillierte. Morgens um 3 Uhr 45, also etwa um die Zeit, als die beiden Marktträger ihren schrecklichen Fund meldeten, fiel das Licht von Polizeikonstabler Neils Blendlaterne auf einen dunklen Haufen am Straßenrand, der vor dreißig Minuten, als er die vorige Runde durch die Buck's Row machte, noch nicht dagelegen hatte. Er hob die Laterne und sah, daß es ein Frauenkörper war. Sie lag auf dem Rücken, die starren Augen geöffnet. Der Hut war ihr vom Kopf gefallen und lag in der Gosse; ihre Kleidung war in Unordnung. Der Polizist bückte sich und befühlte ihren Arm, der vom Ellbogen aufwärts ganz warm war – »warm wie ein geröstetes Brötchen«, sollte er später als Zeuge aussagen. Er bemerkte außerdem den sauren Geruch von Schnaps. Doch erst, als er versuchte, die Frau aufzuheben, weil er glaubte, sie sei betrunken, entdeckte er, daß ihr die Kehle durchgeschnitten worden war und daß das Blut noch immer schwärzlich aus der Wunde sickerte.

Völlig unlogisch war seine Reaktion: »Das ist eine Frau, die Selbstmord begangen hat«, und fast mechanisch suchten seine Augen nach einer Waffe in der Nähe der Leiche. Als er keine fand, war er bestürzt. Da erst drang ihm das blutige Wort »Mord« ins Bewußtsein. Der Konstabler fuhr auf, als erwarte er, einen Mörder mit gezücktem Messer in der Nähe lauern zu sehen. Der Instinkt sagte ihm, daß der Mörder nicht weit entfernt sein konnte. Um seine Runde zurückzulegen, brauchte er nur zwölf Minuten, und wenn er die Aufenthalte bei der Streife mitrechnete, mußte er die Stelle, wo jetzt die Leiche lag, um 3 Uhr 15 passiert haben, und um diese Zeit hatte er weder etwas Ungewöhnliches gehört noch gesehen. Konstabler Neil konnte sich nicht entscheiden, ob er bei der Leiche bleiben oder seine Entdeckung auf der Wache melden solle, als er Konstabler Haine die benachbarte Runde über die Brady Street gehen hörte. Neil rief ihm zu: »Lauf zu Dr. Llewellyn – hier ist eine Frau ermordet worden.«

Vierundzwanzig Stunden, bevor Mary Ann Nicholls, das war der Name der Ermordeten, mit durchschnittener Kehle gefunden wurde, war sie aus einem Logierhaus, einer »Penne«, auf der Thrawl Street 18, Spitalfields, hinausgesetzt worden, weil sie die vier Penny für ein Bett nicht besaß. »Macht nichts, ich krieg' mein Schlafgeld bald«, brüstete sie sich. »Wo ich so einen schönen Hut aufhabe!« Damit zeigte sie auf das gute Stück aus Stroh, mit schwarzem Samt garniert, das man später in der Gosse neben ihrer Leiche fand und das kurz zuvor noch in kecker Schräge auf ihrem Kopf gethront hatte. Sie bat den Vorsteher des Logierhauses, ihr das Bett aufzuheben, bis sie die jämmerlichen Kupfermünzen zusammengebracht hatte, und machte sich auf den Weg in die Nacht. Was sie während der nächsten vierundzwanzig Stunden unternahm, wird man nie erfahren.

Die letzte Person, die Mary Ann Nicholls noch lebend sah, war Emily Holland, ihre Saalgefährtin aus der Penne auf der Thrawl Street, die ihr an der Ecke der Osborn Street und der Whitechapel Road begegnete; das war Freitag, den 31. August, früh 2 Uhr 30 oder knapp eine Stunde, bevor sie ermordet gefunden wurde. »Polly« Nicholls war sehr betrunken und stolperte, nach der Aussage ihrer Freundin, gegen die Mauern. Sie sagte, sie penne in einem Logierhaus der der »Flowery Dean Street«, wo »sie Männer und auch Frauen schlafen lassen«. Sie sagte außerdem, daß sie ihr Schlafgeld an diesem Tag schon dreimal verdient, aber für Schnaps ausgegeben habe. Die Freundin versuchte, Polly zu überreden, mit ihr nach Hause zu kommen, doch Polly murmelte etwas, sie wolle sehen, daß sie noch einmal den Preis für ein Bett verdiene. Dann schwankte sie die Whitechapel Road entlang nach Osten.

3

Das Gebiet Spitalfields, das Jack the Ripper berühmt machte, umfaßte nicht mehr als einen halben Quadratkilometer. Es lag zwischen der Commercial Street und der Brick Lane mit der Whitechapel Road als südlicher Grenze; in diesem Gebiet lagen die schlimmsten Pennen und Elendsquartiere Londons. Sein Mittelpunkt war ironischerweise die Christuskirche, die Sir Nicholas Hawksmoor, ein Schüler Wrens, im Jahr 1729 erbaut hatte, als diese Gemeinde noch von wohlhabenden hugenottischen Seidenwebern bewohnt wurde.

Doch lange vor den Ereignissen dieser Geschichte waren üble Zeiten für Spitalfields gekommen. Als Henry Mayhew es im Jahr 1861 besuchte, fand er, daß »800 Diebe, Vagabunden, Bettler und Prostituierte« auf einer Fläche von knapp 4000 Quadratmetern lebten. Es war nach Mayhews Worten »eine der berüchtigsten Brutstätten in der Metropole für ehrlose Charaktere«. Charles Booth, der Pionier unter den Soziologen, zeichnete das Gebiet schwarz ein, als er im Jahr 1889 seine berühmten Armutskarten von London entwarf, um es als »sehr arm, unterste Schicht ... lasterhaft, halbverbrecherisch« zu bezeichnen. Es war kein Zufall, daß Dickens seinen Fagin durch Spitalfields gehen läßt, als er Bill Sikes im nahen Bethnal Green aufsuchen will. Es war ebensowenig ein Zufall, daß Jack the Ripper diesen Stadtteil als Schauplatz wählte.

Das Gebiet läßt sich sogar noch weiter, auf vier, fünf Straßen, verengern, Straßen, »wo Mord als dramatischer Vorfall und Trunkenheit als Possenreißerei auf der Bühne betrachtet wurde«, wie es Charles Booth ausdrückte. Thrawl Street, Fashion Street, Dorset Street, Flower und Dean – wir werden diesen Namen im Lauf unseres Berichts immer wieder begegnen, denn hier lebten die Opfer Jack the Rippers, und hier fanden sie ihren entsetzlichen Tod. Wir werden sehen, wie der Ripper immer tiefer in dieses Gebiet eindrang, bis er endlich mitten ins Herz des Übels gekommen zu sein scheint, das er dort suchte.

Durch etwas wie ein Wunder ist Spitalfields unbeschädigt erhalten. Die Pennen sind verschwunden, aber die düsteren victorianischen Ziegelmietshäuser, die sie ersetzten, sind noch da. Die irischen Arbeiter, die sich freitags abends vor dem Klotz der jetzt verfallenen Christuskirche versammeln, um sich als Marktträger zu verdingen, sind die geistigen Nachkommen der hungernden Seidenweber, die ihre Arbeitskraft am gleichen Platz in den sechziger Jahren des 18. Jahrhunderts verkauften. Heute sind die düster schmalen Grabsteine, die die Armengräber bezeichneten, an die Friedhofsmauer zurückgerückt worden, um Platz für einen Kinderspielplatz zu machen. Doch wenn man diesen Friedhof an einem beliebigen Nachmittag aufsucht, findet man dort die Spritsäufer oder die »Jacktrinker«, wie man die Verkommenen nennt, die denaturierten Spiritus trinken und ihren Rausch auf den Parkbänken ausschlafen.

Ihre Vorfahren schliefen während der ganzen Regierungszeit Georgs III. auf den gleichen Bänken, übrigens auch noch zur Zeit Georgs VI. Der Friedhof war damals wie heute als »Krätzepark« bekannt, ein Spitzname, der reichlich verdient war. »Sie strotzen von Ungeziefer«, erklärte ein Polizeiinspektor einem von Charles Booths soziologischen Mitarbeitern im Hinblick auf die Mittellosen, die in den achtziger Jahren im Freien schliefen. »Die Polizisten fassen sie nicht gern an.«

Jack London fand die Vorgänger der heutigen Brennspiritustrinker im Krätzepark schlafend, als er ihn im Jahr 1902, dem Krönungsjahr Edwards VII., besuchte, und ihm wurde übel von dem Anblick. »Es war ein Wust von Schmutz und Lumpen, dazu ekelhafte Hautkrankheiten aller Art, offene Wunden, Beulen, Roheit, Unanständigkeit, widernatürliche Ungeheuerlichkeiten und viehische Gesichter«, schrieb er. Von dem Dutzend Frauen, die auf den Bänken hockten, sagte ihm der Führer: »Sie verkaufen sich für drei oder zwei Penny oder für ein Stück trockenes Brot.« Das war die üble Viertelmeile, in der Jack the Ripper operieren sollte, und aus den Reihen genau solcher weiblicher Lumpen, wie sie der amerikanische Schriftsteller auf den Bänken kauern fand, suchte sich der Ripper seine Opfer, von denen Mary Ann Nicholls das erste war.

4

Es war vier Uhr morgens, als Ralph Llewellyn, der Polizeiarzt, in der Buck's Row eintraf, um Polly Nicholls Leiche zu untersuchen. Dr. Llewellyn, der gleich um die Ecke auf der Whitechapel Road wohnte, war sehr verärgert, daß man ihn aus dem Schlaf geweckt hatte. Außerdem sah er mit Mißfallen die Neugierigen, die bereits zusammengeströmt waren. Er hätte natürlich anordnen können, daß die Polizisten Wandschirme um die Leiche aufbauten, dann hätte er seine Untersuchung etwas ungestörter durchführen können. Statt dessen nahm er nur eine überaus flüchtige Untersuchung vor und befahl, die Leiche in die Leichenhalle zu schaffen.

Er bemerkte, daß die Frau auf dem Rücken lag und die Beine ausgestreckt hatte, als ob sie ordentlich aufgebahrt worden wäre. Der Hals war einschließlich der Schlagadern von Ohr zu Ohr durchschnitten worden, doch nur eine kleine Menge Blut war in die Gosse geflossen – »nicht mehr, als zwei Weingläser füllen würde, oder höchstens ein Viertelliter«, wie der Arzt erklärte. (Diese geringe Blutmenge führte zu der später aufgegebenen Ansicht, daß die Frau vielleicht woanders ermordet und ihre Leiche zur Buck's Row gebracht worden sei.) Dr. Llewellyn war überrascht, Arme und Beine der Toten noch immer warm zu finden, was darauf hinwies, daß sie noch nicht lange tot war. Sie trug einen rostfarbenen Mantel mit sieben großen Messingknöpfen und darunter ein braunes Kleid, zwei Flanellunterröcke, beide mit dem Stempel »Armenhaus Lambeth«, und ein feingeripptes braunes Korsett. Schwarze Wollstrümpfe und Schuhe mit Schnallen an der Seite vervollständigten ihre Kleidung. Die einzigen persönlichen Habseligkeiten, die man bei ihr fand, waren ein Kamm und ein Stück von einem Spiegel.

Hätte der walisische Arzt die Flanellunterröcke gehoben, dann hätte er eine verblüffende Feststellung gemacht. Der Frau war der Bauch aufgeschlitzt worden, ein Umstand, den das festgeschnürte Korsett zum Teil verbarg. Der im linken unteren Teil des Unterleibes beginnende Schnitt lief zackig bis fast zum Zwerchfell. Es war eine tiefe Wunde, die das Gewebe völlig durchtrennt hatte, und daraus quoll ein Teil der Eingeweide hervor. Quer über den Unterleib liefen mehrere Einschnitte, und drei oder vier gingen auf der rechten Seite abwärts. Alle schienen von einem Messer mit langer Klinge zu stammen, das nur mäßig scharf und mit großer Gewalt geführt worden war.

Dr. Llewellyn nahm sich jedoch nicht die Zeit, diese Feststellungen zu treffen. Dieser Mord machte nicht den geringsten Eindruck auf ihn. Er war vielmehr so sehr erpicht darauf, wieder in sein Bett zu kommen, daß er den Schauplatz verließ, ehe die Leiche weggeschafft worden war. Zu den Polizisten sagte er, sie sollten ihn rufen, »falls sich etwas Wichtiges ergibt«. Erst später, als er von Reportern bedrängt wurde, berichtigte er seine Eindrücke. »Ich habe viele schreckliche Fälle gesehen«, sagte er feierlich zu den Presseleuten, »aber keinen, der so brutal war wie dieser.«

Dagegen blieb das Rätsel, wer diese Frau war, nicht lange ungelöst. Die Stempel des Armenhauses Lambeth führten rasch dazu, daß der Vorsteher der Einrichtung die Tote als Polly Nicholls, 42 Jahre alt, identifizierte, als eine »Unglückliche«, die keinen festen Wohnsitz hatte. Die Spiegelscherbe, die man bei ihr gefunden hatte, führte die Polizei, die die Spuren verfolgte, in die Logierhäuser von Spitalfields, denn diese Konzession an die Eitelkeit stempelte Polly unzweifelhaft zu einer Pennenbenutzerin, genau wie die Zeichen auf den Unterröcken ihre Herkunft verrieten. Solche Annehmlichkeiten wie Spiegel fanden sich nicht in den Pennen von Spitalfields, deshalb mußten die Bewohnerinnen selber ein Stück Spiegel bei sich tragen.

5

Polly Nicholls war eine Hure aus Whitechapel, was uns viel verrät, weil diese Frauen eine Sorte für sich waren. Das waren keine Mädchen mit gesunden Backen, frisch aus der Provinz eingetroffen und auf Abwege geraten. Es waren auch nicht die blassen, recht eleganten jungen Putzmachergehilfinnen, die man abends am Haymarket oder in der unteren Regent Street auflesen konnte und die einem mindestens die Illusion von Fröhlichkeit und Charme boten. Nein, das waren weibliche Obdachlose, denen Armut und Schnaps alles geraubt hatten, was sie vielleicht einmal an Verlockendem besaßen, und in dieser Hinsicht war Polly Nicholls ein typischer Fall. Kaum ein Meter siebenundfünfzig groß, rief sie in allem den Eindruck von Farblosigkeit hervor: ihr Haar war stumpf aschfarben, der Teint fahl, und im Unterkiefer fehlten ihr fünf Vorderzähne, ein Andenken an eine Prügelei.

Prügeleien waren nicht selten unter diesen Frauen. Professor Thomas Okey aus Cambridge, der in Spitalfields geboren ist, beschreibt in seinen Erinnerungen die Frauen des Bezirks als »fluchend, zankend, kratzend *ritu forarum*[1], mit verletzten blutigen Gesichtern und Brüsten«. Diese Raufereien fanden natürlich statt, wenn sie betrunken waren, was häufig geschah. Im Alkohol sahen sie ihre einzige Möglichkeit, gegen eine Gesellschaft zu rebellieren, die sie dazu verurteilte, Streichholzschachteln für zweieinviertel Penny das Gros zu kleben, und gegen ihre Ehemänner, die zu rasch hintereinander Kinder zeugten.

Doch für Sammler menschlicher Exzentrizitäten wiesen diese Frauen einen gewissen Reiz auf. Sie waren profiliert – als ob der ständige Kampf mit dem Leben jede Verschwommenheit der Züge beseitigt hätte. Und sie waren leidenschaftlich unabhängig: sie wollten nicht ins Armenhaus – lieber wollten sie vagabundieren und im Freien im Krätzepark schlafen, wenn es ihnen an den Pfennigen für ein Bett in der Penne fehlte. Die Erkenntnis, daß sie nicht weiter sinken konnten, scheint diesen Schlampen einen gewissen Mut, sogar Humor verliehen zu haben.

Polly Nicholls' Geschichte liest sich wie ein Exemplar jener schrecklichen Mäßigkeitstraktate, die von den Victorianern so geliebt wurden. Sie war mit William Nicholls, einem Maschinisten der Druckerei in der Old Kent Road, verheiratet gewesen und hatte ihm fünf Kinder geboren; doch ihre Nachmittage scheint sie in Hinterzimmern von Kneipen verbracht zu haben, statt sich um ihre Kinder zu kümmern, und die Ehe zerbrach im Jahr 1881. Nicholls beschuldigte seine Frau, ihn böswillig verlassen zu haben, während diese wiederum behauptete, er sei nach ihrer letzten Entbindung mit der Hebamme durchgegangen. Während der folgenden fünf Jahre forderte Polly mit unerbittlicher Leidenschaft vor den Polizeigerichten Alimente für sich und ihre Kinder von dem Drucker. Eine Zeitlang lebte Polly bei ihrem Vater Edward Walker, einem Grobschmied in Camberwell, doch dort kam es zu der alten Geschichte – Streit in Trunkenheit –, und wenn der Vater sie auch nicht hinauswarf, so war er doch zweifellos froh, als sie wieder ging.

Die nächste Station in diesem Hogarthschen Zyklus war ihr Aufenthalt im Lambeth-Armenhaus auf der Prince's Road, dessen Insassin sie, wie wir

[1] Auf ausländische Art. (Anm. d. Ü.)

sahen, eine Zeitlang war. Dann arbeitete sie im April 1888 als Hausmädchen in Ingleside, Wandsworth Common, das sie in einem Brief an den Vater als »ein großes Haus mit Bäumen und Gärten hinten und vorn« beschrieb. Ihr Vater muß die Ironie des nächsten Satzes genossen haben. »Meine Arbeitgeber sind Abstinenten und fromm«, schrieb sie, »ich müßte es also hier aushalten.« Doch Polly hielt es nicht aus. Man kann sie sich in dieser recht geläuterten Atmosphäre vorstellen: den Kopf mit dem Spitzenhäubchen gesenkt, während der Hausherr jeden Morgen vor dem Frühstück aus der Bibel las; und in der ganzen Zeit rang Polly mit der schrecklichen Versuchung. Schließlich erwies sich das Verlangen nach Schnaps als zu stark: Polly stahl ihren Arbeitgebern 3 Pfund Sterling (»Sie mißbrauchte das in sie gesetzte Vertrauen«, wie es mit der victorianischen Phrase hieß), überquerte den Fluß und verlor sich in den Bezirken des Londoner East End.
Während der vier Monate vor ihrem Tod war sie von einer Penne in Spitalfields zur nächsten gezogen und landete schließlich auf der Thrawl Street 18, wo sie am 30. August 1888 vor die Tür gesetzt wurde, weil ihr die vier Penny für ein Bett fehlten.

6

Die Londoner Presse räumte dem Mord in der Buck's Row viel Platz ein, was recht ungewöhnlich ist in Anbetracht der vielen Gewaltverbrechen, die um die gleiche Zeit gemeldet wurden. Wenn man die Zeitungen jener Tage durchblättert, staunt man über die Zahl von Frauen, die totgeschlagen oder -getreten wurden, auf die man draufsprang, bis sie zermalmt waren, die man zerhackte, erstach, mit Vitriol übergoß, denen man den Bauch aufschlitzte oder die man absichtlich anzündete. In dem vergangenen Jahr wurde allein in den Grafschaften in und um London von 35 Morden berichtet (76, wenn man die Kindestötungen mitzählt), und bei dieser Zahl gab es nur acht Verurteilungen; die Mehrzahl der Verbrechen blieb für immer ungeklärt.
Was also veranlaßte die Redakteure, gerade bei diesem Mord an einer unbekannten Prostituierten in der Buck's Row in ihre Zeitungsarchive zu eilen und Ausschnitte auszugraben, die unter dem Stichwort »ungeklärte Morde« abgelegt waren? Die Antwort findet sich in ebendiesen Ausschnitten selbst. Eine Anzahl von »Unglücklichen« war unter geheimnisvollen Umständen in den vorhergehenden Monaten im Londoner East End umgebracht worden, doch bis man Polly Nicholls' Leiche in der Buck's Row fand, war diese Tatsache – oder richtiger: dieses Zusammentreffen – der Öffentlichkeit nicht ins Bewußtsein gedrungen. Es war, als ob der Geist wie ein schweigsames Elektronengehirn diese Informationen zwar dauernd gespeichert hätte, doch erst jetzt, bei dem letzten Vorfall, begannen Glöckchen zu klingeln, Lampen

aufzuleuchten, und die Antwort, die aus dem Automaten herauspurzelte, sah verdächtig nach einer Mordserie aus.

Die erste war »Fairy Fay«, Märchenfee, ein ziemlich launiger Name, den die Presse der nicht zu identifizierenden Frau gab, deren verstümmelte Leiche in der Nacht des zweiten Weihnachtsfeiertags in der Nähe der Commercial Road entdeckt wurde. »Fairy Fay« büßte ihr Leben infolge einer falschen Entscheidung ein: Sie entschloß sich, ihren Heimweg abzukürzen, nachdem sie in der Kneipe auf dem Mitre Square den ganzen Abend bis nach Mitternacht getrunken hatte; und in dem dunklen Gassengewirr hinter der Commercial Road wurde sie dann von einem unbekannten Verbrecher niedergeschlagen und zerschnitten.

Noch brutaler war der Mord an Emma Smith, einer fünfundvierzigjährigen Prostituierten, der sich am Ostermontag, dem 13. April 1888, ereignete. Emma, die gegen halb zwei nach einer Kneipentour heimkehrte, wurde auf der Osborn Street in Spitalfields von drei Männern angehalten, die sie niederschlugen, beraubten und für tot liegenließen. Als man sie eilig ins London Hospital auf der Whitechapel Road brachte, zeigte es sich, daß sie einen Riß im Bauchfell hatte, das nach Ansicht des Krankenhauschirurgen mit einem stumpfen Gegenstand unter Anwendung großer Gewalt durchstoßen worden war. Sie lag noch einige Stunden im Todeskampf, ehe sie an ihren Verletzungen starb, konnte jedoch von den Angreifern keine bessere Beschreibung geben als die, daß der eine kaum älter als neunzehn gewesen sei. Raub schien das Motiv für diesen Mord gewesen zu sein; deshalb glaubte die Polizei, es sei das Werk von einer der organisierten Banden, etwa der Hoxton-Market- oder der Old-Nichol-Street-Bande, die Prostituierte ausraubten. Diese Banden boten den Prostituierten »Schutz« als Lohn für eine Beteiligung an ihrem Verdienst, und man trug die Theorie vor, daß Emma Smith nicht pünktlich gezahlt habe.

Aber wenn auch »Fairy Fay« und Emma Smith um ihrer kümmerlichen Einnahmen willen getötet worden sein mögen, was immerhin als möglich erscheint, dann gab es doch keine glaubhafte Erklärung für den Mord an Martha Tabram, der vier Monate später fast an der gleichen Stelle verübt wurde, an der Emma Smith mit einem stumpfen Gegenstand niedergeschlagen worden war. Weil der Mord an der Tabram ebenso sinnlos wie wahnsinnig war, haben ihn manche Kriminalexperten Jack the Ripper zugeschrieben.

7

Martha Tabram unterschied sich in einem wesentlichen Punkt von den Prostituierten, die dem Ripper zum Opfer fielen: Sie war eine »Soldatenfrau«. Wenn die Huren von Whitechapel eine ganz eigene Spezies bildeten, wie es anscheinend tatsächlich der Fall war, dann waren die Soldatenfrauen eine Subspezies, von unwandelbarer Treue zu Seiner Majestät Truppen gekennzeichnet. Die Tabram hatte ihren festen Strich: unten an den Docks, wo sie Soldaten auflas, die im Tower von London stationiert waren.

Henry Mayhew, der unermüdliche Chronist der Londoner Unterwelt, bezeichnet Soldatenfrauen als gemein, billig und häufig krank. Von einem dieser infizierten Wesen, das er in einer Music-Hall entdeckte, sagte er, es »verseuche sogar die Luft wie ein tödliches Gift«. Von einer andern dieser Mitläuferinnen der Truppe berichtet er, ihr Arm habe Narben von einem Bajonettstich aufgewiesen. »Die Soldaten sind so verdammte Feiglinge«, vertraute sie Mayhew an, »sie machen sich gar nichts draus, nach einer Frau zu stechen, wenn sie verärgert und betrunken sind, und sie prügeln uns mit dem Koppel.« Zu dieser Klasse gehörte Martha Tabram.

Am frühen Morgen des 7. August 1888 zerbrach ein durchbohrender Schrei: »Hilfe! Mord!« das Schweigen um die Häuser am George Yard, der heutigen Gunthorpe Street, Spitalfields. Er weckte Mrs. Francis Hewitt, die Verwalterin dieses Blocks von Mietwohnungen; doch sie war nicht übermäßig besorgt. Mordiorufe waren etwas ganz Übliches in dieser Gegend, wo Ehemänner ihre Frauen mit monotoner Regelmäßigkeit verprügelten. Außerdem war es der Morgen nach dem Bankfeiertag im August, und noch immer schwankten betrunkene Paare aus den Kneipen oder von Ausflügen in den Wald von Epping oder nach Clacton-on-Sea heimwärts. Mrs. Hewitt gab also nicht viel auf den Schrei; sie drehte sich auf die andere Seite und schlief bald wieder fest.

Droschkenkutscher Albert Crow, der in einem Haus im George Yard wohnte, kehrte gegen halb vier Uhr morgens nach einem anstrengenden Tag, an dem er Urlauber in seinem Fahrzeug herumgefahren hatte, nach Haus zurück. Als er die Treppe in dem Mietshaus hinaufstieg, sah er jemanden auf dem ersten Absatz liegen. »Aber ich bin so daran gewöhnt, dort Leute schlafend zu finden«, sagte er später vor der Leichenschaujury, »daß ich mich nicht darum kümmerte – ich habe nicht einmal darauf geachtet, ob es ein Mann oder eine Frau war.« Crow sank erschöpft ins Bett und wachte erst spät am Vormittag auf.

Als John Reeves, ein anderer Mieter, anderthalb Stunden später zur Arbeit ging, rutschte er auf der Treppe aus und stellte fest, daß die Ursache geronnenes Blut auf dem Boden war. Mittlerweile wurde es hell, und Reeves erkannte in der Blutlache die Leiche einer Frau.

Martha Tabram, denn ihre Leiche war es, die Schauermann Reeves auf der Treppe entdeckt hatte, war von 39 Stichen durchbohrt. Die meisten lebenswichtigen Organe – Lunge, Herz, Leber und Milz – waren perforiert, und die Wunden waren ihr anscheinend mit einer Art Dolch zugefügt worden.

Fehlende Einzelheiten über die letzten Stunden Marthas wurden bei der Leichenschau von Mary Ann Connolly alias »Pearly Poll« beigesteuert, einer großen, männlich aussehenden Frau mit einem vom Trinken gedunsenen und geröteten Gesicht. Pearly Poll lebte in einem der berüchtigsten Diebsnester und Bordelle in Spitalfields, dem Crossingham-Logierhaus auf der Dorset Street; vermutlich war das der Grund dafür, daß sie ihre Zeugenaussage nur widerwillig machte. Bei der polizeilichen Vernehmung hatte sie gedroht, sich in den Fluß zu stürzen, wenn die Männer des Gesetzes sie nicht in Ruhe ließen; und jetzt, im Zeugenstand, klagte sie, daß es ihr so »merkwürdig« auf der Brust sei und daß sie nur flüstern könne; schließlich mußte ein Polizist ihre Antworten verdolmetschen.

Sie sagte, sie sei mit Martha Tabram in der Mordnacht zusammengewesen, und sie seien in Whitechapel von zwei Soldaten – einer davon Korporal – mitgenommen und zum Trinken in den *Blauen Anker* eingeladen worden. Sie waren unter den letzten Gästen, die die Kneipe verließen, danach hatten die Soldaten mit ihren schlampigen Begleiterinnen über den Preis ihrer Gunst gefeilscht. Als der Preis abgemacht worden war, trennten sich die Paare, und Martha ging mit ihrem Soldaten in die Richtung der George-Yard-Gebäude, während Pearly Poll den Korporal eine enge dunkle Gasse entlangführte, die passenderweise Angel Alley, Engelgasse, hieß. Das war um 1 Uhr 45, und danach hatte Pearly Poll die unglückliche Martha Tabram nicht wiedergesehen.

Die Geschichte der Pearly Poll erhielt einen Epilog. Inspektor Reid von Scotland Yard war überzeugt, daß sie nicht die ganze Wahrheit sage, sondern jemanden schonen wolle; deshalb ging er mit ihr zum Tower von London, wo für sie die gesamte Besatzung antreten mußte; das war gewiß einmalig in den militärischen Annalen. Im Viereck angetreten, Gesicht Pearly Poll zugewandt, standen sämtliche Unteroffiziere und Mannschaften, die in der Nacht vom 6. bis 7. August, der Mordnacht, Urlaub gehabt hatten. Poll hatte sich ihrerseits für diese Gelegenheit in ihren Cockneystaat geworfen: großer Federhut und ein Kleid mit Perlenknöpfen.

Als sie gefragt wurde, ob sie einen der beiden Männer, die mit der Ermordeten zusammengewesen waren, wiedererkenne, sah sie sich einen Soldaten nach dem andern mit schiefgelegtem Kopf an und inspizierte die Angetretenen wie ein General. Dann schüttelte sie langsam den Kopf. »Er ist nicht dabei«, verkündete sie.

Die gleiche Posse wurde in der Wellingtonkaserne am Birdcage Walk aufgeführt, wo Poll die Parade bei den Coldstream Guards abnahm. Doch diesmal änderte Poll ihre Taktik. Ohne zu zögern, suchte sie zwei Männer heraus, einer davon Korporal: sie seien ihre Begleiter in der Mordnacht gewesen. Daß sie mit dieser List einfach die Polizei abschütteln wollte, lag auf der Hand, denn beide Gardisten hatten ein unerschütterliches Alibi: Der Korporal hatte den Abend zu Haus mit seiner Frau verbracht, während der Gardist bereits um zehn Uhr fünf abends in die Kaserne zurückgekehrt war[1].

Sir Melville Macnaghten war später überzeugt, daß Pearly Poll im Tower von London unter den Angetretenen die beiden Soldaten erkannt habe, mit denen sie zusammengewesen war, und daß sie sie nur nicht habe identifizieren wollen. Er war außerdem überzeugt, daß der Mord an der Tabram nicht von Jack the Ripper begangen worden sei; in diesem Punkt neige ich dazu, ihm zuzustimmen. Der Tabram war nicht, wie es bei allen Opfern des Rippers der Fall war, die Kehle durchgeschnitten worden; ebensowenig deuteten die Wunden an ihrem Körper auf anatomische Kenntnisse hin. Sie waren anscheinend das Werk eines Mannes in blinder Raserei, nicht das des kühlen, wenn auch unlegitimen Gynäkologen, als der sich Jack the Ripper erwies.

Drei Ostlondoner Prostituierte in weniger als acht Monaten ermordet, zudem alle in der gleichen erbärmlichen Gegend, dieser Umstand mußte der Öffentlichkeit auffallen. Deshalb kann es niemand wundernehmen, daß diese Öffentlichkeit, als ein vierter Mord, der in der Buck's Row, gemeldet wurde, übereilt die Folgerung zog, alle seien von dem gleichen Täter verübt worden.

[1] Ein unerwartetes Ergebnis der gerichtlichen Totenschau im Fall Tabram war dies: Die im Tower von London stationierten Soldaten durften auf Urlaub keine Bajonette oder sonstigen Seitenwaffen mehr tragen. Diese Information erhielt ich von James W. Bousfield, dessen Mutter ein Logierhaus am Star Court Nr. 4, der heutigen Planet Street, führte, wo Martha Tabram wohnte. Der dreiundachtzigjährige Bousfield zeigte mir eine der Schlüsselketten, die die Tabram, um Geld zu verdienen, verkauft hatte und die er nach dem Mord als Andenken aufgehoben hatte.

Ein grausig-komisches Zwischenspiel

1

Ostlondon, dessen Einwohnerschaft von zwei Millionen größer war als St. Petersburg, Philadelphia oder Berlin, besaß im Jahr 1888 nicht eine einzige Leichenhalle, die diesen Namen verdiente. Wenn Ostlondoner Prostituierte wie Mary Ann Nicholls ermordet aufgefunden wurden, dann wurden ihre Leichen in einen Schuppen hinter dem Armenhaus auf der Old Montague Street gelegt – »ein widerliches dunkles Loch« nannte ihn der *Daily Telegraph* und setzte hinzu, daß Chirurgen, die gezwungen waren, Obduktionen in diesem Schuppen vorzunehmen, ihre schwierige und heikle Aufgabe »mit überaus unzulänglichen Mitteln« ausführen müßten.
Ebenso unangenehm war, daß es in ganz Ostlondon nicht ein einziges Gebäude für das Leichenschaugericht gab, in dem solche Verfahren durchgeführt werden konnten, obwohl allein im Jahr 1887 im Bezirk Whitechapel etwa fünfhundert gerichtliche Untersuchungen ungeklärter Todesfälle stattfanden. Gewöhnlich spielte sich das Ganze in verräucherten Kneipen ab, wo die Geschworenen ein Glas Ale zu trinken bekommen konnten. Wenn der die Untersuchung führende richterliche Beamte, der Coroner, Glück hatte, wurde ihm zu diesem Zweck das Jungarbeiterinstitut der Mission zur Verfügung gestellt.
Vor diesem Institut versammelte sich am Samstag, dem 1. September, dem Eröffnungstag der Leichenschau für Mary Ann Nicholls, morgens eine kleine, aber erregte Menge; und als sich die Türen öffneten, stürmten alle hinein, um die wenigen dem Publikum zur Verfügung stehenden Sitzplätze zu ergattern. Der verbleibende Raum in diesem improvisierten Gerichtssaal des Coroners füllte sich rasch mit denen, die hier offiziell beteiligt waren: Zeugen, die in ihrem Sonntagsstaat steif und befangen aussahen, Detektive, die in ihren Melonenhüten und modischen Anzügen auffielen, schlechtbezahlte Zeitungsschreiber, Zeitungsboten, die darauf warteten, die Berichte der Journalisten zur Fleet Street, dem Hauptquartier der Londoner Presse, zu bringen, und im Hintergrund natürlich eine dünne blaue Linie des Gesetzes, die Konstabler der Abteilung H. Whitechapel, die ebenfalls als Zeugen aufgerufen werden sollten, viele davon mit stolzen Schnurrbärten.
Schweigen senkte sich über den Raum, als Wynne E. Baxter, Coroner für den Nordostbezirk der Grafschaft Middlesex, von seinem Protokollanten gefolgt, eintrat. Baxter trug nach dem Bericht des *East London Observer* »schwarzweißkarierte Hosen, eine blütenweiße Weste, rotes Plastron und einen dunklen Rock«; die Zeitung erklärte die prächtige Aufmachung damit, daß der Beamte der Krone soeben von einer Skandinavienreise zurückgekehrt sei.

Weil Baxter bei den Leichenschauverfahren für drei von den Opfern Jack the Rippers den Vorsitz führen sollte, lohnt es, diesen Mann etwas näher zu betrachten. Er war nicht nur ein Dandy, sondern auch ein qualifizierter Jurist, der eine Abhandlung über Recht und Praxis am obersten Gerichtshof für England und Wales geschrieben hatte, *The Law and Practice of the Supreme Court of Judicature;* diese Abhandlung wurde später unter der Bezeichnung »Baxters Judikatur« recht bekannt. Unter dem Pseudonym »Llewellyn Acton« schrieb er außerdem religiöse Traktate von hohem sittlichem Anspruch. Doch vor allem interessiert uns Baxter deshalb, weil er Sir Charles Warren, den Leiter der Londoner Metropolitan-Polizei, und dessen Gehilfen zum Ziel seiner scharfen Angriffe machte. Der schmucke Coroner schien es als seine Lebensaufgabe zu betrachten, die Dummheit der Gesetzeshüter aufzudecken. Die Polizei ärgerte sich schließlich so sehr über die nörgelnde Kritik und über die Unterstellungen Baxters, daß ihm die Totenschau für eins der Ripper-Opfer aus der Hand genommen wurde, obwohl der Mord innerhalb seines Amtsbereichs als Coroner verübt worden war.
Der Gerichtswachtmeister des Coroners klopfte mit seinem Hammer und wandte sich, als Ruhe eingekehrt war, an die Geschworenen mit einer Formel, die tausend Jahre alt war: »Hört! Hört! Hört, ihr guten Männer aus diesem Bezirk, aufgerufen, an diesem Tag hier zu erscheinen, um für unsere souveräne Dame, die Königin, zu untersuchen, wann, wie und durch welche Mittel Mary Ann Nicholls zu Tode kam, meldet euch bei euerm Namen.« Als die Förmlichkeiten des Namensaufrufs und der Vereidigung vorüber waren, wanderte die ganze Gruppe der Geschworenen zu dem Armenhaus auf der Old Montague Street, um die sterblichen Überreste von Polly Nicholls zu betrachten; und während sie die Leiche ansahen, boten ihre Gesichter geradezu eine Studie der gegensätzlichsten Gefühle. Manche starrten gebannt auf den Inhalt des Sarges, als ob sie jede Einzelheit auswendig lernen wollten, andere drehten nach einem raschen Blick den Kopf zur Seite, und manche hielten sogar den Atem an, bis sie die Tür wieder erreicht hatten.

2

George Cross, der Marktträger, trat bei der Totenschau in den Zeugenstand, die grobe Sacktuchschürze seines Berufs umgebunden, und berichtete, wie er Polly Nicholls' Leiche in der Buck's Row gefunden habe. Cross war sich nicht sicher gewesen, ob die Frau lebendig oder tot war, sondern hatte geglaubt, sie könne nach einem Überfall ohnmächtig geworden sein. Er hatte nicht bemerkt, daß ihr die Kehle durchgeschnitten worden war oder daß sie sonstige Verletzungen aufwies. Polizeikonstabler Neil, der den Mord unabhängig von Cross entdeckt hatte, war dagegen zu dem übereilten Schluß gekommen, die Frau habe Selbstmord begangen, indem sie sich selbst den Hals durchschnitt. Niemand sah oder hörte den Mörder der Nicholls, ein Umstand, der um so bemerkenswerter war, wenn man die Zahl von Menschen berücksichtigt – Konstabler Neil und die beiden Träger –, die sich kurz nach dem Verbrechen in der Buck's Row befanden. Entweder verbarg sich der Mörder im Schatten, als diese Männer sich näherten, oder er kannte die Gegend so gut, daß er unentdeckt an ihnen vorbeigleiten und in einer Seitengasse entwischen konnte. Ganz in der Nähe der Buck's Row machten drei Nachtwächter Dienst, doch keiner von ihnen hatte Schreie oder Geräusche eines Handgemenges gehört. Drei Männer, die in Barbers Schlachthaus auf der Buck's Row beschäftigt waren, sagten ebenso aus. Mrs. Emma Green, die wenige Meter von der Stelle entfernt wohnte, wo die Leiche gefunden wurde, sagte, sie habe niemanden aufschreien hören. »Ich war um die Zeit wach. Ich konnte nicht schlafen. Wenn die Frau gekreischt hätte, hätte ich es hören müssen.«

Emily Holland, die ihre Zeugenaussage auf so furchtsame Weise machte, daß der Coroner sie ermahnen mußte, lauter zu sprechen, berichtete, daß sie Polly nur etwas über eine Stunde, bevor sie tot aufgefunden wurde, getroffen und daß sie später ihre Leiche in dem Schuppen identifiziert hatte. »Haben Sie geweint, als Sie sie identifizierten?« fragte der Obmann der Geschworenen. »Das hat genügt, jeden dazu zu bringen, eine Träne zu vergießen, Sir«, erwiderte sie.

Der Vater der Toten, ein grauhaariger und graubärtiger Mann, trat langsam an den Tisch des Coroners, den Kopf gesenkt, die Hände auf dem Rücken, und gab seinen Namen als Edward Walker, Grobschmied aus Camberwell, Maidswood Road, an. Er sagte, Polly habe eine Zeitlang nach der Trennung von ihrem Ehemann bei ihm gelebt, aber seit Juni 1886 habe er sie nicht wiedergesehen. Er habe ihre Leiche in dem Schuppen jedoch nach dem allgemeinen Äußeren, den fehlenden Vorderzähnen und einem kleinen Mal auf der Stirn erkannt. Polly habe nicht gerade enthaltsam gelebt, sagte er aus, doch er halte sie nicht für »locker« Männern gegenüber. Er habe sie nicht aus dem Haus gewiesen, berichtete er weiter, als er gefragt wurde. Sie hatten nur einen Streit gehabt, und am nächsten Morgen sei sie gegangen.

Ein Raunen des Interesses lief durch den improvisierten Gerichtssaal, als William Nicholls, Druckereimaschinist und ehemaliger Ehemann der Toten, in den Zeugenstand trat. Nicholls war sehr blaß, hatte einen vollen hellbraunen Bart und trug Trauerkleidung – einen hohen Seidenhut, schwarzen Gehrock, schwarze Binde und Hosen aus dunklem Stoff –, die er sich eigens für diese Gelegenheit aus einem Verleihinstitut geholt hatte. Um diesen Aufzug zu vervollkommnen, hatte er einen Regenschirm bei sich. In der gleichen gemieteten Kleidung war er mit Inspektor Abberline von Scotland Yard zur Leichenhalle auf der Old Montague Street gegangen, wo er das Opfer von der Buck's Row als seine Ehefrau identifizierte. Nicholls scheint ein starkes Gefühl für das Dramatische gehabt zu haben, denn als er auf die sterblichen Überreste der armen Frau im offenen Sarg hinabblickte, soll er folgende theatralischen Abgangsworte gesprochen haben: »Ich verzeihe dir, wie du da liegst, was du mir angetan hast.« Im Zeugenstand wirkte er jedoch weit weniger bereit zu verzeihen. Polly Nicholls sei trunksüchtig gewesen, sagte er. »Sie hat mich vier- oder fünfmal, wenn nicht gar sechsmal verlassen«, fuhr er fort, »und das letztemal ließ sie mich mit fünf Kindern sitzen, von denen das jüngste erst sechzehn Monate alt war.«

Und nun ereignete sich eins jener grausig-komischen Zwischenspiele, die wie die Szene des betrunkenen Pförtners in *Macbeth* dazu dienen, die Greuel, die gewesen sind, von denen zu trennen, die noch kommen sollen, und den Geist damit in die Lage versetzen, beide zu ertragen. Coroner Baxter hatte sich durch eine Reihe geschickter Fragen darum bemüht zu zeigen, auf welch nachlässige Art und Weise die Obduktionen durchgeführt wurden. Zum Beispiel wurde die Tatsache, daß Polly Nicholls der Bauch aufgeschlitzt worden war, erst um sieben Uhr morgens entdeckt, als Polizeiinspektor John Spratling in der Leichenhalle erschien, um ein Verzeichnis ihrer Kleidung aufzunehmen: als er dabei ihre Unterröcke hob, entdeckte er die Verstümmelung. Inspektor Spratling selbst entfernte die Kleidung nicht, stand jedoch dabei, als zwei Insassen des Armenhauses die Leiche auszogen und wuschen. Inspektor Joseph Helston von der Abteilung J war ebenfalls anwesend.

Die Aussagen der beiden Armenhausinsassen, die bisweilen völlig von denen der Polizei abwichen, lieferten den makaber komischen Gegensatz.

Robert Mann, ein bettelarmer Mensch, der außerdem an Krampfanfällen litt, sagte aus, daß er die Verantwortung für die Leichenhalle des Armenhauses habe und daß er am Morgen des Mordes die Halle gegen fünf Uhr geöffnet habe, um die Leiche von Mary Ann Nicholls aufzunehmen. Dann ging er zum Frühstück und kam später mit seinem Kollegen James Hatfield zurück, um die Leiche auszuziehen und zu waschen.

CORONER: Die Polizei war nicht anwesend?

MANN: Nein, es war niemand da. Inspektor Helston war noch nicht gekommen.

CORONER: War Ihnen gesagt worden, daß Sie die Leiche nicht berühren sollten?

MANN: Nein.

Als nächster trat James Hatfield in den Zeugenstand und sagte, er habe Mann geholfen, die Tote auszukleiden. Er behauptete ebenfalls, daß Inspektor Helston nicht anwesend gewesen sei.

CORONER: Was haben Sie zuerst ausgezogen?

HATFIELD: Ich zog ihr den Mantel aus und legte ihn auf den Boden. Dann zog ich ihr die Jacke aus und legte sie auf den Boden.

CORONER (unterbricht): Mußten Sie etwas von der Kleidung aufschneiden?
HATFIELD: Die Kleidung war locker, deshalb brauchte ich sie nicht aufzuschneiden, aber ich habe die Bänder der Unterröcke zerschnitten und sie mit den Händen heruntergestreift – die Unterröcke, heißt das. Sie trug eine Hemdbluse, und die habe ich vorn aufgeschnitten.
CORONER: Hatte sie ein Korsett an?
HATFIELD: Nicht, daß ich mich erinnern könnte.
CORONER: Wer hat Ihnen die Anweisung gegeben, all das zu tun?
HATFIELD: Niemand. Wir haben es getan, um die Leiche für den Arzt bereitzumachen.
CORONER: Wer hat Ihnen gesagt, daß der Arzt kommen würde?
HATFIELD: Ich hörte, daß jemand davon sprach.
Während dieser ganzen Zeit war Coroner Baxter geduldig bei der Befragung der Zeugen gewesen, doch nun schlich sich ein sarkastischer Ton in seine Stimme, ein Sarkasmus, der sich mehr gegen die rot gewordenen Polizisten in dem improvisierten Gerichtsraum richtete als gegen den unglückseligen Mann aus dem Armenhaus.
CORONER: Als Sie damit fertig waren, haben Sie dann mit der Obduktion begonnen?
HATFIELD: Nein, die Polizei kam.
CORONER: Oh, die Polizei kam, tatsächlich? Und deshalb brauchten Sie die Untersuchung der Toten nicht weiterzuführen?
HATFIELD: Ja, die Polizeibeamten betrachteten die Unterröcke und fanden die Worte »Armenhaus Lambeth« auf den Bändern.
CORONER: Das wurde herausgeschnitten?
HATFIELD: Ja, ich habe es herausgeschnitten.
CORONER: Wer hat Ihnen das befohlen?
HATFIELD: Inspektor Helston.
Dieser unglückliche Polizeibeamte sank auf seinem Platz zusammen, als ihn der Coroner mit seinem durchbohrendsten Blick fixierte.
CORONER: Wäre es eine Überraschung für Sie, wenn Sie erführen, daß die Tote ein Korsett trug?
HATFIELD: Ja.
GESCHWORENENOBMANN: Aber Sie haben doch in meiner Gegenwart das Korsett an den Körper der Toten gehalten, um mir zu zeigen, wie kurz das Korsett war.
HATFIELD: Das hatte ich vergessen.
Hatfields Antwort ging in dem dröhnenden Lachen, das durch den Saal hallte, fast unter.
CORONER: (mit dem Hammer klopfend, um Ruhe zu erhalten): Er gibt zu, daß sein Gedächtnis schlecht ist.

Dr. Llewellyn, der als Zeuge aufgerufen wurde, gab den Obduktionsbefund. Der Arzt glaubte nicht, daß die Nicholls von hinten gepackt und daß ihr dann die Kehle durchgeschnitten worden sei, wie die Presse überwiegend gemeldet hatte. Seiner Ansicht nach war ihr eine Hand auf den Mund gedrückt und das Messer dann benutzt worden, möglicherweise von einem Linkshänder, da die Blutergüsse im Gesicht der Toten derart waren, wie sie sich ergeben würden, wenn der Mund von einer rechten Hand zugehalten wurde. Außerdem gingen die Messerwunden von links nach rechts, was darauf hindeute, daß sie von einem Linkshänder zugefügt sein könnten. Was die Mordwaffe selbst angehe, so könne es sich kaum um ein Matrosenklappmesser handeln, wie der Arzt meinte, *sondern wahrscheinlicher um eine spitze Waffe mit dickem Rücken, etwa ein Korkschneider- oder Schuhmachermesser.* Diese letzte Ansicht – fast eine beiläufige Bemerkung – sollte entscheidende Auswirkungen auf die ganze Führung der Ripper-Untersuchung haben. Die Erwähnung des Korkschneiders und/oder Schuhmachers blieb noch lange, nachdem die gerichtliche Totenschau beendet war, in der Erinnerung und wurde mit einer weiteren Information kombiniert, nämlich der, daß der Ort des Verbrechens in der Buck's Row in der Nähe eines Schlachthauses lag; gemeinsam beschwor das eine geheimnisvolle Gestalt herauf: »Lederschürze« als Mörder der Frauen.

Mittlerweile endete die Untersuchung des Mordes an der Nicholls beim Coroner und seiner Jury in deutlich aufsässiger Stimmung. Mit kunstvollem Sarkasmus dankte Baxter dem Komitee des Jungarbeiterinstituts für die Überlassung des Saales. »Andernfalls wären wir«, fuhr er fort, »gezwungen gewesen, diese Untersuchung in der Gaststube einer Wirtschaft abzuhalten, die kaum ein geeigneter Ort gewesen wäre.« Danach kam er auf den Mangel an Leichenhallen im Londoner East End zu sprechen. »Eine Jury nach der andern hat den Coroner aufgefordert, die Aufmerksamkeit der Gesundheitsbehörden auf diesen Mangel zu lenken – ohne Erfolg, darf ich hinzusetzen«, bemerkte er trocken. Dann forderte er aus gesundheitlichen Gründen angemessenere öffentliche Leichenhallen. »Wenn Leichenhallen im West End für notwendig gehalten werden, dann sind die Gründe dafür hier, inmitten von Schmutz und Übervölkerung, bestimmt noch zwingender.« Danach spielte der Coroner auf die unsachgemäße Behandlung der Leichen an und sagte: »Gäbe es hier eine öffentliche Leichenhalle, dann gäbe es dafür auch einen Verwalter, den die Erfahrung gelehrt hätte, daß es ratsamer ist, die Leiche nur in Gegenwart des ärztlichen Zeugen zu berühren.«

Die Bemerkungen des Coroners mußten zur Rebellion anregen, deshalb war auch niemand allzu überrascht, als der Geschworenenobmann aufstand und Innenminister Henry Matthews kritisierte, weil er keine Belohnung für die

Ergreifung des Mörders ausgesetzt habe. Der Obmann brachte den Mord an Martha Tabram in Verbindung mit dem an Polly Nicholls und bezeichnete beide als Taten ein und derselben Person; schließlich erklärte er, daß der letzte Mord nicht begangen worden wäre, wenn man bei dem früheren Fall eine Belohnung ausgesetzt hätte. »Man darf sich darauf verlassen, daß man eine substantielle Belohnung ausgesetzt hätte, wenn eine reiche Person ermordet worden wäre, und deshalb bin ich, um diese Sache in Gang zu bringen, bereit, 25 Pfund Sterling aus der eigenen Tasche für die Ergreifung des Mörders auszusetzen. Schließlich haben«, setzte er ein wenig unlogisch hinzu, »diese armen Leute eine Seele wie alle andern.«

Mary Ann Nicholls wurde am 6. September beerdigt. Ein polierter Ulmensarg mit ihren sterblichen Überresten wurde zum Friedhof Ilford gefahren, gefolgt von einer Trauerkutsche mit ihrem Vater und drei von ihren Kindern. Ihr Ehemann, William Nicholls, fuhr in einer andern Kutsche. »Eine sehr große Zahl von Zuschauern war anwesend, die das tiefste Mitgefühl äußerten«, berichtete der *East London Observer*. Einige Wochen darauf stellten die Bewohner der Buck's Row den Antrag, daß der Name der Straße geändert werde; so erhielt sie den Namen Durward Street, den sie heute trägt.

4

Königin Victoria hätte kaum eine unglücklichere Wahl für den Posten des Chefs der Metropolitan-Polizei treffen können als mit Sir Charles Warren, Generalmajor der königlichen Pioniere, dessen Hauptqualifikation für den Posten des Polizeichefs anscheinend seine Fähigkeit war, mit den Bantu im südafrikanischen Griqualand-West fertig zu werden. Er war ein auffallend gut aussehender Mann mit stolzem Schnurrbart, ein Monokel ins rechte Auge geklemmt; er saß gut zu Pferde und trug bisweilen den altmodischen hohen Helm der Polizisten zur Gala-Uniform. Doch seine Ernennung zum Polizeichef im Jahr 1886 war kaum weniger als eine nationale Katastrophe.

Das Jahr 1886 war ein Jahr großer sozialer Unruhe, die im Februar damit begann, daß Arbeitslose Steine in die Fenster des Carlton-Clubs warfen. Um diese Demonstrationen zu unterdrücken, wurde General Charles Warren aus Ägypten heimberufen; dort war er Gouverneur des Rotmeer-Küstengebiets und Kommandeur der königlich-britischen Pioniere in Suakin. »Die Ernennung eines ausgezeichneten Generals würde, wie man glaubte, das Vertrauen wiederherstellen«, schreibt Sir John Moylan in seiner Geschichte von Scotland Yard, wobei er übersah, daß Warren erst der dritte für diesen Posten Gewählte war (Sir Revers Buller und Lord Charles Beresford hatten bereits abgelehnt).

Warrens Methode, das öffentliche Vertrauen wiederherzustellen, bestand darin, daß er Scotland Yard nach militärischen Regeln organisierte und Heeresoffiziere und -unteroffiziere in die Führungsstellen setzte. So ernannte er im Jahr 1887 zwei neue Oberkommissare, 168 Inspektoren, 196 Sergeanten, während die Zahl der Konstabler tatsächlich um 89 zurückging. Für die Kriminalpolizei hegte er nichts als Verachtung; er erwähnte sie in seinem Polizeijahresbericht für das Jahr 1887 überhaupt nicht. Dagegen fand er in seinem Bericht Platz für solche Trivialitäten wie die, daß 131 Konstabler wegen wunder Füße krank geschrieben wurden (»Stiefel sind eine Angelegenheit ernster Sorge«, kommentierte Warren dazu) und daß die neuen Polizeiknüppel aus Kokosholz in einer Seitentasche getragen würden; die Knüppel-Futterale habe man abgeschafft.

Während des ganzen furchtbaren Winters 1887 setzte Warren seine Polizei gegen die hohlwangigen Menschen ein, die auf dem Trafalgar Square demonstrierten, als ob diese Menschen Kaffern wären und Warren den Auftrag habe, sie zu »zivilisieren«. Das war der Winter, in dem die Arbeitslosen, um auf ihre bittere Not aufmerksam zu machen, sonntags vor die Kirchen der vornehmen Gegenden zogen und Transparente mit Bibeltexten mit sich führten. Es war der Winter, in dem der Sozialist Henry Champion bei einer Versammlung in London Fields sagte, daß er der ganzen besitzenden Klasse, wenn sie nur einen Hals hätte, diesen abschneiden würde, ohne auch nur nachzudenken.

Die eigentliche Kraftprobe kam am 13. November 1887 – der Tag ging später als »Blutsonntag« in den sozialistischen Kalender ein –, als sich eine Menge von schätzungsweise 20 000 Arbeitslosen aus allen Teilen Londons auf dem Trafalgar Square versammelte. Um diesem zerlumpten Heer entgegenzutreten, marschierte Sir Charles Warren mit 4000 Konstablern und Abteilungen der Gardekavallerie und -grenadiere auf den Schauplatz. An der Brüstung der Nationalgalerie wurden 300 Gardegrenadiere mit aufgepflanztem Bajonett und zwanzig Schuß Munition je Mann in den Patronentaschen aufgestellt.

»In wenigen Minuten war alles vorüber«, schrieb William Morris. »Unsere Genossen kämpften tapfer, aber – die Polizisten schlugen nach links und rechts wie Soldaten, die einen Feind attackieren, was sie auch wirklich waren.« Zweihundert von den Demonstranten wurden schwer verletzt und mußten ins Krankenhaus gebracht werden, wo zwei von ihnen ihren Wunden erlagen. Die Demonstranten erhielten »die eingeschlagenen Köpfe, die sie reichlich verdienten«, wie die *Times* schrieb, die dem Bericht über diesen Vorfall achteinhalb Spalten widmete. Die Zeitung bedauerte, daß »sehr viel mehr der wohlverdienten Strafe entrannen«.

Der Blutsonntag trug Warren den Adel und den unauslöschlichen Haß der

Londoner Arbeiterbevölkerung ein[1]. Später sollte er sich damit brüsten, daß die militärische Strategie, die er auf dem Trafalgar Square anwandte, »nicht nur von den Experten in den Klubs, sondern auch von den Sozialdemokraten selbst bewundert wurde«.
Doch nicht alle einfachen Polizisten teilten diese Bewunderung. Ein Konstabler erklärte in einer anonymen Flugschrift, die kurz nach dem Tumult veröffentlicht wurde: »Die Mehrheit der Polizei ist der Ansicht, daß man diesen Vorfall bedauern muß. Menschen, die die Konstabler bisher mit Respekt behandelt und im allgemeinen ein freundliches Wort für sie gehabt hatten, behandelten sie nachher mit finsterer Verachtung.«

5

Ich habe mich recht ausführlich über die Persönlichkeit von Sir Charles Warren und über seine unglückliche Wirkung auf die ihm unterstehende Polizei ausgelassen, weil beides meiner Ansicht nach zu einem großen Teil erklärt, weshalb Jack the Ripper nicht gefaßt wurde. Die Zusammenstöße mit den Arbeitslosen hatten in den Worten von Innenminister Henry Matthews »die Polizei erschöpft und die Öffentlichkeit verängstigt«, und das trotz Warrens Prahlerei im Polizei-Jahresbericht, daß »die Polizei erfolgreich mit Versuchen aufsässiger Massen, sich auf den Straßen zusammenzurotten, fertig geworden« sei. Die Polizisten waren nicht nur erschöpft, sondern darüber hinaus gründlich von Warrens Bemühungen, ein militärisches Reglement zu erzwingen, demoralisiert. Mit andern Worten: der Ripper hätte sich kaum eine bessere Zeit aussuchen können, um seine anatomischen Experimente zu beginnen, wenn er der Entdeckung entgehen wollte. Die Polizei war gar nicht imstande, einem so diabolisch gescheiten Geist etwas Entsprechendes entgegenzusetzen.
Vielleicht der einzige in Scotland Yard, der in der Lage gewesen wäre, den Mörder zur Strecke zu bringen, war James Monro, der stellvertretende Polizeichef und Leiter der Kriminalpolizei. Doch Monro trat am letzten Tag im August 1888 nach einer Reihe von Auseinandersetzungen mit Warren von seinem Posten zurück. Monro hatte wie viele von den tüchtigsten Polizeioffizieren Englands sein Handwerk in Indien gelernt, wo er Generalinspektor

[1] Warrens Enkel, Mr. Watkin W. Williams, war so freundlich, mir ein Buch mit Ausschnitten zu leihen, das seine Großmutter Lady Warren angelegt hatte. Darin hatte sie Zeitungsartikel und Karikaturen eingeklebt, die ihren Mann verunglimpften. Außerdem finden sich darin mehrere Drohbriefe, von denen einer eine Totenkopfflagge in roter Tinte zeigt und lautet: »An die verdammten Hunde in Blau, Ihr verdammten Lügner und Feiglinge, sprecht Euer Gebet . . . Rache – Taten, nicht Worte.« Ein anderer warnt: »Paß auf Dein Leben auf, Du Hund! Wag Dich nicht zu weit vor! Sieh Dich vor – dies ist für Dich bestimmt.« Es folgt die Skizze eines Sarges.

der bengalischen Polizei gewesen war. Ironischerweise wurde er als Warrens Nachfolger nach Scotland Yard zurückberufen und sollte als Polizeichef viele notwendige Reformen, darunter die Pension für Polizeibeamte, durchsetzen. (»Die Männer waren seine ergebenen Sklaven«, schreibt George Dilnot, »und er trug viel dazu bei, ihren Stolz auf ihren Beruf zu erhöhen und für ihr persönliches Wohl zu sorgen.«) Doch mittlerweile hinterließ Monros Rücktritt eine ungeheure Lücke in Scotland Yard: die Kriminalabteilung war ohne wirksame Leitung. Robert – später Sir Robert – Anderson, der vorgesehen war, Monro zu ersetzen, war ein Salonlöwe und Strafanwalt, dessen Polizeierfahrung sich bisher darauf beschränkt hatte, die Geheimnisse der Dynamitverschwörer unter den für eine eigene Regierung kämpfenden irischen Nationalisten aufzuspüren. Andersons Vorstellung davon, wie er die Aufgaben seines neuen Amtes erfüllen könne, bestand darin, daß er sofort abreiste, um in der Schweiz für einen Monat Urlaub zu machen.

Doch Jack the Ripper wollte nicht darauf warten, bis der stellvertretende Polizeichef seine Alpenbesteigungen beendet und genügend Edelweiß und die noch schwerer zu entdeckenden Gemsen gefunden hatte. Am gleichen Tag, an dem Anderson in die Schweiz abreiste, bereitete sich der Ripper darauf vor, London abermals zu überraschen. Als der Chef der Kriminalpolizei auf dem Weg nach Montreux nach Paris fuhr, lag die Leiche des neuesten Opfers von Jack the Ripper im Hinterhof des Hauses Hanbury Street 29 schweigend in der Nacht.

Der Hinterhof von Nummer 29

1

Die Rückwände der Mietshäuser, die auf den Hof der Hanbury Street 29 gingen, ragten im grauen Licht des Septembermorgens auf wie eine ungeheure, von Fenstern durchlöcherte Ziegelklippe. Hätte man an diesem Samstag, dem 8. September 1888, morgens vom Hof aus nach oben geblickt, dann hätte man an jedem Fenster Köpfe gesehen. Das rief einen ziemlich komischen Eindruck hervor, denn auf manchen Köpfen saßen noch die nächtlichen Spitzenhauben, während bei andern das Haar zerzaust war oder hochstand. Doch an den Gesichtern war gewiß nichts Komisches. Sie waren weiß und angespannt, wie sie abwärts schauten, und spiegelten Furcht oder eine erstarrte Faszination wider, als ob die Menschen hypnotisiert worden wären. Auch Kinder standen an den Fenstern, deren Gesichter sich weiß von dem rauchverschmierten Mauerwerk abhoben wie Möwen, die im Hang der Klippe nisteten, und ihre Schreie waren vor Erregung so schrill wie die der Seevögel. Wonach blickten sie so gespannt in dieser frühen Morgenstunde, all diese Menschen hoch oben in der Ziegelwand? Was gab es so Besonderes in dem Hinterhof von Nr. 29? Und warum wimmelte es dort von Polizisten?

An der Fassade war gewiß wenig, was dieses Haus vor den Nachbarn auszeichnete. Wie alle andern Gebäude auf der Hanbury Street war auch dieses ursprünglich für hugenottische Seidenweber erbaut worden, als deren Gewerbe in hoher Blüte stand. Doch die toskanischen Säulen, die die Eingänge zu beiden Seiten schmückten, waren längst verschwunden. Denn die Hanbury Street war zum Elendsviertel geworden, »geradezu das Herz des für Hungerlöhne arbeitenden Bezirks«, wie die medizinische Zeitschrift *Lancet* schrieb, nachdem sie eine Gruppe von Ärzten und Gesundheitsinspektoren beauftragt hatte, über die dortigen Verhältnisse zu berichten.

Auf dem Hof von Nr. 29 sah es noch unordentlicher aus als auf den Nachbarhöfen, denn die Hausbesitzerin, Mrs. Amelia Richardson, benutzte ihn für ihr Unternehmen, das Packkisten herstellte. Ein Durchgang führte unmittelbar von der Haustür auf den Hof, den man über zwei steinerne Stufen erreichte. Zwischen diesen Stufen und dem Zaun des Nachbarhauses befand sich eine Wandnische von etwa einem Meter Breite. Um diese Nische drängten sich die Polizisten wie blaue Schmeißfliegen um eine schwärende Wunde. Nur wenn die Klippenbewohner, die auf diese Szene hinabstarrten, ihre Augen anstrengten, konnten sie in dieser Nische etwas ausmachen, was wie ein Bündel schmutziger Lumpen auf einem dunklen Fleck aussah, in Wirklichkeit jedoch die Leiche von Annie Chapman war, in Whitechapel unter dem Namen »dunkle Annie« bekannt.

»Die ›dunkle Annie‹«, sagte Timothy Donovan, der Wirt des Massenquartiers auf der Dorset Street 35, wo sie wohnte, »war auf ihre Weise eine anständige Frau. Wenn sie das Geld dazu hatte, bezahlte sie acht Penny für ein Doppelbett, statt vier für ein einzelnes, damit sie das Bett ganz für sich allein hatte.« Das waren die Maßstäbe, nach denen Whitechapel seine Bewohner beurteilte. Doch Annie Chapman, 47 Jahre alt und Witwe, hatte noch in anderer Hinsicht Ansprüche auf Bevorzugung. Sie war mit einem pensionierten Sodaten verheiratet gewesen, der zudem Veterinärheilgehilfe gewesen war; eine Zeitlang hatten sie in Windsor gelebt. Annie neigte dazu, dieses goldene Zeitalter auszuschmücken: Beim Erzählen verwandelte sich ihr Ehemann gern vom Gehilfen zum Doktor, und sie sprach von »meinem Haus in Windsor«; das alles trug nicht dazu bei, ihr die Sympathien ihrer weniger glücklichen Schwestern zu sichern.

Annie erklärte niemals, weshalb sie ihren guten Versorger verlassen hatte, wenn er auch viele Jahre älter gewesen sein mußte als sie, da er das pensionsfähige Alter bereits erreicht hatte. Ebensowenig sprach sie über die beiden Kinder, die aus dieser Ehe hervorgegangen waren – ein Junge war mißgestaltet und lebte in einem Krüppelheim, und ein Mädchen befand sich in einer Anstalt in Frankreich. Aber Annie mußte sich im guten von ihrem Mann getrennt haben, denn er schickte ihr bis zu seinem Tod im Jahr 1886 wöchentlich zehn Schilling.

Der Tod des Pensionärs Fred scheint einen Wendepunkt im Leben der dunklen Annie bedeutet zu haben, denn danach verließ sie das Glück. Sie wurde nicht nur ihres Einkommens beraubt, das höher war als das, was eine durchschnittliche Fabrikarbeiterin in einer Woche mit sechzig Arbeitsstunden verdiente, sondern ihre Gesundheit begann auch nachzulassen. Unerklärlicherweise litt sie an Schwindelanfällen und Ohnmachten.

Gewisse Schriftsteller, die die Morde des Rippers behandeln, haben sich offensichtlich von Annies vermeintlicher Achtbarkeit irreführen lassen. Vielleicht hat sie auch das legendäre Haus in Windsor geblendet. Jedenfalls bestreiten sie, daß sie eine Prostituierte war. Nach ihrer Angabe war sie eine »Ein-Mann-Frau«, die sich einem Mann ihrer Wahl anschloß und eine lange Zeit mit ihm lebte. Gewiß, Annie lebte tatsächlich mit einem Siebmacher in Spitalfields so lange zusammen, daß es ihr den Spitznamen »Annie Sievey« eintrug, doch zu behaupten, sie sei keine Dirne gewesen, bedeutet doch eine allzu romantische Einstellung. Keine achtbare Frau, und hätte sie in den finanziell schwierigsten Verhältnissen gelebt, wäre in einem Haus wie dem zu finden gewesen, das Tim Donovan auf der Dorset Street hielt.

Die Dorset Street zeichnete sich zu jener Zeit dadurch aus, daß die Polizei dort die ersten Untersuchungen anstellte, wenn in London ein Verbrechen von einem Unbekannten begangen worden war. Wenn es auch nur eine kurze Querstraße war, bildete sie doch ein einziges riesiges Bordell, in dem sich nicht weniger als 1200 Menschen in den Pennen vom Keller bis zum Dach zusammendrängten; und zu den Bewohnern gehörten Bettler, Taschendiebe, Bauernfänger und die Hefe des Dirnentums. Wenn man immer noch Zweifel an Annies Beruf hegen sollte, so haben wir doch das Wort ihrer Freundin Amelia Farmer, die sagte: »Annie war nicht wählerisch, um ihren Lebensunterhalt zu verdienen; sie ging zu jeder Nachtstunde auf die Straße, um nach Männern Ausschau zu halten, die ihr den Preis für das Bett zahlten.« Wenn Annie konnte, arbeitete sie wie die andern Unglücklichen an jenen Hauptsklavenarbeiten, die den Frauen und Kindern der Armen vorbehalten waren: Kleben von Streichholzschachteln und Binden von künstlichen Blumen. Und genau wie sie besprengte sie wertlose Samen mit Parfüm für einen Penny und verkaufte dann die Säckchen als »Lavendel«, oder sie hausierte mit solchen Kinkerlitzchen wie wunderbaren Hühneraugenmitteln oder Walnüssen als Fingerhutetuis. Doch in der letzten Zeit war sie zu krank gewesen, um überhaupt zu arbeiten, wie sie dem Pfleger in der Polyklinik erzählt hatte. Dort konnte man jedoch nichts für sie tun. Sie hatte Tuberkulose und verhungerte langsam, oder wie es Dr. George Bagster Phillips in seinem Obduktionsbefund ausdrückte: Ihr Körper wies »Zeichen großer Entbehrung« auf.

Ihre Freundin, Amelia Farmer, war aufrichtig erschüttert über Annies Aussehen, als sich die beiden am Freitag, dem 7. September, zufällig trafen, denn Annie wirkte noch magerer und elender als gewöhnlich, und die Haut unter den Augen zeigte eine kranke bläuliche Färbung. »Du siehst gottserbärmlich aus«, erklärte die Freundin unverblümt. »Ich fühle mich auch schlecht«, erwiderte Annie. »Außerdem habe ich den ganzen Tag noch nichts gegessen – nicht mal eine Tasse Tee.« Sie sprach unentschlossen davon, für ein paar Tage in ein Obdachlosenasyl zu gehen, doch sie schien zu energielos, auch nur die notwendigen Schritte dafür zu tun. Die Farmer hatte Mitleid mit ihr und drückte ihr ein paar Kupfermünzen in die Hand. »Für eine Tasse Tee, Liebe«, sagte sie. »Aber nimm keinen Rum«, mahnte sie. »Du kennst deine Schwäche.« Annie kannte sie tatsächlich. Sie murmelte, daß sie sich zusammennehmen wolle. Dann trennten sich die beiden Freundinnen.

Später in der Nacht sah Timothy Donovan Annie in der Küche von Dorset Street 35 am Feuer sitzen. In den meisten Logierhäusern waren die Küchen riesig, und die von Donovan bildete keine Ausnahme; sie sollte als gemeinsamer Mittelpunkt für alle Bewohner dienen. Sie wurde von einer einzigen zischenden Gasflamme erleuchtet, und wenn es auch schwer gewesen wäre zu bestimmen, welche Farbe die Wände ursprünglich gehabt hatten, so waren sie jetzt soßenbraun. Den Raum beherrschte ein Koksfeuer, das in einer offenen Feuerstelle, groß genug, einen ganzen Hammel zu braten, glühte und knisterte. Darüber hingen in dichter Reihe blecherne Teekannen, vom langen Gebrauch verbeult und schmutzig. Höher an der Wand war die »Hausordnung« befestigt; eine ihrer Regeln lautete, in aggressiven Großbuchstaben gedruckt: »WASCHEN SONNTAGS VERBOTEN.« Und alles durchdrang der unlösbar mit der Armut verbundene Geruch gebratener Heringe. Donovan blickte auf seine Uhr und bemerkte erstaunt, daß es schon 1 Uhr 45 morgens war. Dann wandte er sich an Annie. »Du bist spät dran«, bemerkte er, doch Annie blickte nur düster ins Feuer. In etwas freundlicherem Ton fragte der Ire: »Gehst du heute nicht ins Bett?« – »Nein«, entgegnete sie mißmutig. »Ich habe kein Geld.« – »Na ja, du kennst ja die Vorschriften«, sagte Donovan, schon wieder unzugänglich. Annie kannte die Vorschriften, aber als sie zur Tür ging, bat sie Donovan, ihr das Bett freizuhalten. Sie werde das Geld schon irgendwie auftreiben, sagte sie.

Irgendwann zwischen zwei und fünf Uhr morgens begegnete Annie dem Ripper.

3

Der Tag brach eben an, als John Davies, der Marktträger, der auf der Hanbury Street 29 wohnte, Annies Leiche entdeckte, die auf dem Hinterhof des Hauses lag – nicht weit von der Stelle, wohlgemerkt, wo Polly Nicholls acht Tage früher ermordet worden war. Doch in der Grausamkeit übertraf dieser Mord den vorigen erheblich. Diesmal war der Kopf so weit vom Rumpf abgetrennt worden, daß der Mörder ein Taschentuch um den Hals geknotet hatte, offenbar um den Kopf dort festzuhalten.

Die Leiche lag in der Nische zwischen den Hofstufen und dem Zaun des Nebenhauses. Der linke Arm war über die linke Brust geschoben, und die Beine waren hochgezogen, so daß die Füße auf dem Boden standen und die Knie nach außen gekehrt waren. Das Gesicht, zur rechten Seite gewandt, wies Blutergüsse auf, und die Zunge war geschwollen und ragte zwischen den Vorderzähnen, nicht jedoch zwischen den Lippen hervor. Das alles deutete darauf hin, daß der Mörder seinem Opfer die Hand auf den Mund gepreßt oder es geknebelt hatte, um es am Schreien zu hindern. Der Leib war aufgeschlitzt und der Uterus mit seinen Anhängen mit erheblicher chirurgischer Geschicklichkeit entfernt worden. Eine weitere exzentrische Note erhielt der Mord dadurch, daß zwei Messingringe, die dem Opfer offensichtlich vom Mittelfinger der linken Hand gezogen worden waren, und ein paar Penny- und Viertelpennymünzen der Frau ordentlich vor die Füße gelegt worden waren.

Davies, der Marktträger, rannte zur Polizeiwache auf der nahen Commercial Street; die Polizisten wiederum verständigten George Bagster Phillips, den Polizeiarzt des Bezirks. Im Handumdrehen wimmelte es auf dem Hinterhof von Polizisten und Männern in braunen Anzügen und Melonenhüten, die offensichtlich Detektive, Beamte der Kriminalpolizei, waren. Nachdem Dr. Phillips seine einstweilige Untersuchung beendet hatte, ordnete er an, daß die Leiche in die behelfsmäßige Leichenhalle auf der Old Montague Street geschafft würde.

Unter denen, die an diesem trüben Septembermorgen der Bahre mit Annies Leiche die Hanbury Street hinunter folgten, befand sich eine groteske Gestalt, in eine Decke gehüllt, die ein trauernder Angehöriger hätte sein können, in Wirklichkeit jedoch ein elfjähriger Junge war. »Ja, ich gehöre zu denen, die gesehen haben, wie ihre Leiche weggebracht wurde«, erklärte mir Alfred Henry Lane, als ich ihn im Hathaway House in Hoxton interviewte.

Lane, Mitte Achtzig, als wir uns kennenlernten, war einer von denen, die meiner vom *East London Advertiser* freundlicherweise veröffentlichten Bitte um Informationen über Jack the Ripper nachkamen. Lane war ein kleiner flinker Mann, der im Haus eine Schirmmütze trug und ständig so aussah, als ob er sich über einen Witz amüsierte, den nur er verstand. Insgeheim schien er sich nicht nur über Jack the Ripper, sondern auch über den amerikanischen Schriftsteller lustig zu machen, der die weite Reise nach Hoxton unternommen hatte, um mit ihm zu reden, doch auch über sich selbst und seine Langlebigkeit – das schien ebenfalls zu dem Witz zu gehören. Er zeigte mir eine Fotografie von sich, aufgenommen, als er noch ein junger Mann mit einem riesigen dreieckigen Schnurrbart war (»der schönste Schnurrbart in ganz Bethnal Green, bis ich bei den Königlichen Pionieren eintrat und gezwungen wurde, ihn abzurasieren«). Dann erzählte er mir seine Geschichte:

»Mein Onkel hatte einen Kaffeestand auf der Hanbury Street, und meine Mutter ging morgens immer sehr früh hin, um ihm zu helfen. Als die Morde des Rippers anfingen, nahm sie mich zu ihrem Schutz mit und packte mich wegen der Kälte in eine Decke. Viel Schutz für sie wäre ich ja nicht gewesen«, kicherte er, »ich war schließlich nur ein Kerlchen von elf Jahren. Jedenfalls sahen wir an diesem Morgen, als wir auf die Hanbury Street kamen, wie zwei Polizisten eine Bahre aus dem Haus Nr. 29 herausfuhren. Sie war mit einer Art Plane zugedeckt und hinterließ auf ihrem Weg eine dünne Blutspur. Mutter mußte sich beeilen, um zur Arbeit zu kommen, weil es aber Samstag war und ich keine Schule hatte, entschloß ich mich, hinter der Bahre herzulaufen, und das tat ich den ganzen Weg bis zur Leichenhalle auf der Old Montague Street. Ich erinnere mich des Weges noch, als ob es gestern gewesen wäre.« Es muß ein seltsamer Zug hinter der Leiche gewesen sein: die großen bärtigen Konstabler in den blauen Uniformen und der kleine Junge.

4

Im Laufe des Morgens versammelte sich eine Menge von mehreren hundert Leuten vor dem Haus Nummer 29, und »laut waren die Äußerungen des Schreckens auf allen Seiten«, wie die *Times* schrieb und hinzusetzte, daß »Nachbarn zu beiden Seiten gute Geschäfte machten, indem sie eine kleine Miete verlangten – wenn man von den Fenstern aus den Hof betrachten wollte, in dem der Mord begangen worden war«. Die Nachricht von dem Verbrechen verbreitete sich rasch in andere Teile Londons, und als die ersten Nachmittagszeitungen erschienen, setzte ein Ansturm auf sie ein; die Leute bildeten Schlangen vor den Läden, in denen Zeitungen verkauft wurden, bis neue Exemplare gebracht wurden. Ein Mann in Deptford war so versessen darauf, ein Exemplar des *Evening Standard* zu bekommen, daß er Verdacht erregte. Nach Angabe des Händlers, der die Polizei in Deptford verständigte, »riß mir der Mann die offene Zeitung aus der Hand, warf einen Penny hin und stürmte aus dem Laden. Er wollte nicht warten, bis er zu Haus war, sondern las unter dem Gaslicht des Schaufensters eifrig und erregt den Bericht der Tragödie.« Als die Polizei eintraf, hatte er sich »davongestohlen«.

Doch auf der Whitechapel Road erreichte die Erregung den Höhepunkt. Da es Samstag war, drängten sich die Cockneys auf der Straße und sprachen von nichts anderem als von dem »Scheusal von der Hanbury Street«. Stunden nach dem Mord wurde bereits eine Flugschrift mit dem Titel »Zeilen über die schreckliche Tragödie verkauft, und Männer, die sich diese Knittelverse an den Hut gesteckt hatten, sangen sie zur Melodie von »My Village Home«.

Der Eigentümer eines kleinen Wachsfigurenkabinetts auf der Whitechapel Road glaubte darin eine Gelegenheit zu sehen, rasch ein paar Schilling zu verdienen. Er staubte also drei Wachsfiguren ab, die schon bei manchem Anlaß ihre Dienste geleistet hatten, bemalte sie mit roter Farbe und eröffnete das neue Geschäft mit dem Transparent: »Die schrecklichen Morde in Whitechapel – Hier sehen Sie die Opfer von George Yard, Buck's Row, Hanbury Street.« Der einsetzende Ansturm wurde von einem Polizeiinspektor, der das Kabinett wegen Erregung öffentlichen Ärgernisses schloß, zum Erliegen gebracht. (Die Wachsfigurenschau scheint jedoch nicht lange geschlossen geblieben zu sein, denn bereits kurz danach beschwerte sich ein Leser, der sich als »John Law« unterschrieb, bei der *Pall Mall Gazette:* »Fast genau gegenüber dem London Hospital findet gegenwärtig eine abscheuliche Ausstellung der unglücklichen Frau statt, die von dem ›verdammten Dämon‹, wie ihn die Bewohner des Elendsviertels nennen, ermordet wurde ... Ein alter Mann stellt diese Dinge aus, und während er sie zeigt, steht man dicht eingepreßt zwischen einer Anzahl von Jungen und Mädchen, während einem ein Geruch des Todes in die Nüstern steigt und man sich fühlt, als wäre einem die Kehle mit Schimmelpilzen gefüllt.«)

Im Laufe des Tages liefen wilde Gerüchte um, die die Verwirrung und die beginnende Hysterie noch verstärkten. Ein solches Gerücht behauptete, der Mörder habe an eine Wand des Hinterhofes von Hanbury Street Nr. 29 folgende Nachricht gekritzelt: »Fünf – noch 15, dann zeige ich mich selber an.« Einige Leute behaupteten sogar, die Nachricht sei mit dem Blut des Opfers geschrieben. Andere, vor allem eine gewisse Mrs. Fiddymount, die Frau des Wirtes vom Prince Albert, trat mit ebenso abscheulichen Augenzeugenberichten hervor. Mrs. Fiddymount gehörte zu den Leuten, die sich selber gern im Licht der Öffentlichkeit sehen und dadurch zu einer Plage für den Ripper-Fall wurden. Solche Menschen reißen sich darum, bei der gerichtlichen Totenschau dabeizusein oder den Verbrecher bei Gegenüberstellungen zu identifizieren. Bei Zeitungsinterviews blühen sie förmlich auf, weil sie dadurch für eine Zeitlang zum Gegenstand des Neides ihrer weniger erfinderischen Nachbarn werden.
Mrs. Fiddymount stand am Mordmorgen gerade hinter der Theke und redete mit einer Freundin, als ein Mann hereintrat, dessen Aussehen sie in Furcht versetzte. Er hatte einen steifen braunen Hut tief in die Augen gezogen und trug eine dunkle Jacke, jedoch keine Weste. Er bestellte ein großes Glas billiges Bier, das er in eins hinuntergoß. Doch was Mrs. Fiddymount auffiel, war, daß er Blutflecke auf der rechten Hand und getrocknetes Blut zwischen den Fingern hatte. Außerdem bemerkte sie, daß sein Hemd zerrissen war. Da sie die Wirtschaft nicht unbeaufsichtigt lassen konnte, beauftragte sie einen gewissen Joseph Taylor, dem Verdächtigen, der gleich darauf die Gaststube wieder verließ, zu folgen; Taylor konnte weitere Einzelheiten über das Aussehen des Mannes liefern: er war 1,73 groß, ziemlich mager, zwischen 40 und 50 Jahren, hatte einen rötlichen Schnurrbart und Augen »wild wie die eines Habichts«.
Noch ehe es Abend wurde, war Mrs. Fiddymounts Geschichte, die von Mund zu Mund weitergegeben worden war, so ausgeschmückt worden, daß man sie nicht wiedererkennen konnte. In der neuen Fassung war es Annie Chapman selbst, die man gegen fünf Uhr morgens im Prinz Albert gesehen hatte (in der Gegend von Spitalfields machten die Kneipen für die zeitig aufbrechenden Marktträger früh auf). Sie trank ruhig ihren Schnaps, als ein Mann, der ein Schädelkäppchen trug und ein abscheuliches Gesicht hatte, den Kopf in den Türspalt schob und Annie zu ihrem Untergang hinauswinkte.

5

Auch am Sonntag, dem 9. September, ließen die Gerüchte und Berichte der Augenzeugen nicht nach. Zum Beispiel erzählte eine anonyme Prostituierte der Polizei, sie sei am Morgen des Mordes nicht weit von dem Haus Hanbury Street 29 von einem Mann angesprochen worden, der, als sie ihn abwies, angefangen habe, sie zu schlagen und herumzustoßen. Sie schrie, und der Mann rannte davon, aber nicht ohne vorher noch versucht zu haben, ihr zwei Messingmedaillen als goldene Zehnschillingstücke anzudrehen. »Sie wurde aufgefordert, den Mann zu beschreiben, doch ihre Beschreibung wurde nicht als klar betrachtet«, bemerkte die *Times.* Das Interesse, das diese unverifizierte Geschichte findet, liegt in dem Zusammentreffen, daß zwei blankpolierte Viertelpennystücke ordentlich zu Füßen der Chapman aufgebaut gefunden wurden. Aber die Vorstellung, daß ein Mann einer Dirne in so verzweifelten Verhältnissen wie Annie Chapman goldene Zehnschillingstücke, und seien es auch falsche, angeboten hätte, ist lächerlich; Annie wäre liebend gern für den Preis ihres Bettes mit jedem Mann mitgegangen, der sie dazu aufforderte. Außerdem waren Zehnschillingstücke gerändelt, Viertelpennymünzen nicht, und Frauen von der Art Annies waren erfahren genug, mit dem Finger am Rand einer Münze entlangzufahren, wenn man sie ihnen im Dunkeln anbot.

Dennoch sollte die Sache mit den blankpolierten Viertelpennystücken noch eine ungewöhnliche Folge haben. In seinen Erinnerungen schrieb Major (später Oberstleutnant Sir Henry) Smith, der im Jahr 1888 stellvertretender Polizeichef für die Londoner City war, davon, daß er die Metropolitan-Polizei auf die Spur eines sehr verheißungsvollen Verdächtigen gesetzt habe. »Er hatte Medizin studiert«, berichtet Smith. »Er war in einem Irrenhaus gewesen; er verbrachte seine ganze Zeit mit lockeren Frauen, die er betrog, indem er ihnen blankpolierte Viertelpennys statt Goldstücke gab.« Sir Charles Warren war jedoch vermutlich kaum an diesem Hinweis von einer rivalisierenden Polizeistelle interessiert und unternahm wahrscheinlich keinerlei ernsthafte Anstrengungen, den Mann zu finden. Das hielt Major Smith indes nicht davon ab, auch außerhalb seines eigenen Amtsbereichs Ausschau nach dem Verdächtigen zu halten. »Ich glaubte, er werde wohl auf der Rupert Street in Haymarket sein, so schickte ich zwei Männer hin, und er war tatsächlich da«, erklärte der Major. Doch der Knoten löste sich rasch: »Trotz der polierten Viertelpennymünzen und allem andern, er konnte sein Alibi ohne den Schatten eines Zweifels beweisen.«

6

An diesem Mordwochenende wurde zum erstenmal eine geheimnisvolle Persönlichkeit erwähnt, die als »Lederschürze« bekannt wurde, ein Ungeheuer, das vom kollektiven Willen heraufbeschworen wurde und die Suche nach dem Ripper so sehr erschweren sollte, daß Hauptinspektor Abberline in gerechtfertigtem Zorn schließlich donnerte: »Ich will diesen verdammten Spitznamen nicht mehr hören!« Lederschürze war eher ein wiederkehrendes Symbol als eine Person, oder richtiger: es war der Spitzname, den man auf eine ganze Reihe von Personen anwandte, die automatisch durch den bloßen Besitz dieses Talismans in Verdacht gerieten.

Die Lederschürzenhysterie wurde von verschiedenen Faktoren erzeugt. Zunächst einmal ereignete sich der Mord an der Nicholls, wie man sich erinnern wird, in der Nähe eines Pferdeschlachthauses auf der Buck's Row, womit das Interesse der Öffentlichkeit unvermeidlich auf Schlachter und Viehhöfe gelenkt wurde. Zum andern hatte Dr. Llewellyn das Gutachten abgegeben, daß die Mordwaffe ein kurzes spitzes Messer sei, wie es Korkschneider und Schuhmacher verwenden. Lederschürzen waren eine Ausstattung, die Schlachter ebenso wie Korkschneider und Schuhmacher benutzten. Schließlich schien es auf der Hand zu liegen, daß der Mörder Schutzkleidung irgendwelcher Art getragen haben mußte; sonst hätte seine blutbefleckte Erscheinung die Aufmerksamkeit auf ihn gelenkt, wenn er sich vom Schauplatz seiner Verbrechen entfernen wollte.

Zum erstenmal wurde Lederschürze jedoch in der *Times* erwähnt, die berichtete, daß »über 200 gewöhnliche Logierhäuser von der Polizei besucht worden sind in der Hoffnung, eine Spur der geheimnisvollen und viel besprochenen Person zu finden; doch es ist dem Mann gelungen, einer Festnahme zu entgehen«. Der *Daily Telegraph* äußerte sich deutlicher über Lederschürze und erklärte: »Ein Mann, der diesen Spitznamen trägt, wird an mindestens zwei dieser vier Morde für schuldig gehalten.« Die Zeitung fuhr fort: »Er ist wiederholt von Frauen beschrieben worden, die, wie sie behaupten, von ihm angesprochen worden sind.« Gerechterweise schrieb der *Telegraph*, daß sich die Beschwerden nicht unbedingt alle auf die gleiche Person beziehen müßten: »Die Vermutung ist nicht unvernünftig, daß in einem Bezirk, wo Tischler und Schuhmacher ständig solche Schürzen tragen, mehr als ein Mann mit diesem Namen bezeichnet worden ist.«

Vielleicht sollte man deshalb mit der Polizei nicht allzu hart ins Gericht gehen, weil sie den Lederschürzenköder angenommen hat; schließlich standen die Beamten unter erheblichem Druck. Die Presse wurde nicht müde zu erklären, daß vier Prostituierte seit April von der gleichen teuflischen Hand getötet worden seien und daß die Polizei nicht nur den Mörder nicht gefaßt, sondern nicht einmal einen einzigen positiven Fingerzeig gefunden habe. Doch als die öffentliche Kritik zunahm, verloren die Polizeibeamten den Kopf und verhafteten wahllos. Verdächtig aussehende Ausländer, Diebe, Bettler, Cockney-Arbeiter und was es sonst an Abschaum in den Pennen gab – sie alle wurden zusammengetrieben und vernommen; man ließ sie nur dann frei, wenn sich auch nicht die Spur eines Verdachts gegen sie ergab. Der Höhepunkt der Verhaftungen kam am Sonntag, dem 9. September, dem Tag nach dem Mord an Annie Chapman, als vierzehn Verdächtige allein in der

Polizeiwache Commercial Street verhört wurden, während weitere in die Wachen Leman Street und Upper Thames Street gebracht und dort vernommen wurden. Die Reaktion war vorherzusehen. Man beschuldigte die Polizei der Pfuscharbeit, und so wurden die gleichen Beamten, die man eben noch als »äußerst arrestwütig« bezeichnet hatte, über Nacht »arrestscheu« und nahmen im Zusammenhang mit dem Ripper-Fall überhaupt niemanden mehr fest.

Die sensationellste Verhaftung wurde an jenem Sonntag in Gravesend vorgenommen, als die Polizei den zweiundfünfzigjährigen William Henry Piggot, der etwa alles getan hatte, was man überhaupt anstellen konnte, um den Verdacht auf sich zu lenken, festnahm. Zuerst sah man ihn verstört, mit Blutflecken auf der Kleidung und Verletzungen an den Händen, die wie Messerschnitte aussahen, umherwandern. Dann hörte man, wie er in der Wirtschaft »Pope's Head« mit lauter feindseliger Stimme verächtliche Bemerkungen über Frauen machte. Schließlich wurde Piggot mehr als verdächtig, als die örtliche Polizei, die gerufen worden war, um sich ihn vorzunehmen, zwei blutbefleckte Hemden in dem Bündel fand, das er bei sich trug. Piggots Aussehen »ähnelte in manchem dem von Lederschürze«, wie die *Times* meinte, die außerdem vermerkte, daß seine vogelscheuchenhafte Bekleidung von einem zerbeulten Filzhut gekrönt wurde. Das Seltsame war, daß Piggot noch acht Jahre früher in der Lage gewesen war, wie sich später herausstellte, 8000 Pfund Sterling für die Eröffnung einer Gastwirtschaft in Hoxton aufzubringen.

Die Geschichte, die Piggot erzählte, war so zusammenhanglos, daß sie fast unverständlich wurde. Zur Zeit des Mordes war er im Gebiet von Spitalfields-Whitechapel gewesen; übrigens war er bereits am Donnerstag von Gravesend nach London gekommen und hatte seinen letzten Penny Donnerstagnacht für ein Bett in einem Logierhaus auf der Osborne Street ausgegeben. Dann war er hungrig und mittellos die ganze Freitagnacht durch die Straßen von Whitechapel gewandert. Als er Samstag morgen gegen halb fünf durch die Brick Lane streifte, sah er, wie er behauptete, eine Frau in einem Krampfanfall zu Boden stürzen, doch als er sich bückte, um sie aufzuheben, biß sie ihm in die Hand. Erbittert über diese Reaktion auf seine Tat als guter Samariter, schlug Piggot die Frau, die daraufhin heftigen Lärm machte. Als Piggot zwei Polizisten herzurennen sah, verschwand er und ging am gleichen Tag, am Samstag, ohne weitere Abenteuer von Ostlondon bis nach Gravesend, eine Strecke von 35 Kilometer.

Hauptinspektor Abberline wurde nach Gravesend entsandt, um Piggot in Gewahrsam zu nehmen, und als die beiden am Montagmittag am Londoner Bahnhof Bridge-Station ankamen, winkte der Hauptinspektor einer vierrädrigen Droschke und ließ seinen Häftling sich auf den Boden kauern, damit er keine Aufmerksamkeit errege. Diese Vorsichtsmaßnahmen waren jedoch vergeblich, denn in Erwartung von Piggots Ankunft lungerte eine Bande von Müßiggängern bereits den ganzen Vormittag vor der Polizeiwache Commercial Street herum. Die Nachricht von der Ankunft des Verdächtigen ließ weitere Dummköpfe herbeieilen, die den angeblichen Mörder sehen wollten, und im Handumdrehen war die Commercial Street kaum noch passierbar. Hauptinspektor Abberline ließ alle Frauen kommen, die behauptet hatten, von Lederschürze oder andern verdächtigen Fremden angesprochen worden zu sein; doch bei der Gegenüberstellung erkannte keine dieser Frauen Piggot als den Angreifer, auch die gefürchtete Mrs. Fiddymount nicht. Piggot wurde dann von der Polizei genau und mit seltsamen, wenn auch nicht völlig unerwarteten Ergebnissen verhört. Aber wir wollen die *Times* beschreiben lassen, was geschah: »Nach Ablauf mehrerer Stunden wurde das Verhalten des Mannes sonderbarer und seine Sprechweise unzusammenhängender; deshalb wurde der Polizeiarzt des Bezirks hinzugezogen, der gutachterlich aussagte, daß der Geist des Festgenommenen gestört sei.« Piggot wurde noch festgehalten, während man seine Wege nachprüfte; dann wurde er als geisteskrank bezeichnet und in einer Pflegeanstalt in Bow eingesperrt.

7

Die Beamten von Scotland Yard durchsuchten an diesem Wochenende nicht nur über zweihundert Logierhäuser im Gebiet von Spitalfields und vernahmen deren Insassen, sondern die Polizei gab um diese Zeit auch die erste von mehreren Beschreibungen des Mörders heraus, die während der ganzen polizeilichen Untersuchung zirkulierten. Diese erste war unbestimmt: »Beschreibung eines Mannes, *der einen Durchgang in dem Haus betrat, in dem der Mord* an einer Prostituierten am 8. September zwei Uhr morgens *begangen wurde:* Alter 37; Größe 170; ziemlich dunkler Bart und Schnurrbart. Kleidung: Hemd, dunkles Jackett, dunkle Weste und Hose, schwarzes Halstuch und schwarzer Filzhut. Sprach mit ausländischem Akzent« (Hervorhebung von mir). Ich neige zu der Ansicht, daß sich ein Polizeibeamter diese Beschreibung völlig aus den Fingern gesogen hat, denn es gibt gar keinen Bericht über einen Mann, der am Mordtag um zwei Uhr morgens beim Betreten des Durchgangs im Haus Hanbury Street 29 gesehen worden ist. Bestimmt hat niemals ein Zeuge so etwas ausgesagt. Die physische Beschreibung selbst ist so unklar, daß sie auf Tausende von Händlern zutraf, die im East End wohnten. Sie scheint zu gleichen Teilen aus den Äußerungen der Fiddymount und reiner Dichtung zusammengestellt worden zu sein. Was den »ausländischen Akzent« betrifft, so scheint auch der ganz willkürlich angegeben worden zu sein, wenn es sich nicht einfach um ein Nachgeben den örtlichen Vorurteilen gegenüber handelt. Tatsächlich scheint diese Anzeige

»Gesucht!« keinen andern Zweck verfolgt zu haben, als der Öffentlichkeit zu versichern, daß Scotland Yard auf dem Posten sei.
Mittlerweile hatte die Polizei den Hinterhof des Hauses Hanbury Street 29 sozusagen mit dem feinzinkigen Kamm durchgekämmt und dabei etwas entdeckt, was zunächst wie ein verheißungsvoller Fingerzeig aussah: ein Stück von einem blutbefleckten Briefumschlag. Der Umschlag trug das Wappen eines Regiments aus Sussex und den Poststempel »London, 20. August«, doch der Teil mit der Anschrift war abgerissen mit Ausnahme des einzelnen Buchstabens »M«. In der Nähe lagen zwei weiße Pillen. Diese Hinweise stellten sich später als irreführend heraus; denn bei der gerichtlichen Totenschau sagte ein Zeuge aus, daß Annie Chapman, als sie in der Mordnacht vor dem Feuer in Donovans Küche saß, das Stück Umschlag aus dem Kamin herausgeholt und die Pillen darin eingewickelt hatte, die gleichen Tabletten, die man ihr in der Polyklinik gegeben hatte, um die Schmerzen in ihrem leeren Bauch zu lindern.
Eine weitere Spur war von der Polizei bei der Durchsuchung des Hinterhofs entdeckt worden, ein Beweisstück, das die Beamten absichtlich bis zur Totenschau vor Presse und Öffentlichkeit geheimhielten, weil sie fürchteten, es könne eine unangenehme Reaktion auslösen. Unter einem Wasserhahn auf dem Hof fand sich eine Lederschürze. Sie wies Zeichen auf, daß sie kürzlich gescheuert worden war.

1

Sie haben Lederschürze jetzt; unschuldig ist er kaum,
muß wegen Mordes vor Gericht und hängt bald an dem Baum.

Diese Knittelverse zierten ein Flugblatt, das am Montag, dem 10. September, auf den Straßen von Whitechapel verhökert wurde, nur wenige Stunden nach dem Ereignis, das es feierte: die Festnahme von Lederschürze. Den Knittelversen ging eine Ankündigung voraus, die lautete: »Heute morgen gegen neun Uhr gelang es Detektivsergeant William Thicke von der Abteilung H, der mit der Bearbeitung dieses Falles betraut war, den als Lederschürze bekannten Mann gefangenzunehmen. *Es besteht kein Zweifel daran, daß er der Mörder ist, denn in seinem Besitz wurden eine große Zahl Messer mit langen Klingen und mehrere Hüte gefunden«* (Hervorhebung von mir).

Der Mann, den der Kriminalbeamte »gefangennahm«, war John Pizer, 33 Jahre alt, ein polnischer Jude, als Schuhmacher beschäftigt, und die *Times* lieferte weitere Einzelheiten über die Verhaftung. Detektivsergeant Thicke war in Begleitung einiger anderer Beamter zu Pizers Wohnung auf der Mulberry Street, Whitechapel, gegangen, und Pizer selbst hatte ihnen die Tür geöffnet. Thicke packte den Mann sofort und sagte: »Du bist der, den ich suche«, wie die *Times* berichtete. Dann beschuldigte er Pizer, er werde wegen des Mordes an Annie Chapman gesucht, worauf der arme Mann nichts erwiderte. Sein resigniertes Verhalten deutete darauf hin, daß er die Ankunft der Polizisten, die ihn verhafteten, geduldig erwartet habe. Nachdem die Polizisten die Wohnung durchsucht hatten, stellten sie fünf scharfe Messer mit langen Griffen sicher, wie sie in Pizers Handwerk benutzt wurden, dazu mehrere alte Hüte.

Man kann sich den wilden Jubel ausmalen, den diese Nachricht auf der Whitechapel Road ausgelöst haben muß. Wie die Schwestern der dunklen Annie die Röcke gerafft und vor Freude Luftsprünge gemacht haben müssen! Lederschürze gefaßt. Polly Nicholls und Annie Chapman gerächt. Die Schrekkensherrschaft im East End gebrochen. Mindestens war das die Aussicht, die Pizers Verhaftung mit sich brachte, doch wie so viele Perspektiven im Ripper-Fall sollte sich auch diese als eine Fata Morgana erweisen.

Inzwischen hatte die Presse während des Wochenendes vom 8. bis 9. September auch andere seltsame Ereignisse in East End zu melden. Zum Beispiel fand sich in der *Daily News* die merkwürdige Meldung, daß George B. Phillips, der Polizeiarzt des Bezirks, und sein Assistent »fast die ganze Samstagnacht nicht in die Betten kamen, weil sie Fälle von Körperverletzung behandeln mußten, *einige davon von sehr ernster Art, die mittelbar oder unmittelbar aus der großen Erregung entsprangen, die sich bei der Erörterung des Mordes ergab«* (Hervorhebung von mir). Fälle von Körperverletzung? Erregte Erörterung? Nach dem Bericht klingt es eher wie ein Zusammenstoß zwischen Orangisten und Sinn Feinern am Jahrestag der Schlacht am Boyne[1]. Was war das für ein seltsames Handgemenge hinter der Szene, dieser »Lärm in den Kulissen«, worüber sich die *News* so zurückhaltend äußerte? Die Straßen von Ostlondon waren, wie man sich erinnern wird, am Samstag, dem 8. September, der Nacht nach dem Mord, überfüllt von Menschen. Viele von ihnen waren verängstigt und ziellos herumgewandert oder hatten sich vor der Polizeiwache auf der Commercial Street versammelt, um nach dem Mörder von Annie Chapman zu schreien und zu pfeifen.

Der *East London Observer* zieht den Vorhang vor diesen Szenen ein wenig mehr beiseite und berichtet, daß »die Masse eine sehr drohende Haltung *gegen die hebräische Bevölkerung* des Bezirks einnahm«. Die Zeitung fuhr fort: »Es wurde wiederholt behauptet, daß kein Engländer ein so abscheuliches Verbrechen wie das auf der Hanbury Street begangen haben könnte, *deshalb ging die Masse dazu über, die unglücklichen Hebräer, die sie auf den Straßen fanden, zu bedrohen und zu beschimpfen«* (Hervorhebung von mir). Plötzlich wird das Bild klar und scharf. Es waren gar keine irischen Protestanten und Katholiken, die eine erregte »Erörterung« auf den Straßen von Belfast – beispielsweise – hatten. Es waren Nichtjuden, die die Juden auf den Straßen von Ostlondon verprügelten. Es waren die Köpfe der Juden, die Dr. Phillips und sein Assistent während dieser ganzen Samstagnacht zusammenflicken mußten.

Ohne Juden zu erwähnen, sprach die *Times* in einem Leitartikel davon, daß das East End in einen Zustand panischer Angst gestürzt worden sei, »ebenso günstig für das Entrinnen des Verbrechers wie gefährlich für unschuldige Menschen, deren Erscheinung oder Verhalten so weit abweicht, daß es Argwohn hervorruft«. Die *Daily News* ging mit ihrer Warnung noch weiter: »Bald können Morde aus panischer Angst zu den Morden aus Blutlust kommen«, und: »Ein Anstoß kann den ganzen Bezirk in der Stimmung, in der er sich jetzt befindet, in Brand setzen.«

Plötzlich wird der wahre Charakter der Hysterie wegen Lederschürze sichtbar: sie war nur eine Tarnung für den Antisemitismus. Und in John Pizer fand dieser Antisemitismus das vollkommene Opfer. Denn Lederschürze war nicht nur mit solch übernatürlichen Eigenschaften wie »durchbohrenden

[1] Orangisten sind die Anhänger des politischen Protestantismus in Nordirland, Sinn Feiner die Angehörigen der (katholischen) nationalistischen Bewegung in Irland zwischen 1905 und 1921, bis zur Selbständigkeit Irlands. In der Schlacht am ostirischen Fluß Boyne im Jahr 1690 siegte der (protestantische) Wilhelm III. von Oranien, König von England, gegen seinen Schwiegervater, den katholischen Jakob II., der auf dem Weg über Irland den englischen Thron zurückzuerobern hoffte. (Anm. d. Ü.)

Augen« und der Fähigkeit, »geräuschlos wie eine Katze zu gehen«, ausgestattet, sondern sollte außerdem noch ein Jude ausländischer Herkunft sein Nun war Pizer tatsächlich polnischer Jude und Schuhmacher und als solcher nicht nur gewöhnt, eine Lederschürze zu tragen, sondern auch mit scharfen, spitzen Messern umzugehen. Natürlich erklärt der Antisemitismus noch nicht, warum die Prostituierten von Whitechapel so bereitwillig aussagten, sie seien von Männern mit Lederschürzen angesprochen worden. Eine Erklärung dafür muß man bei der Freudschen Psychologie suchen, wo die Lederschürze als Kastrationssymbol erscheint. Nach Ansicht der Freudanhänger kann ein Mann, der ein solches Ausstattungsstück trägt, einer hysterischen Frau als entmannt erscheinen und als solcher bedrohlich wirken. Wenigstens stellte es mir ein qualifizierter Psychoanalytiker so dar. Aber es wird nun Zeit, auf den Mann hinter der Schürze einen Blick zu werfen.

2

Die Mulberry Street wurde wegen der Maulbeerbäume so genannt, die die hugenottischen Weber im 18. Jahrhundert auf ihrer ganzen Länge angepflanzt hatten, weil sie hofften, damit eine Seidenraupenzucht anlegen zu können. Doch 1888 war nicht nur der letzte dieser Bäume im Kampf gegen den Londoner Ruß eingegangen, sondern auch die hugenottischen Weber selber waren aus der Mulberry Street vor der Invasion der Russen und Polen geflohen, von denen die meisten im Schuhmacherhandwerk beschäftigt waren. John Pizer, der mit seiner siebzigjährigen Stiefmutter und seinem verheirateten Bruder Gabriel auf der Mulberry Street 22 wohnte, war kein gewöhnlicher Flickschuster. Er machte Ballettschuhe – das heißt, wenn er überhaupt arbeitete, denn John bildete sich ein, er habe eine zarte Gesundheit, und verbrachte deshalb viel Zeit im Bett, um Krankheiten zu pflegen, die nur in seiner Phantasie bestanden. Ironischerweise – im Hinblick auf seine Verhaftung als Jack the Ripper – klagte er ständig, daß er keine Kraft in den Händen habe.
Wenn man den Zeitungsbeschreibungen glauben darf, war er ein Mann von ungewöhnlich abstoßendem Äußeren. Der *East London Observer* zum Beispiel stellte ihn folgendermaßen dar: »Er war ein Meter zweiundfünfzig groß und hatte ein dunkel gefärbtes Gesicht, das nicht sehr angenehm anzusehen war wegen der grauschwarzen Behaarung, fast einen Zoll lang, die das Gesicht nahezu völlig bedeckte. Auch die dünnen Lippen hatten ein grausames, höhnisches Aussehen, das durch die Schläfenlocken und den hängenden dunklen Schnurrbart noch verstärkt wurde ... Der Kopf war groß und saß auf einem dicken, schwer wirkenden Hals.« Vergleicht man diese Beschreibung mit Cruikshanks Illustrationen von Fagin in *Oliver Twist,* dann sieht man sofort, woher der Reporter seine Inspiration bezog. Doch das war

noch nicht genug. Der Berichterstatter ließ Pizer außerdem noch »plattfüßig« gehen und »mit stark gutturalem ausländischem Akzent« sprechen.
Es trifft durchaus zu, daß Pizer in jenem Viertel lange vor den Morden des Rippers als »Lederschürze« bekannt war und so etwas wie eine komische Figur darstellte. Ob es der plattfüßige Gang oder auch die Verbindung seines abstoßenden Aussehens mit seiner hypochondrischen Anlage war, jedenfalls schien Pizer zum Spott herauszufordern. Kleine Jungen liefen auf der Straße hinter ihm her, äfften seine Bewegungen nach und schrien: »Lederschürze, pfui!«
Tatsächlich sollte sich diese Bekanntheit als Rettung für Pizer erweisen, denn sofort, als die Erregung wegen »Lederschürze« begann, zog sich Pizer mit dem Instinkt, der zweifellos seine jüdischen Vorfahren in Polen die Pogrome hatte überstehen lassen, in sein Zimmer zurück und war bis zu seiner Verhaftung unsichtbar; er blieb von Donnerstag, den 6. September, abends 10 Uhr 45, bis Montag, den 10. September, 9 Uhr morgens, in seiner Wohnung und damit verschwunden. Mit andern Worten, er hatte ein unerschütterliches Alibi, was den Mord an Annie Chapman betraf. Als Pizer außerdem zusammen mit andern Juden in der Polizeiwache Leman Street den Frauen gegenübergestellt wurde, die früher von Begegnungen mit der geheimnisvollen Lederschürze gesprochen hatten, bezeichnete ihn keine einzige.
Doch die Prüfung des kleinen Juden war noch nicht vorüber. Er wurde weitere 24 Stunden in Haft gehalten, und man könnte sich vorstellen, daß das auf seine eigene Bitte geschah, um Gewalttaten durch den Mob zu entgehen. Außerdem ergriff die Polizei die außergewöhnliche Vorsichtsmaßregel, ihm eine Bescheinigung zu geben, daß nichts gegen ihn vorliege. Wäre das nicht geschehen, dann wäre es durchaus denkbar gewesen, daß man Pizer gelyncht hätte, als er sich zum erstenmal allein nach draußen wagte. Als die gerichtliche Totenschau für Annie Chapman, Mittwoch, den 12. September, von Coroner Wynne E. Baxter eröffnet wurde, lud man Pizer vor, vereidigte ihn, und er gab seinen Beruf als Schuhmacher an.

CORONER: Sind Sie unter dem Spitznamen »Lederschürze« bekannt?

PIZER: Ja, Sir.

CORONER: Wo waren Sie vorigen Freitag nachts?

PIZER: Ich war auf der Mulberry Road 22. Ich bin am Donnerstag, dem 6. September, angekommen.

CORONER: Woher?

PIZER: Vom West End der Stadt.

CORONER: Ich fürchte, wir werden nachher noch eine genauere Angabe brauchen. Wann kamen Sie auf der Mulberry Street 22 an?

PIZER: Kurz vor elf Uhr abends.

Darauf erklärte Pizer, daß er in der Wohnung blieb, bis er Montag, den 10. September, um neun Uhr morgens von Sergeant Thicke verhaftet wurde.

CORONER: Weshalb sind Sie in der Wohnung geblieben?

PIZER: Weil mein Bruder es mir geraten hat.
CORONER: Sie waren Gegenstand des Verdachts?
PIZER: Ich war Gegenstand eines falschen Verdachts.
CORONER: Sie sind auf Rat von Freunden zu Haus geblieben?
PIZER: Ja, ich habe Ihnen gesagt, was ich tat.
CORONER: Es war nicht der beste Rat, den man Ihnen geben konnte. Sind Sie freigelassen worden und jetzt nicht mehr in Gewahrsam?
PIZER: Nein, ich bin nicht in Gewahrsam. (Pause.) Ich möchte meinen Charakter vor der ganzen Welt rechtfertigen.
CORONER: Ich habe Sie in Ihrem eigenen Interesse vorgeladen, zum Teil mit der Absicht, Ihnen dazu Gelegenheit zu geben.
Baxter verhörte Pizer dann genau über sein Tun am Donnerstag, dem 30. August, dem Vorabend des Mordes an »Polly« Nicholls. Es war wichtig, daß Pizer auch für den andern berühmten Mord in Whitechapel ein Alibi hatte.
PIZER (nach einigem Überlegen): Ich war auf der Holloway Road.
CORONER: Es ist besser, Sie sagen genau, wo Sie gewesen sind. Es ist wichtig, daß Sie Rechenschaft für die Zeit von jenem Donnerstag bis zum Freitagmorgen ablegen.
Darauf erwiderte Pizer, daß er in einem gewöhnlichen Logierhaus, *The Round House* genannt, auf der Holloway Road gewesen sei und daß er Datum und Ort deshalb genau wisse, weil in jener Nacht ein großes Hafenfeuer, das bis nach Highgate zu sehen gewesen sei, gebrannt habe.
CORONER: Haben Sie die Nacht dort geschlafen?
PIZER: Ja.
CORONER: Um welche Zeit sind Sie dort angekommen?
PIZER: Es war gegen zwei oder zwei Uhr fünfzehn am Freitagmorgen.
CORONER: Wann haben Sie das Logierhaus verlassen?
PIZER: Um elf vormittags am gleichen Tag. Ich habe die Anschläge gesehen: »Wieder ein schrecklicher Mord.«
Ehe Pizer in der Nacht von Donnerstag zu Freitag in dieses Logierhaus gegangen war, hatte er einen Gang bis zur Seven Sisters Road hinaus gemacht, wo er zum erstenmal den roten Widerschein des Brandes am Himmel bemerkte. Während er über die Holloway Road zurückging, sah er zwei Konstabler mit dem Vorsteher eines Logierhauses reden, darauf fragte er einen der Polizisten, wo es brenne. »Unten an den Albert-Docks«, erwiderte der Beamte. Das sei, soweit er sich erinnern könne, gegen halb zwei Uhr morgens gewesen. Dann sei er in das Logierhaus gegangen.
CORONER: Hat jemand mit Ihnen darüber gesprochen, weshalb Sie so lange ausgewesen sind?
PIZER: Nein, ich habe dem Nachtwächter Geld gegeben. Ich fragte, ob mein Bett schon vermietet sei, und er antwortete: »Sie werden bis elf Uhr ver-

mietet. Sie glauben doch nicht etwa, daß man es Ihnen so lange aufhebt?« Ich gab ihm also vier Penny für ein anderes Bett.

CORONER: Sie sind um elf Uhr aufgestanden?

PIZER: Ja, der Tagmann kam und sagte, ich solle aufstehen, da er das Bett machen wolle. Ich stand auf, zog mich an und ging in die Küche hinunter.

CORONER: Wollen Sie sonst noch etwas sagen?

PIZER: Nein, nichts.

CORONER: Als Sie sagten, das West End der Stadt, meinten Sie damit Holloway?

PIZER: Nein, ich wohnte in einem andern Logierhaus auf der Peter Street in Westminster – bis Donnerstag, den 6. September.

Als Baxter dem Zeugen Pizer sagte, er könne gehen, fügte er für den Protokollanten hinzu: »Es ist nur gerecht zu erklären, daß die Aussagen des Zeugen bestätigt werden können.«

Pizer verließ den Gerichtssaal des Coroners und begab sich zum Zivilgericht, wo er Klage wegen Verleumdung gegen die Zeitungen erhob, die übereilt genug gewesen waren, ihn als Mörder von Whitechapel zu bezeichnen. Gerüchte, daß sich die ihm als Schadenersatz zugesprochenen Summen auf vierstellige Zahlen beliefen, wurden von dem *East London Advertiser* energisch bestritten. »Die Geschichte, daß ›Lederschürze‹, alias Mr. Piser (sic!), große Summen aus seinen Verleumdungsklagen erhält, ist unrichtig«, erklärte diese Wochenzeitung. »Mehr als eine dieser Klagen ist mit einem Vergleich für bescheidene Summen abgeschlossen worden. Zwei oder drei stehen noch aus. Der Bericht, daß er bereits 5000 Pfund erhalten habe, entfernt sich widersinnig weit von der Wirklichkeit; 500 Pfund werden, wie ich annehmen möchte, immer noch eine starke Übertreibung sein.«

Nicht so glücklich war ein anderer Jude namens Jacobs, der in einem Schlachthaus arbeitete und ebenfalls als Lederschürze bekannt war. Jacobs war völlig harmlos, doch sein Leben wurde unerträglich, nachdem die Polizei ihn verhört hatte. Wohin er auch kam, wies man mit Fingern auf ihn als den Mörder von Whitechapel, und mehr als einmal mußte er Hals über Kopf in die nächste Polizeiwache rennen, um wütenden Mengen zu entkommen, die ihn bedrohten. Schließlich verlor er den Verstand und wurde in ein Irrenhaus eingewiesen.

Zu Anfang nahm Scotland Yard die Gerüchte um Lederschürze so ernst, daß Detektive als Schlachter verkleidet in Schlachthäuser eingeschmuggelt wurden, um eine Spur von diesem geheimnisvollen Burschen aufzunehmen. Doch als Pizer die Bescheinigung erhielt, daß nichts gegen ihn vorliege, erhielt die Erregung wegen Lederschürze einen entscheidenden Schlag. Der *Spectator* zog einen interessanten (und prophetischen) Vergleich zwischen der Massenhysterie in England und auf dem Kontinent: »In den meisten kontinentalen Städten hätte eine solche Verbrechensserie die Gesellschaft in dem ganzen Viertel desorganisiert und dazu geführt, daß man eine ganze Klasse oder andere unschuldige Personen zu lynchen versucht hätte. In Neapel wären die Ärzte, in Berlin die Juden umgebracht worden.« In Ostlondon setzte sich am Ende der Cockney-Humor durch, und die Bewohner führten keineswegs eine Vendetta gegen einen geheimnisvollen Mann namens Lederschürze, sondern gaben diesen Namen einem besonders zähen Siruptoffee von der zähnebrecherischen Art.

3

»Der Geist der ›dunklen Annie‹«, beginnt ein Leitartikel des *Daily Telegraph*, »wandert, noch ungerächt von der Justiz, durch Whitechapel ... Und dennoch kann man nicht sagen, daß diese verlassene, verachtete Bürgerin von London vergebens gestorben wäre ... Das schreckliche Ende der ›dunklen Annie‹ hat hunderttausend Londoner veranlaßt, darüber nachzudenken, wie es sein muß, kein anderes Heim als die gemeinsame Küche eines gemeinen Logierhauses zu haben; dort krank und schwach, elend und niedergeschlagen zu sitzen, weil einem die vier Penny fehlen, für die man sich das Recht einer ›Flohkiste‹ kauft; nach Mitternacht hinausgesetzt zu werden, um die notwendigen Penny zu verdienen, irgendwo und irgendwie; und dabei seinem Mörder zu begegnen und den zu liebkosen, der einen tötet ... Die ›dunkle Annie‹ wird in gewisser Hinsicht bewirken, was fünfzig Minister nie erreichen könnten ...«

Das Bemerkenswerteste an diesem Leitartikel war vielleicht, daß er im *Daily Telegraph* erschien, in der Zeitung, die noch vor vierzehn Tagen die dunkle Annie und ihresgleichen als »Wilde« bezeichnet hatte, die einer »eisernen Hand« bedürften, »um sie vor sich selber zu retten«. Er bezeugt gleichzeitig die seltsame Faszination, die Frauen wie die dunkle Annie auf den victorianischen Geist ausübten, und die Ambivalenz ebendieses Geistes im Hinblick auf die verirrte Schwesternschaft. Im einen Augenblick wurde Annie hart verurteilt; im nächsten wurden Dickenssche Tränen über ihre bittere Notlage vergossen. Im Wohnzimmer bezeichnete man sie als eine »Unglückliche«, als eine »Magdalena« oder gar als »beschmutzte Taube«, doch sobald sie sich einmal in den Netzen des Gesetzes verstrickt hatte, wurde sie angeprangert als »gemeine Prostituierte«, als »faule und unordentliche Person« oder als »unverbesserliche Betrügerin«.

»Prostituierte waren für die Victorianer, was Hexen für die Menschen des Mittelalters waren«, schreibt Gordon Rattray Taylor in seinem unterhaltsamen Buch *Sex in History*[1]. T. H. Lecky, ein Reformer aus dem frühen

[1] In einem Aufsatz über victorianische Pornographie in *Partisan Review*, Frühjahr 1964, drückt Steven Marcus es anders aus: »Die Prostitution im victorianischen England war das Rotchina jener Zeit.«

neunzehnten Jahrhundert, sagte nahezu das gleiche, wenn er die Prostituierte bezeichnete als »die ewige Priesterin der Menschheit, verdammt für die Sünden der Menschen«. Und Lecky fährt fort: »Auf diese erniedrigte und verruchte Gestalt werden die Leidenschaften gerichtet, die die Welt mit Scham hätten erfüllen können.«

Die Victorianer mögen bereit gewesen sein, Tränen über die dunkle Annie zu vergießen, doch als es darum ging, sie vor dem Abschlachten zu schützen, erwiesen sie sich als hoffnungslos untüchtig. Unter andern wilden Plänen wurde vorgeschlagen, jede Prostituierte, die man in Whitechapel nach Mitternacht noch auf Jagd finde, solle festgenommen werden; oder man solle sie mit Polizeipfeifen ausrüsten und in einem Signalsystem unterweisen (dieser Plan erhielt bald den Namen: »den Katzen Glocken umbinden«). Zu dem ersten Plan riet Sir Robert Anderson und begründete ihn folgendermaßen: »Es wäre eine Gnade für die sehr kleine Gruppe von Frauen, die dadurch betroffen würde.« Doch seine Vorgesetzten waren nicht seiner Ansicht. Das nächtliche Zusammentreiben der Hetären von Whitechapel hätte, selbst wenn es legal gewesen wäre, die Kräfte der Polizei weit überstiegen. Es gab nicht genügend Haftplätze für sie[1].

Was die Polizeipfeifen betraf, so wurde der Vorschlag mindestens von einem Strichmädchen, einer jungen Frau namens Eleanor Candey, ernstgenommen und hatte amüsante Ergebnisse. Die Candey sprach eines Abends auf der Whitechapel Road einen konzessionierten Schankwirt namens Joseph Woods an, dem sie im Lauf des Gesprächs anvertraute, daß sie sich seit den Morden des Rippers nach Einbruch der Dunkelheit nie ohne ihre Polizeipfeife auf die Straße wage. Woods, der betrunken war, erwiderte prompt: »Und ich gehe nie ohne mein treues kleines Messerchen aus.« Und dann setzte er hinzu: »Ich möchte, daß du weißt, mit wem du's zu tun hast: Ich bin der Mörder von Whitechapel.« Darauf passierten mehrere Dinge gleichzeitig: die Candey blies auf ihrer Pfeife, Woods fing an zu rennen und stieß mit einem Polizisten zusammen, der ihn wegen tätlicher Beleidigung und Erregung öffentlichen Ärgernisses festnahm.

Der *Star* äußerte sich nicht nur positiv über das Vorhaben der Katzen mit Glocken, sondern schlug außerdem vor, daß diese vorsichtshalber paarweise gehen sollten. »Die Unglücklichen, die das Ziel der verruchten Handlungen des Ungeheuers sind, sollten von Patrouillen aus ein bis zwei Freiwilligen beschattet werden«, setzte die Zeitung hinzu. Daß Scotland Yard einige seiner Männer als Frauen verkleiden und als Lockvögel benutzen solle, um

[1] Leider gibt es keine zuverlässigen Angaben über die Zahl der Prostituierten in Whitechapel im Jahr 1888, übrigens auch für ganz London nicht. Zu einer früheren Zeit unter Victorias Regierung hatte der Bischof von Exeter geschätzt, daß es 80 000 Prostituierte in London gebe, eine Zahl, die Scotland Yard sofort zurückwies. Doch Henry Mayhew meinte, daß die Schätzung des Bischofs »eher unter als über der wirklichen Zahl« liege.

den Mörder in der Falle zu fangen, war ein Vorschlag der *Daily News*, die einen hohen Polizeibeamten über dieses Thema interviewte. Der Beamte wandte ein, daß keiner seiner Männer kleiner als 1,72 sei, daß alle oder doch fast alle Schnurrbart oder Vollbart trügen, die sie sehr ungern abrasieren würden. »Außerdem wissen Sie ja«, sagte er dem Reporter, »wie ungeschickt Männer immer aussehen, wenn sie als Frauen verkleidet auf der Bühne erscheinen. Der militärische Drill unserer Männer ließe sich kaum verbergen. Wir müßten die Männer für diese Aufgabe nicht nur auswählen, sondern sie regelrecht dafür ausbilden.«

Unerschrocken trat die *Pall Mall Gazette* mit einem verblüffenden Vorschlag auf den Plan. »Es gibt Reihen von gut ausgebildeten Faustkämpfern in Shoreditch und Whitechapel, von denen viele jung und, wie es dem Brauch in diesem Beruf entspricht, glattrasiert sind. Zwanzig ausgelesene Männer aus dieser Gruppe, die in Frauenkleidern in Whitechapel herumstreifen, würden mehr Aussichten haben als eine noch so große Zahl schwerfüßiger Polizisten.«

Dieser Hinweis wurde noch übertroffen von einem Vorschlag, den Mr. W. H. Spencer-Howell im *Star* machte: »Ich würde empfehlen«, schrieb Mr. Spencer-Howell, »daß einige junge Männer von etwas femininem Aussehen, als Frauen verkleidet, auftreten sollten. Um den Hals sollten sie Stahlkragen in der Form eines Damenspitzenkragens tragen, die auf der Brust weit hinabreichen, ebenso auf dem Rücken. Meine Begründung dafür ist die ... daß der Mörder dem Opfer zunächst die Luftröhre durchschneidet und es dadurch daran hindert, Alarm zu schlagen.«

Was all diese Verwirrung eher zu einer Tragödie als zu einer Komödie machte, war, daß ein großer Teil der Prostituierten vom East End, von der Mordserie des Rippers vor Angst fast um den Verstand gebracht, tatsächlich dringend der Hilfe bedurften. Sir Melville Macnaghten erzählt, daß er etwa um diese Zeit eine Penne in East End aufgesucht und einen arbeitslosen Mann angetroffen habe, der sich einen grünen Hering über dem Küchenfeuer briet. Als sein »Rennpferd« von der Straße zurückkam, fragte er sie, ob sie etwas verdient habe. »Nicht einen verdammten Penny«, erwiderte sie, und als sich das Gespräch dann Jack the Ripper zuwandte, rief die Frau verzweifelt: »Soll er doch kommen – je eher, desto besser ist es für eine wie mich.«

1

Neben dem U-Bahnhof Whitechapel liegt das Jungarbeiterinstitut mit der -mission, das heute noch genauso aussieht wie 1888, als die Räume für die gerichtliche Untersuchung des plötzlichen Todes von Annie Chapman benutzt wurden. Gegenüber, auf der andern Seite der Whitechapel Road, liegt das London Hospital, das die Bewohner des East End in all ihren Leiden gepflegt hat, angefangen bei Unterernährung bis zur Cholera, und das Augen, die von liebenden Gatten blaugeschlagen wurden, und Schädeldecken zusammengeflickt hat, die unter dem Polizeiknüppel brachen.

Jungarbeiter wohnen nicht mehr im Institut – eine Marmortafel erinnert daran, daß 160 von ihnen im ersten Weltkrieg fielen –, doch durch ein Wunder der Konservierung ist der Versammlungsraum im ersten Stock noch fast in dem gleichen Zustand wie am 10. September 1888, als die Totenschau für die Chapman begann. Die Gaslampen sind durch elektrische ersetzt worden, aber der Saal wird immer noch von dem großen Eichentisch beherrscht, um den der Coroner und seine Geschworenen saßen, um die Zeugen zu hören. Auf Wänden, die jetzt von der Zeit gebräunt sind, steht noch der gleiche melancholische Text, der auf Coroner Wynne E. Baxter herabstarrte, als der das Verfahren eröffnete: »Was fordert der Herr mehr von dir, als recht zu handeln, mitleidig zu lieben und demütig mit deinem Gott zu wandeln?« Die elf Geschworenen, die sich um den Tisch versammelten, waren fest entschlossen, genau das zu tun, die Gerechtigkeit durch Mitleid zu mildern, und ganz gewiß zeigten sie ihre Demut angesichts dieses furchtbaren und noch immer nicht geklärten Todes.

Die Totenschau für die Chapman war die längste von allen Morden in Whitechapel; sie nahm fünf volle Sitzungen in Anspruch, die sich über fünfzehn Tage erstreckten. Bezeichnenderweise begann sie mit einem Wortwechsel zwischen Coroner Baxter und der Polizei; Baxter beklagte sich, daß die Polizei ihm keine Karte des Gebiets oder auch nur einen Plan des Hauses Hanbury Street Nr. 29, in dessen Hinterhof Annie Chapman gefunden worden war, zur Verfügung gestellt habe. »Wenn die Landpolizei das für einen Coroner fertigbringt, dann wird die Metropolitan-Polizei wohl das gleiche tun können«, bemerkte Baxter gereizt. Polizeiinspektor Joseph Chandler versprach darauf, daß solche Pläne bei der nächsten Totenschausitzung vorgelegt würden. Als eine der ersten aufgerufenen Zeuginnen nannte Mrs. Amelia Richardson, die Hauswirtin, die sechzehn Mieter, die in dem Haus Hanbury Street 29 schliefen. Die Liste wirkte wie ein Querschnitt durch Mayhews London. *Erdgeschoß:* Das Vorderzimmer wurde von Mrs. Annie Hardyman als Fleischladen für Katzen benutzt; sie verkaufte dort Pferdefleischstücke auf Holzspeilen für einen viertel oder halben Penny, je nach Größe des Stückes. Mrs. Hardyman und ihr achtzehnjähriger Sohn schliefen in dem gleichen Raum, in dem sie das Futter für die Miezekatzen verkaufte. Das Hinterzimmer wurde von Mrs. Richardson als eine Art Versammlungsraum für Gebetsveranstaltungen benutzt; die Hauswirtin war heftig vom Bazillus des religiösen Fanatismus befallen. *Erster Stock:* Mrs. Richardson und ihr vierzehnjähriger Enkel schliefen im Vorderzimmer, und ein Mr. Walker, der Tennisschuhe machte, hatte das Hinterzimmer zusammen mit seinem schwachsinnigen Sohn inne. *Zweiter Stock:* Mr. Thompson, Fuhrmann, seine Frau und die adoptierte Tochter bewohnten das Vorderzimmer; Mr. und Mrs. Copely, Zigarrenmacher, lebten in dem hinteren. *Dritter Stock:* John Davies, seine Frau und drei Söhne hatten das Vorderzimmer inne und Mrs. Sarah Cox den andern Raum im gleichen Geschoß. »Sie ist eine alte Dame, die ich aus Nächstenliebe aufgenommen habe«, erklärte Mrs. Richardson.

Die Zeugin sagte aus, daß sie am Freitagabend um halb zehn zu Bett gegangen sei, doch die halbe Nacht wach gelegen habe. »Ich wachte um drei Uhr auf, und danach habe ich nur noch gedöst«, sagte sie. Sie hatte jedoch kein Geräusch während der Nacht gehört.

CORONER: Bleiben Vorder- und Hintertür in dem Haus Hanbury Street 29 immer offen?

MRS. RICHARDSON: Ja, alle Häuser auf der Straße lassen die Türen offen. Sie sind alle zimmerweise vermietet, und die Leute kommen und gehen zu allen Stunden der Nacht.

CORONER: Haben Sie schon einmal jemanden im Durchgang von Nummer 29 gesehen?

MRS. RICHARDSON: Ja, ungefähr vor einem Monat habe ich einen Mann auf der Treppe gehört. Ich bat Mr. Thompson, meinen Mieter im dritten Stock, nachzusehen, aber der Mann sagte, er warte nur darauf, daß der Markt geöffnet werde.

CORONER: Wann war das?

MRS. RICHARDSON: Zwischen halb vier und vier Uhr.

CORONER: Wir kommen nun zu den frühen Morgenstunden des Samstag, des 8. September; haben Sie um diese Zeit jemanden durch den Gang gehen hören?

MRS. RICHARDSON: Nein.

CORONER: Sie haben keine Schreie gehört?

MRS. RICHARDSON: Nein, keine.

CORONER: Angenommen, es wäre um halb vier ein Mensch durchgegangen, hätte das Ihre Aufmerksamkeit erregt?

MRS. RICHARDSON: Ja.

CORONER: Sie hören es immer, wenn Leute in den Hinterhof gehen?

MRS. RICHARDSON: Ja, es gehen tatsächlich oft Leute durch.
CORONER: Gehen Leute durch, die dort nichts zu suchen haben?
MRS. RICHARDSON: Ja, ich darf wohl sagen, daß sie das tun.
EIN GESCHWORENER: Gehen sie mit unsittlichen Absichten da hinein?
MRS. RICHARDSON: So etwas würde ich nicht zulassen, wenn ich es wüßte.

Alle Blicke hefteten sich auf den nächsten Zeugen, John Richardson, denn sein Verhalten am Morgen des Mordes, wie es in der Presse berichtet wurde, war überaus merkwürdig gewesen. Obwohl Richardson, Marktträger von Beruf, seiner Mutter bei ihrem Kistenmacherunternehmen half, wohnte er nicht auf der Hanbury Street 29, sondern in der nahen John Street. Er besuchte jedoch das Haus Nummer 29 am Morgen des 8. September, zwischen 4 Uhr 45 und 4 Uhr 50.

CORONER: Weshalb sind Sie um diese Morgenzeit in das Haus Nummer 29 gegangen?

RICHARDSON: Ich habe auf dem Weg zur Arbeit hineingeschaut, um nachzusehen, ob der Keller ordentlich mit dem Vorhängeschloß verschlossen war. Vor einigen Monaten ist dort eingebrochen worden, und jemand hat Hammer und Säge gestohlen. Seit dieser Zeit habe ich die Gewohnheit, morgens an den Markttagen in der Nummer 29 auf dem Weg zur Arbeit hineinzuschauen.

CORONER: Haben Sie die Tür zum Durchgang vorn am Haus offen gefunden?

RICHARDSON: Nein, sie war geschlossen. Ich hob die Klinke und ging durch den Gang zur Hintertür.

CORONER: Sind Sie in den Hinterhof gegangen?

RICHARDSON: Nein, ich habe die Hintertür aufgemacht und gesehen, daß der Keller verschlossen war. Dann setzte ich mich auf die Türstufe.

CORONER: Was haben Sie dann getan?

RICHARDSON: Ich habe mit einem Tischmesser ein Stück Leder von meiner Stiefelsohle abgeschnitten, etwa zwölf Zentimeter lang.

CORONER: Tragen Sie dieses Messer gewöhnlich bei sich?

RICHARDSON: Nein, gewöhnlich bewahre ich es zu Haus auf der John Street auf. Aber an diesem Morgen hatte ich Karotten geschnitten, um meine Kaninchen zu füttern, und dann das Messer einfach in die Tasche gesteckt. Ich weiß nicht, wie ich dazu gekommen bin.

CORONER: Was haben Sie getan, nachdem Sie sich das Leder vom Stiefel geschnitten haben?

RICHARDSON: Ich habe das Messer wieder in die Tasche gesteckt und bin zur Arbeit gegangen.

CORONER: Haben Sie die Hintertür zugemacht?

RICHARDSON: Nein, die ging von selbst zu. Ich habe aber die Vordertür zugemacht.

CORONER: Wie lange sind Sie dort gewesen?
RICHARDSON: Nicht länger als höchstens zwei Minuten.
Als Richardson gefragt wurde, ob es hell genug gewesen sei, daß er in den Hinterhof schauen konnte, erwiderte er, daß es anfing, hell zu werden und daß er den ganzen Hof überblicken konnte. Er hätte die Tote sehen müssen, wenn sie in der Nähe der Stufen gelegen hätte, sagte er aus.
CORONER: Haben Sie sich auf die oberste Stufe gesetzt?
RICHARDSON: Nein, auf die mittlere, so daß mein Fuß auf den Pflastersteinen des Hofes stand.
CORONER: Sie müssen der Stelle ganz nahe gewesen sein, wo die Tote gefunden wurde.
RICHARDSON: Ja, ich hätte sie gesehen.
CORONER: Sie sind schon zu jeder Nachtzeit dort gewesen?
RICHARDSON: Ja.
CORONER: Haben Sie jemals Fremde dort gesehen?
RICHARDSON: Ja, viele, zu jeder Zeit – sowohl Männer als auch Frauen. Ich habe sie oft hinausgewiesen. Ich habe sie sogar auf dem Treppenabsatz im ersten Stock gefunden.
CORONER: Meinen Sie damit, daß sie mit unsittlichen Absichten dorthin gehen?
RICHARDSON: Ja, das tun sie.
Richardsons nächtliche Streifzüge waren, gelinde gesagt, seltsam; aber es gab auch nicht den Schatten eines Beweises dafür, ihn mit dem Mord an der Chapman in Verbindung zu bringen. Doch eins mußte noch aufgeklärt werden, deshalb wurde Mrs. Richardson noch einmal in den Zeugenstand gerufen, um über die Lederschürze auszusagen, die im Hinterhof von Nummer 29 gefunden worden war. Die Polizei hatte bewußt jede Nachricht über diese Entdeckung der Presse vorenthalten, weil man fürchtete, daß ein solcher Bericht panisches Entsetzen verbreiten könne. Deshalb war Mrs. Richardsons Zeugenaussage die erste Mitteilung in der Öffentlichkeit, daß dieser einzigartige Gegenstand am Mordort gefunden worden war, und lieferte die Sensation des Tages. Mrs. Richardson erkannte die Schürze sofort und erklärte, sie gehöre ihrem Sohn, der sie bei der Arbeit benutze.
CORONER: Es ist ziemlich gefährlich, dieses Ding zu tragen, nicht wahr?
MRS. RICHARDSON: Ja.
CORONER: Können Sie uns erklären, wie die Schürze unter den Wasserhahn auf dem Hinterhof gekommen ist, wo die Polizei sie fand?
MRS. RICHARDSON: Ja, das kann ich. Vorigen Donnerstag habe ich die Schürze im Keller gefunden, wo sie angefangen hatte zu schimmeln. Mein Sohn hatte sie einen Monat lang nicht getragen. Da habe ich sie unter den Wasserhahn gelegt, weil ich sie waschen sollte, und dort liegenlassen.
CORONER: Ist die Schürze von Donnerstag bis Samstag da liegengeblieben?

Mrs. Richardson: Ja.
Coroner: Wurde dieser Wasserhahn benutzt?
Mrs. Richardson: Ja, von uns allen im Haus. Die Schürze lag auf den Steinen.
Coroner: Ist Ihnen jemals der Gedanke gekommen, daß ein Teil des Hauses für unsittliche Zwecke benutzt worden ist?
Mrs. Richardson (nachdrücklich): Nein, Sir.
John Richardson, der noch einmal gerufen wurde, legte das Messer vor – ein sehr abgenutztes Dessertmesser –, mit dem er seinen Stiefel beschnitten hatte. Er trug nach, daß das Messer nicht scharf genug gewesen war und daß er sich deshalb ein anderes auf dem Markt Spitalfields geliehen habe, um die Stiefelsohle zu Ende glatt zu schneiden. Er widersprach seiner Mutter völlig im Hinblick auf die nächtlichen Besucher in Haus und Hof. »Meine Mutter hat gehört, daß ich von Leuten, die im Haus gewesen sind, gesprochen habe«, sagte er. »Sie hat sie auch selbst gehört.«
Freitag, der 14. September, der dritte Tag der Totenschau, gab allen Beteiligten Grund zum Ärger. Abermals richtete sich die Aufmerksamkeit auf den Mangel an Leichenhallen im East End. Als George B. Phillips, der Polizeiarzt, aufgerufen wurde, um die Ergebnisse seiner Obduktion vorzutragen, beklagte er sich, daß er seine Untersuchungen nur unter großen Schwierigkeiten habe vornehmen können. Abermals war die Leiche der Ermordeten vor der medizinischen Untersuchung berührt worden. Dr. Phillips sagte aus, daß er bei seiner Ankunft im Armenhaus auf der Old Montague Street am Samstag nach zwei Uhr mittags überrascht gewesen sei, die Leiche ausgezogen und bereit für seine Obduktion auf dem Tisch liegend zu finden. Diesmal waren weder der Epileptiker Robert Mann noch sein schwachsinniger Gehilfe James Hatfield der Schuldige. Das Armenhaus hatte sich den Tadel wegen der unbesonnenen Behandlung der Leiche von Polly Nicholls gemerkt, oder die Armenhausleitung war plötzlich von einem neuen Zartgefühl ergriffen worden, jedenfalls hatte sie zwei Krankenpflegerinnen, Mary Elizabeth Simonds und Frances Wright, beauftragt, die Leiche zu entkleiden, was diese auch taten, wobei sie das Taschentuch, das Annie Chapman um den Hals geknotet war, an Ort und Stelle beließen. Dann wuschen sie ihr von der Brust das Blut ab, das aus der Halswunde geflossen war, und säuberten die Leiche von Kopf bis Fuß. Das hätten sie, wie sie als Zeugen aussagten, auf Anweisung des Polizeiinspektors Joseph Chandler getan; diese Beschuldigung bestritt Chandler hastig.
Der Polizeiarzt äußerte sich über gewisse pathologische Symptome, die sich bei der dunklen Annie fanden, die hier schon erwähnt wurden. Er sagte, die Tuberkulose habe bereits die Hirnhaut ergriffen; doch dieser Zustand habe nichts mit ihrem Tod zu tun. »Es gab keinen Hinweis darauf, daß die Tote in den letzten Stunden vor ihrem Tod Alkohol zu sich genommen

hätte«, fuhr er fort. »Doch es fanden sich Zeichen von großer Entbehrung, und ich möchte sagen, sie sei schlecht ernährt gewesen.« Gewisse Organe fehlten der Leiche, wie er erklärte. Im Hinblick auf die Mordwaffe sagte der Polizeiarzt: »Es muß ein sehr scharfes Messer mit einer schmalen dünnen Klinge gewesen sein, mindestens 15 bis 20 Zentimeter lang, wahrscheinlich länger.« Die Verletzungen hätten tatsächlich mit einem Instrument hervorgerufen worden sein können, wie es Mediziner für Obduktionen benutzen. Die Art und Weise, wie die fehlenden Organe herausgenommen worden seien, beweise eine gewisse anatomische Geschicklichkeit, sagte er weiter aus. Als es dann dazu kam, diese fehlenden Organe zu besprechen, wurde Dr. Phillips plötzlich seltsam zurückhaltend und erklärte, weitere Einzelheiten der Verstümmelungen anzugeben »könne nur peinlich für die Gefühle der Geschworenen und des Publikums sein«. Coroner Baxter wußte ganz genau, daß er nach seinen Vorschriften verpflichtet war, Natur, Charakter und Größe jeder einzelnen Wunde an der Leiche zu untersuchen und in sein Protokoll aufnehmen zu lassen. Da Baxter höchst erstaunt über diese unerwartete Zurückhaltung war, entschloß er sich, den Polizeiarzt einstweilen nicht weiter zu drängen, ihn zunächst zu entlassen und ihn später noch einmal aufzurufen, um den Obduktionsbefund zu vervollständigen.
Am Freitag, dem 14. September, wurde Annie Chapman auf dem Friedhof Manor Park still begraben; einige ihrer Verwandten nahmen an der Beerdigung teil. Am folgenden Sonntag predigte Ehrwürden W. Evans Hurndall in Bow vor einer großen Gemeinde über die Morde in Whitechapel und wählte als Text Deuteronomion 29, 18: »Eine Wurzel unter euch, die da Galle und Wermut trägt.«

2

An einem schönen Septembermorgen des Jahres 1888 entschlossen sich zwei Börsenmakler, die Arbeit in ihren Büros in der City zu schwänzen und in der Nähe von Dorking zu angeln – ein Vorfall, der an sich nicht ungewöhnlich war, außer daß gerade diese beiden Flüchtlinge von der Königlichen Börse als Verdächtige im Zusammenhang mit den Morden Jack the Rippers verhaftet wurden. Nach einem Bericht der *Daily News* folgten ihnen zwei Detektive von Scotland Yard den ganzen Weg bis nach Dorking hinaus. »Aus welchen Gründen sie in Verdacht gerieten und weshalb man ihnen erlaubte, bis nach Dorking zu fahren, ist nicht bekanntgegeben worden, wenn die Berichte über diesen sonderbaren Vorgang auch zweifellos zu den Akten genommen worden sein werden«, setzt die *News* hinzu.
Das war bestimmt die exzentrischste Verhaftung im Zusammenhang mit den Morden in Whitechapel, was einiges heißen will, da allein in London mehr

als tausend Menschen verhaftet oder von der Polizei bei ihren Hausdurchsuchungen verhört worden sind. Tatsächlich entstand im East End eine Situation, die gewisse Ähnlichkeit mit dem Terror aufwies, der der Französischen Revolution folgte: Dutzende von Bewohnern des East End waren geradezu versessen darauf, ihre Nachbarn zu denunzieren und damit alte Rechnungen zu begleichen. Die *Times* betonte: »Bisweilen schien es, als ob auf der Straße jeder gegen jeden Verdacht hegte und als ob es sich um ein Wettrennen handelte, wer wen zuerst denunzieren könne.« *Punch* kritisierte die Polizei, daß sie auf solche Anzeigen überhaupt etwas gebe. Die Zeitschrift brachte eine ganzseitige Karikatur mit der Unterschrift »Blindekuh«, auf der ein Polizist mit verbundenen Augen zu sehen ist, der von dem verbrecherischen Element um sich selbst gedreht wird. *Punch* druckte außerdem eine Satire, in der ein Detektiv, nachdem er alle, die zu sehen waren, verhaftet hatte, schließlich auch sich selbst noch als Mörder von Whitechapel festnimmt.

Ich habe vierunddreißig Verhaftungen analysiert, die im Lauf von elf Wochen im Gebiet von London im Zusammenhang mit der Untersuchung der Ripper-Morde vorgenommen worden sind, und bei keiner dieser Verhaftungen hatte die Polizei auch nur die Spur eines Beweises, nicht einen einzigen triftigen Grund einzugreifen. Die Mehrzahl der Verdächtigen wurden auch tatsächlich fast unverzüglich nach ihrer Festnahme wieder entlassen, da die Polizei nichts vorweisen konnte, um sie festzuhalten. Zu den Verdächtigen gehörten Iren, Deutsche, Polen und ein amerikanischer Seemann, der gedroht hatte, eine Prostituierte »aufzuschlitzen«, die ihn nicht begleiten wollte. Fast die Hälfte der Verhafteten waren Trinker, die in ihrer alkoholischen Euphorie geschrien hatten: »Ich bin Jack the Ripper«, oder die im Scherz gedroht hatten, verschiedene Frauen »auf die Whitechapelart« zu zerschneiden.

Eine ganze Reihe dieser betrunkenen Prahlhänse waren Iren. John Brennan, ein Ire, dessen Jacke auf dem Rücken aufgerissen war, leerte die Kneipe White Hart in Camberwell, indem er zunächst laut den Mord an der Chapman erörterte, dann behauptete, daß Lederschürze ein guter Freund von ihm sei, und schließlich verkündete, er habe das Mordmesser in der Tasche. Die andern Gäste rissen in ihrer Eile, das Lokal zu verlassen, die Tür fast aus den Angeln, während die Wirtin sich in ihrem Hinterzimmer verbarrikadierte und Brennan die Gaststube allein überließ. Ein anderer Sohn Irlands, Edward Quinn, wurde in einer Kneipe in der Nähe des Woolwich-Arsenals aus keinem andern Grund verhaftet, als daß sein Gesicht und seine Hände zerkratzt und seine Kleidung blutbefleckt waren. »Ich eine Frau umbringen?« beschwerte sich Quinn vor dem Polizeirichter. »Ich könnte nicht einmal eine Katze totmachen.«

Bei vielen der Verhafteten stellte es sich heraus, daß sie notorische Wahnsinnige waren, wie wir im Fall des William Piggot bereits gesehen haben.

Die Zahl der Leute, die an Tötungswahn litten und sich in Freiheit befanden, war, wie die Ripper-Untersuchung ergab, so verblüffend hoch, daß ein Landarzt in einem Leserbrief an die *Times* vorschlug, die Polizei solle unverzüglich den Aufenthaltsort all der Personen feststellen, die in den vergangenen zwei Jahren als »geheilt« aus den Heil- und Pflegeanstalten der Hauptstadt entlassen worden seien. Typisch für diese Irren war der sogenannte »verrückte Schweineschlachter von Holloway«, ein Schweizer namens Isenschmid, der von der Polizei als verdächtig, an dem Mord der Chapman beteiligt zu sein, festgenommen wurde. Isenschmid litt an Größenwahn und bezeichnete sich als »König der Elthorne Road«, der bescheidenen Straße in Holloway, wo er seinen Schweinefleischladen hatte. Aber er bedrohte auch Leute, die er nicht leiden konnte, und prahlte, er werde »ihnen das Licht abdrehen«; dabei hatte er die unangenehme Gewohnheit, ein langes Schlachtermesser zu schleifen, während er diese Drohungen ausstieß. Nachdem die Polizei ihn vernommen hatte, ließ sie ihn in die Pflegeanstalt Colney Hatch einweisen.
Doch die betrunkenen Prahlereien der Iren und die Drohungen Verrückter waren noch gar nichts im Vergleich zu der Welle von Selbstbezichtigungen, die die Morde in Whitechapel auslösten. Die Zahl der Männer, die betrunken oder nüchtern in die Polizeiwachen kamen, um die Morde zu »bekennen«, und völlig Fremden gegenüber gestanden: »Ich bin Jack the Ripper«, oder die diese furchtbaren Worte auf Hofzäune kritzelten, wird nur von der Zahl jener übertroffen, die selbstanklägerische Briefe an die Polizei schrieben. Mit dem Mord an der Chapman wurden diese Bußwilligen zu einem nicht abreißenden Strom, und der Umstand, daß viele von ihnen Exhibitionisten waren oder ihre üblen Scherze damit trieben, ändert nichts an dem allgemeinen Eindruck, daß sie sich von Schuld beladen fühlten.
Daß einige dieser sich selbst als »Mörder« anzeigenden Menschen der Gewalttätigkeit der Masse überhaupt entkommen konnten, ist ebenso rätselhaft wie die Fähigkeit des Rippers, der Polizei zu entgehen. Manche dieser Fluchten waren haarsträubend. So wurde beispielsweise ein Deutscher in East End fast gelyncht, nur weil er eine Frau angesehen hatte. Die Frau war durch die jüngsten Ereignisse offenbar so nervös geworden, daß das Anstarren genügte, sie in den Ruf ausbrechen zu lassen: »Jack the Ripper!« Sofort war der Deutsche von »einer ungeheuren Masse von Männern und Frauen, die auf die ungewöhnlichste Art riefen und schrien«, umringt, wie die *Times* berichtete. Auf der Polizeiwache Commercial Street, wohin man den Deutschen zur Vernehmung brachte, stellte es sich heraus, daß er nicht ein Wort Englisch sprach. Mit Hilfe eines Dolmetschers erfuhr man, daß der Mann auf dem Weg von Deutschland nach Amerika lediglich 48 Stunden in London Station machte.
Die Morde in Whitechapel scheinen den Deckel von einer Pandorabüchse des Entsetzens abgenommen zu haben; sie enthüllten die verborgene Gewalttätig-

keit jener Zeit. Ehe der Ripper auf dem Schauplatz erschien, begnügte sich ein betrunkener Schuft vielleicht damit, seine Frau oder Geliebte zu verprügeln, jetzt jedoch drohte er, sie auf die Ripper-Art »fertigzumachen«. Die *Daily News* berichtete über einen Mann, der tatsächlich jedem, der ihn nach dem »Whitechapel-Verfahren« von seiner Frau befreien würde, zehn Schilling anbot. Die Morde von Whitechapel lieferten auch den Abergläubischen eine neue Blüte. Der *East London Advertiser* bemerkte: »Es ist so unmöglich, für diese empörenden Bluttaten nach irgendeiner der üblichen Hypothesen eine Erklärung zu finden, daß sich der Geist sozusagen instinktiv einer Theorie von okkulten Kräften zuwendet; und in der Vorstellung wachen die Mythen des dunklen Mittelalters auf. Gespenster, Vampire, Blutsauger – nehmen Gestalt an und ergreifen Besitz von der erregten Phantasie[1].«

Leider blieben die abergläubischen Überzeugungen nicht auf okkulte Zirkel beschränkt. So befahl ein höherer Polizeibeamter, daß die Augen der dunklen Annie fotografiert würden, weil er hoffte, daß ihre Netzhaut das Bild ihres Mörders bewahrt haben könnte. (William Stewart behauptet, daß die Polizei die Augen von nicht weniger als drei Opfern des Rippers im Verlauf der Untersuchung fotografierte. »Vor einigen Jahren«, schreibt Stewart, »war die Ansicht verbreitet – ausgelöst von einem Short-story-Verfasser –, daß, wenn ein Mensch stirbt, das letzte Bild unauslöschlich in den Pupillen der Augen eingeprägt bleibt.«) Als George B. Phillips bei der gerichtlichen Totenschau vom Geschworenenobmann nach seiner gutachterlichen Meinung über die Wirksamkeit dieser fotografischen Operation gefragt wurde, erwiderte der Arzt trocken: »Danach wurde ich schon sehr früh während dieser Untersuchung gefragt, und meine Ansicht lautete, daß diese Operation nutzlos sein werde, vor allem in diesem Fall.«

3

Tim Donovan, der Vermieter des Hauses Dorset Street Nr. 35, hatte bereits als Zeuge ausgesagt, daß die dunkle Annie einen bestimmten Mann regelmäßig mit in das Logierhaus brachte, einen Mann, der sozusagen ihr fester Freund war. Er war als »der Pensionär« bekannt und nach Donovans Aussage ein Mann von militärischer Erscheinung. Als dieser Umstand erwähnt wurde, beschäftigte sich die öffentliche Meinung noch einmal mit dem abge-

[1] In seinem Buch *Haunted Britain* berichtet Elliott O'Donnell von seinem Besuch in Whitechapel im Jahr 1895, wo er mit den Einwohnern über die Morde gesprochen hat. »Sie erzählten mir, daß man auf den Straßen, auf denen die Morde verübt worden waren, bei Nacht bisweilen gräßliche Schreie und Stöhnen höre, die von keinem menschlichen Wesen stammen könnten, und daß man in der Buck's Row häufig eine verkrümmte Gestalt wie die einer Frau in der Gosse liegen sehe, die überall ein gespenstisches Licht ausstrahle.«

rissenen Briefumschlagstück, das das Wappen eines Regiments aus Sussex zeigte und neben der Leiche der Chapman gefunden worden war. Jetzt, am vierten Tag der gerichtlichen Totenschau, trat »der Pensionär« zögernd in den Zeugenstand.

Es war der Maurer Edward Stanley, Osborne Place Nr. 1 in Spitalfields, der sich als ehemaliger Soldat in einem Regiment aus Essex ausgab und einmal bessere Tage gesehen haben wollte. Stanley wirkte vom ersten Augenblick an unecht, als er in den Zeugenstand trat. Er sagte aus, daß er die dunkle Annie seit etwa zwei Jahren gekannt habe, und gab zu, sie regelmäßig zum Wochenende in dem Etablissement auf der Dorset Street besucht zu haben. Zum letztenmal habe er sie, wie er behauptete, Sonntag, den 2. September, zwischen ein und drei Uhr mittags gesehen.

Doch als Coroner Wynne Baxter anfing, ihn wegen seiner militärischen Vergangenheit zu befragen, wand er sich sehr.

CORONER: Sind Sie Militärpensionär?

STANLEY: Bin ich verpflichtet, diese Frage zu beantworten?

CORONER: Sie haben alle Fragen zu beantworten, die mit diesem Fall im Zusammenhang stehen.

STANLEY: Nein, ich bin kein Pensionär.

CORONER: Haben Sie einem Regiment aus Essex angehört?

STANLEY: Nein, weder dem noch einem andern Regiment.

Als er dann begriff, daß es nun mit seinem lächerlichen kleinen Spiel aus war, jammerte er ärgerlich: »Was ich sage, wird in ganz Europa veröffentlicht werden.« Darauf wandte er sich an den Coroner und entrüstete sich. »Ich habe fünf Stunden damit verloren, hierherzukommen«, sagte er und fuhr unlogisch fort: »Wenn Sie mit mir sprechen, Sir, dann reden Sie mit einem ehrlichen Mann.« Barmherzigerweise wurde dem kleinen Maurer nun erlaubt, den Zeugenstand zu verlassen, gewiß um sich der Verachtung seiner Freunde ausgesetzt zu sehen.

Die beiden nächsten Zeugen, die der Coroner aufrief, brachten eine Überraschung. Der erste, ein Zimmermann namens Albert Cadoche, der im Nebenhaus von Hanbury Street 29 wohnte, sagte aus, daß er am Morgen des Mordes um 5 Uhr 15 das Klosett auf dem Hof hinter dem Haus, in dem er wohnte, aufgesucht habe. Als er an dem Holzzaun vorüberkam, der die beiden Grundstücke trennte, habe er eine Frau sagen hören: »Nein, nein.« Als er vom Klosett zurückkam, hörte er ein Handgemenge und dann ein Geräusch, als ob jemand schwer gegen den Zaun gefallen wäre, der etwa 1 Meter 68 hoch war. Da Mr. Cadoche überaus wenig zu Neugier neigte, ging er ohne Aufenthalt zurück ins Haus.

Der zweite Zeuge, der wichtigste, der bisher in der Untersuchung ausgesagt hatte, war Mrs. Elizabeth Long, die Frau eines Parkaufsehers auf der Church Row 198, Spitalfields. Mrs. Long berichtete den Geschworenen, daß sie auf dem Weg zum Markt in Spitalfields am Morgen des Mordes um halb sechs durch die Hanbury Street gekommen sei und vor dem Haus Nummer 29 einen Mann und eine Frau habe stehen sehen. Sie sprachen recht laut, und sie hörte, wie der Mann sagte: »Willst du?«, worauf die Frau erwiderte: »Ja.« Nachdem Mrs. Long die Leiche in der Leichenhalle gesehen hatte, erkannte sie die dunkle Annie unbedingt als die Frau wieder, die sie gesehen und gehört hatte. Das Gesicht des Mannes hatte sie jedoch nicht gesehen, sondern nur bemerkt, daß er dunkel war. Er schien über vierzig zu sein und war etwas größer als die Chapman. Er trug eine braune Jagdmütze, und Mrs. Long glaubte, er habe eine dunkle Jacke angehabt, doch dessen war sie sich nicht ganz sicher. Er wirkte wie ein Ausländer und war eine »schäbig vornehme« Erscheinung. Das Paar stand immer noch da, als sie vorbeiging; sie machte sich nicht die Mühe, sich noch einmal umzudrehen.

Für einen flüchtigen Blick, bei dem Mrs. Long außerdem, wie sie zugibt, nicht einmal das Gesicht des Mörders gesehen hatte, scheint sie doch eine Reihe von Schlüssen über sein Aussehen gezogen zu haben, nämlich die, daß er ein Ausländer von schäbiger Vornehmheit war. Immerhin kommt ihr die Auszeichnung zu, der erste Zeuge seit Beginn der grauenhaften Mordserie gewesen zu sein, der mit einiger Sicherheit behaupten konnte, den Ripper mit einem seiner Opfer unmittelbar vor dem Verbrechen gesehen zu haben. Und es ist gewiß, daß sich die Polizei in diesem Stadium stark auf ihre Aussage stützte, als sie Beschreibungen des Mörders veröffentlichte.

Nach den Aussagen von Mrs. Long, Albert Cadoche und andern bei der Leichenschau läßt sich folgende Mordzeittafel aufstellen:

2.00 Uhr – Nach der von der Polizei herausgegebenen Beschreibung Mann gesehen, der Haus Hanbury Street 29 betritt (wer ihn sah, wurde nie mitgeteilt);

4.45 Uhr – Leiche der Chapman ist nicht auf dem Hinterhof von Nr. 29; laut John Richardson;

5.20 Uhr – Albert Cadoche hört Geräusche von Handgemenge im Hinterhof;

5.30 Uhr – Mrs. Long sieht einen Mann und eine Frau vor Nr. 29 stehen;

5.55 Uhr – Leiche von John Davies entdeckt.

Wenn diese Zeiten richtig sind, dann muß der Mord zwischen 5 Uhr 30 und 5 Uhr 55 stattgefunden haben, zu einer Zeit also, wo die Hanbury Street voll ist von Trägern, die sich auf dem Weg zum Markt in Spitalfields befinden. Unter den ungelösten Problemen weist die *Times* auf das folgende hin: »Er (der Mörder) muß den Hof auf der Hanbury Street geradezu von Blut dampfend verlassen haben, und trotzdem muß er, wenn man die Theorie, daß der Mord zwischen fünf und sechs Uhr stattfand, annehmen will, fast bei hellem Tageslicht über die selbst zu dieser Tageszeit verhältnismäßig stark begangenen Straßen gewandert sein, ohne daß sein auffallendes Aussehen auch nur die geringste Aufmerksamkeit erregte.« Überlegungen über diesen Punkt führten die *Times* dazu, die Theorie aufzugeben, daß der Mörder aus der »elenden Schicht« kam, aus der die Bewohner der Pennen stammen. »Es ist wahrscheinlicher – daß er ein Mann ist, der in jenem Bezirk in einem verhältnismäßig anständigen Haus wohnt, in das er sich rasch zurückziehen konnte und in dem er, wenn er es einmal erreicht hatte, in der Lage war, in Muße alle Spuren des grauenhaften Verbrechens von sich zu entfernen. Jedenfalls ist es fast sicher, daß der Mörder es nicht gewagt hätte, in ein gewöhnliches Logierhaus zurückzukehren, so mit Blut beschmiert, wie er es gewesen sein muß.« Hätte die Polizei nach solch gesunder deduktiver Logik gehandelt, dann wäre das Leben von drei weiteren »Unglücklichen« vielleicht geschont worden.

4

Als George B. Phillips noch einmal in den Zeugenstand gerufen wurde, um seinen Obduktionsbericht zu vervollständigen, erhob er abermals Einwände: Er könne trotz des energischen Verlangens des Coroners nicht in öffentlicher Gerichtssitzung über die fehlenden Organe der Leiche aussagen. Darauf wurde Coroner Wynne Baxter recht scharf.

DR. PHILLIPS: Ich halte es für überaus bedauerlich, daß ich diese Aussage machen soll.

CORONER: Wir sind hier, um über die Todesursache zu befinden, und haben das Recht, alle Einzelheiten zu hören. Ob diese Aussage veröffentlicht wird, ist Sache der Presse. Ich darf hinzusetzen, daß ich noch nie von einem Fall gehört habe, wo man einem Coroner irgendwelche Beweise vorenthalten hat.

DR. PHILLIPS: Ich bin in der Gewalt des Gerichts. Aber was ich hier eingehend berichten soll, fand nach Eintritt des Todes statt.

CORONER: Das ist Ansichtssache. Sie wissen, daß Mediziner häufig verschiedener Meinung sind.

Darauf wurden auf Bitten von Dr. Phillips alle Frauen und Halbwüchsigen aus dem Saal entfernt, und der Polizeiarzt trug sein medizinisches Gutachten vor, das nach Ansicht der *Times* »völlig ungeeignet zur Veröffentlichung« war. Wenn man heute zurückblickt, scheint Dr. Phillips unnötig zimperlich gewesen zu sein. Seine Forderung, die Öffentlichkeit auszuschließen, war gewiß richtig, wie es auch die Aufforderung an die Presse gewesen wäre, in den Berichten über die Obduktionsergebnisse zurückhaltend zu sein (allerdings hätte ohnehin kaum eine victorianische Zeitung solche Einzelheiten gedruckt); aber wenn der Arzt so ein Aufhebens im Zeugenstand machte, dann tat er es gewiß mit einem Auge auf die Galerie.

Die zurückgehaltene Aussage findet sich in der *Lancet,* der medizinischen Wochenzeitschrift, die die Verstümmelung der Leiche der Chapman folgendermaßen beschreibt: »Der Unterleib war völlig geöffnet worden; die Eingeweide waren aus der Bauchfellfalte herausgetrennt, aus dem Bauch herausgehoben und auf die Schulter der Leiche gelegt worden, während aus dem Becken der Uterus und seine Anhänge mit dem oberen Teil der Vagina und beiden hinteren Dritteln der Blase völlig entfernt worden waren. Von diesen Organen ließ sich keine Spur finden, und die Schnitte waren sauber geführt, vermieden den Mastdarm und trennten die Vagina tief genug, daß der Muttermund nicht verletzt wurde... Offensichtlich war es *das Werk eines Experten* (Hervorhebung von mir) – mindestens das eines Mannes, der so viel von anatomischen oder pathologischen Untersuchungen wußte, daß er imstande war, die im Becken liegenden Organe mit einer Bewegung des Messers sicherzustellen, das deshalb, wie Dr. Phillips ausführte, mindestens fünf Zoll lang gewesen sein muß.« Dr. Phillips stimmte völlig mit dem Schluß im Hinblick auf das fachmännische Können des Mörders überein und schätzte, daß er selber die Verstümmelung nicht rascher als in einer Viertelstunde hätte vornehmen können. Wenn er diese Organe auf vorsichtige Weise, wie bei der Vornahme einer Obduktion, hätte entfernen sollen, dann hätte er den größten Teil einer Stunde dazu gebraucht, wie er aussagte.

1

»Annie Chapman lebte in einem Logierhaus in Spitalfields, wo Menschen wie sie wie Vieh zusammengepfercht werden«, begann Coroner Wynne E. Baxter. Dann setzte er, zu den Geschworenen gewandt, seine Zusammenfassung fort: »Sie aber, die Sie ständig zusammengerufen werden, um den traurigen Bericht von Hunger, Elend, Unmoral und Verderbtheit anzuhören, den manche der Inhaber der 5000 Betten im Bezirk jede Woche bei den gerichtlichen Totenschauen abzugeben haben – Sie brauchen nicht daran erinnert zu werden, wie das Leben in einem Logierhaus von Spitalfields aussieht.«

Danach beschäftigte er sich mit dem Mord selbst. In einer Sprache, die sich vielleicht besser für das victorianische Melodram geeignet hätte, sprach er von der »judashaften« Art, in der sich der Mörder seinem Opfer genähert hatte. »Es gibt keinen Beweis für einen Kampf«, betonte er. »Die Kleider waren nicht zerrissen.« Der Schurke mußte sie gepackt und ihr die Kehle zugedrückt haben, bis Gefühllosigkeit und Ersticken einsetzten, dann legte er ihren Körper auf den Boden. Darauf wurde Annie der Hals durchgeschnitten und der Körper verstümmelt. »Dies alles wurde mit kühler Schamlosigkeit und verwegener Dreistigkeit getan«, erklärte der Coroner. »Nichts ist bemerkenswerter als das Ausleeren ihrer Taschen und das Ordnen des Inhalts mit geschäftsmäßiger Genauigkeit zu ihren Füßen.«

Ein weiterer Punkt, den dieser Mord mit dem in der Buck's Row gemeinsam hatte, war der, daß man keinen Schrei hörte. Sechzehn Menschen schliefen, fest oder leicht, im Haus Hanbury Street 29, dessen Trennwände aus dünnstem Holz waren. Keiner von ihnen hatte während der Nacht ein Geräusch gehört. Dann ließ sich der Coroner über die Art und Weise aus, wie der Mörder sein Verbrechen verkündet hatte, indem er die Leiche dem Blick des ersten, der hereinkam, aussetzte: »Das stimmt wenig mit der Mühe überein, die er sich mit den Ringen gemacht hat, und deutet darauf hin, daß er schließlich entweder doch gestört wurde oder daß er bei Tagesanbruch plötzlich Furcht vor der Gefahr bekam, entdeckt zu werden.«

Coroner Baxter hob sich als der gute Regisseur, der er war, seinen *coup de théâtre* bis zuletzt auf, als er auf die fehlenden Organe zu sprechen kam. Es waren, wie er sagte, nicht mehr, als einen Frühstücksbecher füllen würden, und die Tatsache, daß überhaupt Organe fehlten, hätte leicht übersehen werden können, wenn die medizinische Untersuchung nicht so gründlich und sorgfältig gewesen wäre. Dr. Phillips, der anwesend war, errötete in geziemender Bescheidenheit. »Doch es gab einen Markt für die fehlenden Organe«, verkündete der Coroner und hielt inne, um die volle dramatische Wirkung seiner Worte zur Geltung kommen zu lassen. Wenige Stunden nachdem das ärztliche Gutachten auf der letzten Sitzung der Totenschau abgegeben worden war, setzte sich ein Vertreter »einer unserer großen medizinischen Akademien« mit Coroner Baxter in Verbindung und sagte, er besitze Informationen, die möglicherweise der Untersuchung nützen könnten.

Coroner Baxter begab sich eilends zu der medizinischen Akademie, wo ihm der stellvertretende Kustos der pathologischen Sammlungen folgende groteske Geschichte erzählte: Einige Monate zuvor hatte ihn ein Amerikaner besucht und ihn gebeten, eine Anzahl Exemplare von dem Organ zu beschaffen, das bei der Toten fehlte; er bot an, zwanzig Pfund Sterling für jedes Exemplar zu zahlen. Der Amerikaner erklärte, er schreibe eine Abhandlung über Frauenkrankheiten und plane, jedem Exemplar der Publikation ein echtes Exemplar dieses Organs beizugeben. Als der Kustos ihm sagte, dieser Wunsch lasse sich nicht erfüllen, drängte der Amerikaner dennoch weiter, ihm diese Organe zu beschaffen. Er beabsichtigte, sie in Glyzerin statt in Alkohol aufzubewahren, damit sie, wie er sagte, »ihren schlaffen Zustand« behielten; außerdem bat er, ihm die Exemplare unmittelbar nach Amerika zu schicken. Coroner Baxter erfuhr, daß sich der Amerikaner noch an ein anderes medizinisches Institut gewandt hätte, wo man ihm seinen Wunsch ebenfalls abgeschlagen hätte. Natürlich gab der Coroner diese Information sofort an Scotland Yard weiter.

Coroner Baxters Entdeckung schlug wie eine Bombe in der Presse und anderswo ein. Endlich gab es ein Motiv, und wenn es auch noch so grotesk war, für die Serienmorde. Die Theorie des Coroners machte, falls sie richtig war, alle andern Hypothesen ungültig, die bisher über den Mörder vorgetragen worden waren. Der Irre, der seinem wahnwitzigen Gelüst nach menschlichem Blut nachgab, der in blinder Wut angreifende Schlächter, der Anhänger einer heidnischen Sekte, die Menschenopfer brachte — all diese mußten jetzt dem neuen Kandidaten den Vortritt lassen.

Womit es die Polizei hier zu schaffen hatte, das waren Burke und Hare[1] in einer Person, verkörpert in einer Erscheinung der Mitte des neunzehnten Jahrhunderts, ein Leichenräuber allerjüngster Zeit, der von jenen Leichenschändern abstammte, die den Anatomen für ein paar jämmerliche Pfund Sterling menschliche Organe verkauften[2]. Mindestens war das die Ansicht,

[1] William Burke, Schuhmacher in Edinburg, verkaufte dem Arzt Knox zur anatomischen Untersuchung die Leiche eines in seinem Haus verstorbenen Mannes. Durch den leichten Gewinn verlockt, erdrosselte er mit Hilfe seines Nachbarn Hare nach und nach fünfzehn Personen, deren Leichen er ebenfalls verkaufte. Er wurde 1828 hingerichtet. Die englische Sprache benutzte lange Zeit das Verb »to burke« für »heimlich morden«. (Anm. d. Ü.)

[2] Aus Wien kam ein Bericht, nach dem der Uterus und andere weibliche Organe zur Herstellung von Diebslichten und Schlaflichten benutzt wurden. Nach einem alten kontinentalen Aberglauben versenkte das Licht solcher Kerzen jeden, auf den es fiel,

die Coroner Baxter vertrat, und die *Times* ging bereitwillig darauf ein. »Die Polizei«, mahnte sie in ihrem Leitartikel, »wird mit eifrigster Wachsamkeit den wertvollen Fingerzeig verfolgen müssen, den die Untersuchung des Coroners ans Licht brachte.« Mit einiger Erbitterung schrieb sie weiter: »Da die Richtlinien ihrer Untersuchung von Informationen gezogen werden, die sie selbst nicht zu beschaffen vermochte, wäre es eine einzigartige Schande, wenn sie nun keinen Erolg hätte.«

Unverzüglich schlug der ehrwürdigste Charles H. Bromby, Bischof von Lichfield, in einem Brief an die *Times* vor, daß die Leichen der andern ermordeten Frau exhumiert werden sollten, damit man feststellen könne, ob die Tötungen auf das gleiche »diabolische Gewerbe« zurückgingen. Coroner Baxters Theorie stieß bei Medizinern jedoch auf äußerste Skepsis; die Ärzte witterten einen Vorwurf für den ganzen Berufsstand darin. »Daß entfernte Teile der Leiche für irgendeine quasiwissenschaftliche Publikation oder für sonst einen mehr oder minder legitimen Zweck gebraucht werden sollten, wird niemand, der auch nur einige Kenntnis von der medizinischen Wissenschaft hat, auch nur für einen Augenblick glauben«, schrieb ein Arzt an die *Times*. Eine solche Unterstellung sei geradezu »eine grobe und nicht zu rechtfertigende Verleumdung des ärztlichen Berufsstandes – darauf berechnet, einen schädlichen Einfluß auf die Öffentlichkeit auszuüben und die Ziele der Justiz zunichte zu machen«. Die *Lancet* wurde sogar noch schärfer: »Wir halten die Geschichte für höchst unwahrscheinlich... Die öffentliche Meinung – stets bereit, die wissenschaftliche Forschung mit Schmutz zu bewerfen – wird gewiß zu einem Höchstmaß an Animosität gegen Anatomen und Kustoden anatomischer Sammlungen aufgereizt[1].«

In der Rückschau wirkte es unglaublich, daß sich überhaupt jemand von dieser Geschichte hat hereinlegen lassen können, die weit eher klingt, als ob sie aus der überhitzten Phantasie des Wärters der Schreckenskammer in Madame Tussauds Wachsfigurenkabinett stammt als vom Kustus einer achtbaren naturwissenschaftlichen Sammlung. Coroner Baxter legt gewiß wenig Ehre damit ein, daß er darauf hereingefallen ist.

in tiefen Schlummer. Daher wurden diese Körperteile als wertvolle Werkzeuge bei Raub und Einbruchsdiebstahl betrachtet; deutsche Strafgesetzbücher des siebzehnten und achtzehnten Jahrhunderts drohten deshalb schwere Strafen an für die Verstümmelung weiblicher Leichen zum Zweck der Herstellung solcher Lichte.

[1] Dr. D. G. Halsted berichtet in seinen Erinnerungen *Doctor in the Nineties*, London 1959, von der Wolke des Argwohns, unter der die Mediziner im Jahr 1888 standen – dank dem Ripper: »Natürlich befanden sich die von uns, die im London Hospital arbeiteten, im Scheinwerferlicht. Das East End wimmelte von Kriminalbeamten in Zivil. Sie lauerten in jeder Gasse, bereit zuzuschlagen, und das rief mehr als alles andere ein unheimliches Gefühl in uns hervor... Mehr als einmal wurde ich mir bewußt, daß ich von den Kriminalbeamten beschattet wurde... Ich muß wohl der einzige noch Lebende sein, der einmal im Verdacht gestanden hat, Jack the Ripper zu sein.« Dr. Halsted war 94 Jahre alt, als 1959 sein Buch veröffentlicht wurde.

2

Das Gewitter der Kritik, das sich langsam zusammengezogen hatte, brach nun über dem Haupt des Innenministers Henry Matthews und seines glücklosen Polizeichefs Sir Charles Warren aus. Der Angriff wurde vom *Star* geführt, einem draufgängerischen, sozialistisch eingestellten Nachmittagsblatt, das Matthews »einen schlappen Prahlhans« und Warren »unsern ungeschickten Leuteschinder« nannte. Doch der *Star* sollte bald machtvolle, wenn auch unerwartete Hilfe vom *Daily Telegraph* und der *Times* erhalten. Am 12. September wandte sich der *Telegraph* gegen Matthews: »Es läßt sich nicht länger verheimlichen, daß der jetzt amtierende Innenminister eine Quelle erbärmlicher Schwäche und eine Schande für die gegenwärtige Regierung ist.« Eine Woche später nahm sich der *Telegraph* wieder das gleiche Thema vor: »Wir haben genug von Herrn Innenminister Matthews, der nichts weiß, nichts gehört hat und nicht vorhat, irgend etwas zu unternehmen ... Es wird höchste Zeit, daß dieser hilflose Minister befördert wird, damit er einem tüchtigen Mann nicht länger im Wege steht.«

Und was die Kriminalabteilung angeht: »Es ist klar, daß sich die Detektivabteilung von Scotland Yard in äußerst hoffnungslosen und unwürdigen Verhältnissen befindet; wenn es einen fähigen Direktor der Kriminalpolizei gäbe, hätten die skandalöse Zurschaustellung von Dummheit und Unfähigkeit, wie sie bei den Totenschauen im East End enthüllt wurden, und die Immunität, die Verbrecher bei einem Mord nach dem andern genießen, die Öffentlichkeit nicht so verärgert und mit Abscheu erfüllt, wie sie es zweifellos getan haben.« Sir Robert Anderson, der neuernannte Chef der Kriminalabteilung, der am Tag von Annie Chapmans Ermordung zum Urlaub in die Schweiz gefahren war, vergnügte sich noch immer auf den Skihängen.

Doch das Hauptgewicht des Angriffs richtete sich gegen General Sir Charles Warren. Ein Gerücht, daß Warren nach Afrika versetzt werden solle, um die Regierung aus ihrer gegenwärtigen Verlegenheit herauszuholen, rief eine Unmenge von Kommentaren hervor, die überwiegend satirischer Natur waren. Die *Pall Mall Gazette* schlug vor, Warren zum Gouverneur der Sümpfe des oberen Sambesi zu ernennen, »damit er das Land Ophir gegen arabische Sklavenhändler einerseits und holländische Abenteurer andererseits verteidigt«.

3

Die Ostlondoner warteten jedoch nicht, bis Sir Charles Warren an den oberen Sambesi versetzt wurde. Mit einer Plötzlichkeit, die um so überraschender war, als sie völlig spontan kam, nahmen sie das Gesetz nun in die eigenen Hände, organisierten Sicherheitsausschüsse und patrouillierten nachts über

die Straßen von Whitechapel. Gewerkschaftler, junge Wissenschaftler aus Oxford, die Wohlfahrtsarbeit in der Toynbee Hall taten, Händler aus Whitechapel – sie alle wurden bei diesen Patrouillen eingesetzt.
Verständlicherweise lastete der Verlust der abendlichen Einnahmen, da sich die Frauen weigerten, nach Einbruch der Dunkelheit ihre Einkäufe zu machen, schwer auf den sechzehn Kaufleuten, die überwiegend Juden waren und sich Montag, den 10. September, in der Crown, Mile End Road, versammelten und den Sicherheitsausschuß Whitechapel gründeten. Heißsporne gab es nicht dabei. Unter ihnen befanden sich ein Bauunternehmer, ein Zigarrenfabrikant, ein Schneider, ein Rahmenmacher und ein Gastwirt. Ein Kirchenvorsteher, George Lusk, erklärte sich bereit, den Vorsitz zu übernehmen, und Joseph Aarons, der Wirt der Crown, wurde Schatzmeister.
Es hätten kleine Kaufleute sein können, die sich in der Wirtschaft einer amerikanischen Grenzerstadt zusammenfanden, um zu beraten, wie sie der Gesetzlosigkeit ein Ende machen könnten – und ihre Methode war ebenso phantasielos: eine Belohnung auf die Ergreifung des Verbrechers auszusetzen. Die Entschließung, die sie annahmen, lautete: »Da wir, die Unterzeichneten, feststellen mußten, daß trotz der in unserer Mitte begangenen Morde die Polizei nicht in der Lage ist, den oder die Urheber der jüngsten Abscheulichkeiten zu entdecken, haben wir uns zu einem Ausschuß zusammengeschlossen und beabsichtigen, eine substantielle Belohnung für jeden, Bürger oder anderer, auszusetzen, der Angaben macht, die dazu führen können, den oder die Mörder vor Gericht zu stellen.«
Der Nachdruck auf der »substantiellen« Belohnung war, wie es sich herausstellte, ein taktischer Fehler, denn es wurden nicht mehr als 200 Pfund Sterling für diesen Zweck zusammengebracht, doch zu Anfang berichtete die *Times:* »Die Bewegung ist herzlich aufgenommen worden, und man glaubt, daß innerhalb der nächsten Tage bestimmt eine große Summe gezeichnet wird.« Die *Times* meldete außerdem, daß »Versammlungen in verschiedenen Männervereinen und anderen politischen und gesellschaftlichen Organisationen abgehalten wurden, die den Plan überwiegend herzlich billigten«. Am Ende benutzte der Ausschuß die begrenzten Mittel, die eingekommen waren, dazu, zwei Privatdetektive zu beauftragen und etwa ein Dutzend Männer aus den Reihen der Arbeitslosen dafür zu bezahlen, daß sie von Mitternacht bis um vier oder fünf Uhr morgens durch die Straßen patrouillierten. Zu diesem Zweck wurde Whitechapel in Bezirke eingeteilt; jeder Mann erhielt seine Runde, und die Ausschußmitglieder selbst machten Inspektionsgänge, um sich zu vergewissern, daß die Patrouillengänger wach und unterwegs waren. Der *Daily Telegraph* gibt eine anschauliche Schilderung von den Patrouillenmännern: »Kurz nach Mitternacht werden die Verbrecherjäger auf ihre Mission geschickt. Ihr Tritt wird durch die Benutzung von

Galoschen gedämpft, und ihre Sicherheit wird durch das Mitführen von Polizeipfeifen und kräftigen Stöcken gewährleistet.«
Die Patrouillen verliefen nicht ohne komische Zwischenfälle. In der Regel arbeiteten die Polizisten und die privaten Spürhunde recht gut zusammen, doch die *Daily News* berichtet von einer humoristischen Verwechslung, die man gut hätte betiteln können: Komödie der bewachten Wächter. Bei dieser Gelegenheit wurden – laut *News* – »einige Kriminalbeamte in Zivil, die in dem Viertel fremd waren, von Mitgliedern des Sicherheitsausschusses Whitechapel bewacht, während diese wiederum bei den Detektiven in Verdacht gerieten«.

4

Neben den Sicherheitsausschüssen, die aus dem Boden schossen, zog die Ripper-Jagd auch einige als einsame Wölfe operierende Männer an. Von diesen war Dr. L. Forbes Winslow, Medicinae. Baccalaureus, Dr. iur. (Cambridge), Doktor beider Rechte (Oxford), um ihm seinen vollen Titel zu geben, der bei weitem interessanteste. »Ich habe die Atmosphäre des Wahnsinns eine Zeitspanne lang geatmet, die sich über sechzig Jahre erstreckte«, rühmt sich Dr. Winslow in seinen Erinnerungen und berichtet über den Umstand, daß er in einem Irrenhaus in Hammersmith aufwuchs, in dem sein Vater Arzt war[1]. Der Sohn seinerseits wurde Psychiater, der sich auf geistesgestörte Kriminelle spezialisierte, und seine hohe, würdevolle Gestalt mit der hohen zurückweichenden Stirn und dem vollen Backenbart sah man bei so manchem sensationellen Mordprozeß, wo er als medizinischer Gutachter erschien, im Zeugenstand[2].
Im Herbst 1888 nahmen die Morde des Rippers die Aufmerksamkeit Dr. Winslows stark in Anspruch, oder, wie er es ausdrückte: »Ich setzte mein ganzes Herz und meine ganze Seele an das Studium des Geheimnisses.« Und das war nicht etwa lediglich akademisches Studium, nein, der gute Arzt führte »Feldforschungen« an Ort und Stelle im East End aus und meldete seine Ergebnisse der Polizei. Er war so beharrlich darin, den Polizeibeamten seine Gefälligkeiten aufzunötigen, daß diesen schon der Verdacht kam, Dr. Winslow sei selber Jack the Ripper. Donald McCormick schrieb dazu: »Alle

[1] L. Forbes Winslow, *Recollection of Forty Years*, London 1910.
[2] Dr. Winslow folgte der Ruhm nach New York, wo er den Vorsitz in der Arbeitsgruppe für das Fachgebiet Irrsinn bei einem internationalen Kongreß von Medizinern und Juristen im August 1895 führte. Seine Ansichten über alles nur Denkbare – von der Phrenologie bis zur Ratsamkeit des Radfahrens für Damen – wurden von der Presse zitiert. Der *New York Herald* hielt Winslow sogar für so bedeutend, daß sie einen Reporter damit beauftragte, nicht anderes zu tun, als dem gelehrten Arzt zu folgen und über seine täglichen Abenteuer zu berichten.

Detektive, die an dem Fall arbeiteten, kannten ihn, und zu einer gewissen Zeit veranlaßte sie seine Allgegenwart auf dem Schauplatz, seine Bewegungen zu kontrollieren.«

Dr. Winslow selbst erzählt uns, wie er Tag um Tag und Nacht für Nacht in den Elendsquartieren von Whitechapel verbrachte und allmählich das Vertrauen der armen Geschöpfe gewann, die die Schwestern der dunklen Annie waren. »Voll Entsetzen«, schreibt er in seinen Erinnerungen, »kamen sie mit jeder noch so kleinen Information zu mir geeilt, ob sie meiner Ansicht nach vielleicht von Wert sein könnte. An mich wandten sich die verängstigten Frauen voller Hoffnung – und begrüßten mich in ihren Löchern und gehorchten eifrig meinen Befehlen.«

Überzeugt, daß der Ripper ein Mann mit religiösem Wahn sei, schlug Dr. Winslow Scotland Yard vor, eine Anzeige in der »Persönlichen Spalte« der Londoner Zeitungen aufzugeben, die folgenden Wortlaut haben sollte: »Ein Herr, der entschieden gegen die Anwesenheit gefallener Frauen auf den Straßen Londons ist, würde gern mit jemandem zusammenarbeiten, um diesem Zustand ein Ende zu bereiten.« Doch dieser Vorschlag, der gewisse Verdienste hatte, wurde von Scotland Yard ebenso abgelehnt wie viele andere, die von der gleichen Quelle kamen.

5

Gegen Ende September stattete die *Illustrated London News* einem Logierhaus in Spitalfields einen Besuch ab und berichtete, daß die Dinge nicht so schlimm seien, wie sie dargestellt würden. Für nur vier Penny die Nacht könne man »so gesund schlafen wie in dem großartigsten Hotel«, versicherte die Zeitschrift ihren Lesern. »Die Träume, die arme, müde, oft hungrige Leute in solch einer Schlafstätte heimsuchen«, fuhr der Artikel fort, »können ebenso strahlend und erfreulich sein wie die eines glücklichen Burschen in einem ländlichen Haus, wo die Morgensonne, wenn sie ins Fenster fällt, vom Zwitschern der Vögel begleitet wird.«

Es gab wenig, was die Bewohner von Toynbee Hall, die nachts durch die Gassen und Nebenstraßen von Spitalfields patrouillierten, an solche bukolischen Freuden erinnern konnte. Toynbee Hall, die Wohlfahrtseinrichtung der Universitäten im Herzen des Dschungels von East End, hatte sozusagen ein rechtmäßiges Interesse an Jack the Ripper. Denn einer der dem Ripper zugeschriebenen Morde, der an Martha Tabram, war auf dem Hinterhof von Toynbee Hall verübt worden. Deshalb schlossen sich jetzt unter dem wachsamen Auge ihres Vorstehers, des ehrwürdigen Samuel Barnett, die jungen Akademiker von Oxford und Cambridge, die im East End Wohlfahrtsarbeit taten, der Menschenjagd nach dem Ripper an. Viele von ihnen sollten sich später als

Erzieher, Fürsorgebeamte, Städteplaner, Regierungsbeamte auszeichnen, und zu ihren Reihen gehörte mindestens ein späterer Minister, Hubert (später Sir Hubert) Llewellyn Smith, der das erste Arbeitsamt in Britannien aufbauen sollte. Doch im Augenblick waren sie alle begeisterte Verbrecherjäger.

Sie drangen in Höfe ein, die nach giftigen Gasen stanken, wie sie aus Ansammlungen von Schmutz aufsteigen. Sie erstiegen morsche Treppen, die bei jedem Schritt zusammenzubrechen drohten. Sie klopften an Türen, deren Füllungen zerschlagen und deren Schlösser unbrauchbar waren, Türen, die man mit einem schmutzigen Tuchfetzen zuband. Und welche Dramen erlebten sie mit! Hier war es eine allgemeine Prügelei von Betrunkenen vor einer Kneipe, dort war es ein Fremder, den man beraubt und in seinem Blut liegengelassen hatte, an einer dritten Stelle schlugen sich zwei Frauen, nackt bis zu den Hüften, während eine Schar von Kindern zusah. »Keine Nacht vergeht, ohne daß sich neue Informationen ergeben«, bemerkt Thomas Hancock Nunn, der Sekretär des Patrouillenausschusses von Toynbee Hall; diese Bemerkung darf man gewiß als die klassische »Untertreibung« des Jahres 1888 bezeichnen.

Die jungen Bewohner von Toynbee Hall aber erfuhren bald, wie rasch sich die Leute im East End zusammenschlossen, wenn es darum ging, »denen!« zu begegnen. Eine der größten Schwierigkeiten, auf die der Toynbee-Ausschuß stieß, war die, eine verletzte Partei dazu zu bewegen, den Angreifer vor den Polizeirichter zu bringen. Immer wieder trafen die Patrouillen auf Ehemänner und Ehefrauen, die sich auf der Straße scheinbar umbrachten, und mußten dann, wenn sie ihre Hilfe anboten, feststellen, daß der angegriffene Gatte den Angreifenden rasch umarmte. Hier folgen einige Auszüge aus den Berichten der Straßenpatrouillen von Toynbee Hall:

»16. September: Mann, aus Stichwunde blutend, die ihm Ehefrau zugefügt hat. Großer Lärm von Menschenmenge. Mann weigert sich, Frau anzuzeigen.

9. Oktober: Kopf der Frau heftig vom Ehemann zerschnitten. Anzeige, am nächsten Tag von Mr. X erstattet (anscheinend einem Mitglied der Toynbee-Patrouille), jedoch abgewiesen, da nicht von Frau bestätigt.«

Während jenes Schreckensherbstes von 1888 fanden die Leute von Toynbee Hall Männer und Frauen überall im Freien schlafend – in Höfen, Gassen, Durchgängen, Karren und Frachtwagen. Die Frauen, die immer an Jack the Ripper dachten, krochen in besinnungsloser Furcht in sich zusammen, wenn der Schein der Laterne sie beschien, doch die Patrouillierenden konnten viele von ihnen überreden, ins Harlow House auf der Mile End Road zu gehen, wo sie einen Becher Kaffee und Obdach für die Nacht erhielten. Der Ausschuß fand auch Kinder, die abends auf die Straße gesetzt wurden, weil die Mütter das gemeinsame Zimmer bis weit nach Mitternacht für unsittliche Zwecke vermieteten. All dies wurde in ihre Berichte aufgenommen.

Toynball Hall setzte seine Patrouillen bis zum Februar 1889 fort; bis dahin hatten die Mitglieder nach Angaben des *Toynbee Record* angefangen, auf ihre Tätigkeit zu verzichten, »unfähig, die lange Arbeitszeit und die mit den Patrouillen verbundenen Härten zu ertragen«. Der Ausschuß konstituierte sich deshalb als »gesundheitlicher Hilfsausschuß«, der unter der Leitung der Mansion-House-Stiftung weiterarbeitete. »Die Bewohner (von Toynbee Hall) setzten ihre Patrouillen noch lange fort, nachdem ihre Kollegen aus dem Arbeiterstand sie längst aufgegeben hatten«, schreibt J. A. R. Pimlott, der offizielle Historiker von Toynbee Hall. »Während der Suche nach Jack the Ripper gab es einige erregende Augenblicke, doch später war die freiwillig übernommene Aufgabe alles andere als interessant.«

6

Gegen Ende September hatte Dr. Barnardo eine Begegnung in einem Logierhaus auf der Flower and Dean Street 32, die er nicht so bald vergessen sollte. Dr. Barnardo, dessen Spezialität es war, unversorgte Kinder aus den Gossen des East End zu retten, stand damals schon auf der Höhe seines Ruhms als »Vater von Niemands Kindern«; ehe das Jahrhundert zu Ende ging, sollte er den Victorianern drei Millionen Pfund Sterling an anonymen »Gewissensgeldern« abringen. Zweifellos war er auf der Suche nach diesem menschlichen Strandgut in die gemeinsame Küche dieser Penne gekommen. Dort fiel ihm sofort die verzweifelte Haltung der weiblichen Insassen auf, die er um das große offene Feuer versammelt fand. Sie hatten gerade über die Serie gräßlicher Morde gesprochen, die von Jack the Ripper ausschließlich an Frauen ihrer Schicht begangen wurden. »Sie wirkten völlig verängstigt durch die Gefahren, denen sie ausgesetzt waren«, schrieb Dr. Barnardo an die *Times*.
Ein hageres Geschöpf mit scharfen Zügen, das gerade trank, war besonders verbittert. »Niemand kümmert sich darum, was aus uns wird«, schimpfte sie. »Vielleicht wird eine von uns als nächste umgebracht.« Dr. Barnardo sah das Gesicht dieser Frau noch lange, nachdem er das Logierhaus verlassen hatte, vor sich. Er sollte die Frau wiedersehen, vier Tage später – diesmal leblos auf einem Tisch der Leichenhalle von St. George-in-the-East, Cable Street, liegend. Der Hals war ihr von einem Ohr zum andern durchgeschnitten worden.

1

Als ob die Londoner nicht schon genügend Schrecken erfahren hätten, wurden ihnen nun neue mit dem Morgenkaffee serviert. Dienstag, den 11. September, wurde in der Gegend von Pimlico ein grauenhaftes Objekt ans Ufer gespült. Es war ein menschlicher Arm, über der Schulter abgetrennt, an dem noch die Achselgrube hing. Der Arm wurde eilends in die Leichenhalle auf der Millbank Street geschafft und dort von Dr. Neville untersucht, einem Chirurgen, der im türkischen Krieg viel Erfahrung in solchen Dingen gesammelt hatte. Dr. Neville äußerte sich gutachterlich, daß es sich um den rechten Arm einer Frau handele und daß dieser zwei, drei Tage im Wasser gelegen habe. Er meinte, er sei erst nach dem Tod abgeschnitten worden, da die Muskeln stärker zusammengezogen gewesen wären, wenn man ihn bei lebendigem Leib abgeschnitten hätte. Eine groteske Note lieferte dabei ein Bindfaden, der so um den Arm gebunden war, als ob man ihn leichter hätte tragen wollen. Die *Times* bemerkte: »Es ist unmöglich, sich eine Meinung darüber zu bilden, ob ein weiterer empörender Mord in London begangen worden ist oder ob irgendein Medizinstudent den Arm als furchtbaren Witz ins Wasser geworfen hat.«
Die Londoner brauchten nicht lange in Zweifel darüber zu bleiben. Drei Wochen später wurde der stark zersetzte Torso einer Frau, in etwas eingehüllt, was ein schwarzer Unterrock zu sein schien, in der Baugrube gefunden, die gerade am Themseufer, an der Thames Embankment, für einen Neubau von Scotland Yard ausgehoben wurde. Der Torso hatte weder Kopf, Arme noch Beine und bildete einen abscheuerregenden Anblick. »Ich habe einen Arm, der dazu paßt«, erklärte Dr. Thomas Bond, Bezirksarzt der Polizei. Und tatsächlich, als man den Arm von Pimlico dem Torso von Whitehall anpaßte, stellte es sich heraus, daß sie zusammengehörten. Dieses »Whitehall-Geheimnis« trat neben die bereits vorhandenen »Whitechapel-Schrecken«, und von nun an wurde der Zeitungsleser, der sein Lieblingsblatt beim Frühstück studierte, zwischen der Charybdis von Getöteten mit vollständiger Leiche und der Scylla von Ermordeten ohne Kopf und Glieder hin und her geworfen; allerdings fanden sich die fehlenden Gliedmaßen allmählich an.
Ein Journalist aus der Fleet Street, dem Zeitungsviertel, hatte eine Eingebung und beschaffte sich von der Polizei die Genehmigung, das Gebiet zu durchsuchen, wo man den Torso gefunden hatte. Dazu versicherte er sich der Hilfe eines Eskimohundes und eines Arbeiters namens Hedge. Kaum waren die drei auf dem Bauplatz des neuen Scotland Yard angekommen, als der Hund auch schon zu kratzen und zu schnuppern anfing. Hedge begann zu graben

und entdeckte dicht unter der Oberfläche ein linkes Bein, das über dem Knie abgeschnitten worden war und das, wie Dr. Bond erklärte, ein Teil des menschlichen Zusammensetzspiels war.
Bei der gerichtlichen Totenschau kam Dr. Bond zu dem Schluß, daß das »Whitehall-Geheimnis« eine gut genährte Frau zwischen 1,72 und 1,75 Meter Größe mit dunklem Haar und heller Haut sei, die an Rippenfellentzündung litt. Er nahm sechs Wochen als die Zeit an, die seit der Zerlegung der Leiche verstrichen sein mußte. Die Obduktion wurde übrigens unter ärgerlichsten Bedingungen durchgeführt, denn neben diesen stark verwesten Resten enthielt die überbelegte Leichenhalle die Leichen einer Frau aus Westminster, die von ihrem Mann getötet worden war, die eines Mannes, der Selbstmord durch Erhängen begangen hatte, und einer Frau, die bei einer Kesselexplosion ums Leben gekommen war. Unter diesen Umständen war das Standardhonorar von zwei Pfund zwei Schilling – oder zweiundvierzig Mark –, das für solche Autopsien gezahlt wurde, eine Schande.
Im Laufe der folgenden Tage wurden weitere Stücke der Anatomie, darunter ein zweites links Bein, das nicht paßte, an den Ufern der Themse angespült; vermutlich handelte es sich dabei um Witze von Medizinstudenten. Doch in Zukunft sollte das »Whitehall-Mysterium«, das nie gelöst wurde, eine Art kontrapunktischen Hintergrundes zur Whitechapel-Fuge des Rippers bilden.

2

Die große Debatte »Was ist zu tun?« – die mit der Diskussion über die Prostitution begonnen hatte und zu so abenteuerlichen Vorschlägen vorgestoßen war wie denen, die Strichmädchen mit Pfeifen oder mit Stahlkragen auszustatten – belebte sich überraschend heftig. Die Victorianer erlebten abermals eine ihrer Gewissenskrisen, und plötzlich schienen alle auf einmal zu reden. Die Sozialisten hatten die schrillsten Stimmen. »Der wirkliche Verbrecher«, erklärte *Justice,* das Organ von H. M. Handmans Sozialdemokraten, »ist das verwerfliche bürgerliche System, das, auf Klassenungerechtigkeit gestützt, Tausende zu Armut, Laster und Verbrechen verurteilt.«
Andere waren nicht ganz so rationell in der Zumessung der Schuld. Französische Sensationsromane erhielten ihr Teil von Verantwortung zugeschoben: auch sie hätten dazu beigetragen, ein Klima des Mordens zu schaffen. »Eine Flut der viehischsten Werke, die je von Menschen geschrieben wurden, kommt von Paris herüber«, erklärte ein Leser der *Times* mit erhobenem Zeigefinger und fuhr fort: »Heute wird mehr fauliger Schmutz vom britischen Volk verzehrt als je, seit es einen Staat gebildet hat.« Im Oktober 1888 wurde Henry Vizetelly, ein Londoner Verleger, mit einer Buße von hundert Pfund Sterling belegt, weil er eine englische Ausgabe von Zolas *La Terre* herausbrachte; die

Times nannte diese verlegerische Tat »einen empörenden Angriff auf den öffentlichen Anstand«.
Ein anderer Leser schob die Schuld den Abenteuerbüchern zu, die die Taten der Banditen Dick Turpin, William Palmer, des Giftmörders von Rugeley, und Charles Peaces, des »Königs der Verbrecher«, verherrlichten. Er zitierte den Fall eines achtzehnjährigen Burschen, der, als er wegen Diebstahls verhaftet wurde, dem Konstabler in den Daumen biß und rief: »Ich bin ebenso schneidig wie Charley Peace und werde noch ebensoviel anstellen wie er, ehe ich sterbe.«
Auch das Theater entging der Verurteilung nicht. Unter dem Einfluß der öffentlichen Meinung zog Richard Mansfield sein fröstelnerzeugendes Stück *Dr. Jekyll and Mr. Hyde* im Oktober zurück, obwohl es erst zehn Wochen gelaufen war. Doch ehe er schloß, gab der amerikanische Schauspieler noch eine Benefizvorstellung für die Gründung einer nächtlichen Unterkunft für die obdachlosen Armen im East End. »Mr. Richard Mansfield hat sich entschlossen, das anscheinend in Amerika beliebte ›Schauerdrama‹ zugunsten einer gesunden Komödie abzusetzen«, krähte der *Daily Telegraph.* »Der mörderische Hyde wird in der nächsten Woche zum letztenmal in die Wohnzimmerfenster spähen und seinem Opfer an die Kehle springen ... *Die Erfahrung hat diesen gescheiten jungen Schauspieler gelehrt, daß London im Augenblick kein Gefallen an Greueln auf der Bühne findet. Es gibt draußen gerade genug, was uns zum Schaudern bringt.*«
Selbst die Heilsarmee wurde kritisiert. »Eine so erregende Erweckungsbewegung wie die Arbeit der Heilsarmee kann bis zu einem gewissen Maß verantwortlich für den geistigen Zustand des Verbrechers sein«, meinte ein Leser des *Daily Telegraph.*
Voller Verzweiflung bemühte sich Pastor Samuel A. Barnett, der Vorsteher von Toynbee Hall, die Diskussion mit einem radikalen Vorschlag wieder in die Gleise zurückzubringen: reiche Philanthropen sollten einige der schlimmsten Elendshäuser in Whitechapel kaufen. »In den meisten dieser Wohnungen bestehen Untermietverhältnisse, und der Verwalter des Hauseigentümers ist wahrscheinlich ein Mann, der das Laster ermuntert, damit es Miete zahlt«, führte er der *Times* gegenüber aus. »Wenn sich reiche Männer bereitfinden würden, solche schlechten Grundstücke aufzukaufen, würden sie vielleicht keine hohen Zinsen erhalten, aber sie würden das Böse beseitigen ... Solche Häuser sind bisher schon mit sittlich überaus befriedigenden und wirtschaftlich nicht unbefriedigenden Ergebnissen gekauft worden. Manches von dem, was noch da ist, könnte jetzt gekauft werden, einige der schlimmsten Gebäude sind augenblicklich auf dem Markt, und ich würde mich freuen, von den Käufern zu hören.«
Der Geistliche unterschätzte den Profit, den man aus solchen Grundstücken ziehen konnte. »Ich sehe mehr als vier Prozent darin«, rief ein Leser, der

sich als »praktischer Philanthrop« bezeichnete, und fuhr fort: »Doch ist es besser, bescheiden zu sein, und man sollte zunächst nicht allzu hohe Erwartungen wecken.« Es war erstaunlich, wie rasch die Debatte, die in hochsittlichem Ton begonnen hatte, nun zu einem Feilschen um Zinserträge absank.

3

Immer angenommen, er war der Größenwahnsinnige, für das seine Verbrechen unbedingt sprachen – wie mußte der unbekannte Mörder über die Debatte lachen, die er ausgelöst hatte! Und nun konnte er seine Heiterkeit nicht mehr für sich behalten. Am Donnerstag, dem 27. September, erhielt die Zentrale Nachrichtenagentur mit Redaktion in der Fleet Street den folgenden, mit roter Tinte geschriebenen Brief, der den Poststempel »London East Central« trug:

»Lieber Boß,
ich höre dauernd, die Polizei hat mich geschnappt, aber sie wird mich jetzt noch nicht fassen. Ich habe gelacht, als die Polypen so gescheite Gesichter machten und erklärten, sie seien auf der rechten Spur. Der Witz mit Lederschürze hat mir einen Lachkrampf eingetragen.
Ich bin auf Huren heruntergekommen und werde nicht aufhören, sie aufzuschlitzen, bis ich schließlich doch eingelocht werde. Großartige Arbeit war die letzte Sache. Ich habe der Dame keine Zeit gelassen zu quietschen. Wie könnten sie mich da schnappen? Ich liebe meine Arbeit und möchte von neuem anfangen. Sie werden bald von mir und meinen drolligen kleinen Späßen hören.
Ich hatte mir in einer Limonadeflasche etwas von dem richtigen roten Zeug aufgehoben, um damit zu schreiben, aber es wurde dick wie Leim, und ich kann's nicht benutzen. Rote Tinte ist auch ganz passend, hoffe ich. Ha! Ha!
Bei der nächsten Sache, die ich mache, werde ich der Dame die Ohren abschneiden und sie an die Polizei schicken, bloß zum Spaß, nicht wahr? Halten Sie diesen Brief zurück, bis ich ein bißchen mehr gearbeitet habe, dann geben Sie ihn gleich heraus! Mein Messer ist so hübsch scharf, daß ich sofort wieder an die Arbeit gehen will, sobald ich eine Gelegenheit finde. Viel Glück,

Ihr ergebener
JACK THE RIPPER

Es macht Ihnen wohl nichts aus, daß ich meinen Firmennamen angebe. Ich konnte den Brief nicht eher zur Post geben, bis ich mir all die rote Tinte von den Händen gewaschen hatte; verdammt. Bisher kein Glück. Jetzt sagen sie, ich bin Doktor. Ha! Ha!«

So sah der Beiname »Jack the Ripper« zum erstenmal das Licht des Tages. (Donald McCormick ist der Ansicht, daß ohne diese Bezeichnung »aller Wahrscheinlichkeit nach die Verbrechen, die er begangen hat, längst vergessen wären«.) Der Ursprung dieses zusammengesetzten Spitznamens ist nicht schwer zu raten. »Jack« war ein bei vielen berühmten Verbrechern der Vergangenheit beliebter Name: Jack Shepphard, Spring-Heeled Jack, Sixteen-Stringed Jack, Three-Fingered Jack und Slippery Jack, um nur einige zu nennen. »High-Rip«-Banden waren die, die Prostituierte ausbeuteten, entweder indem sie sie beraubten oder indem sie Tribut von ihnen erpreßten.

Die Benutzung von zahlreichen Amerikanismen in dem Brief – außer »Boß« waren es mehrere andere – lenkte die Aufmerksamkeit auf die Möglichkeit, daß der Mörder Amerikaner sein könnte. In diesem Zusammenhang erinnerte die Presse an eine Reihe brutaler Morde, die im Jahr 1885 in Austin, Texas, verübt worden waren und bei denen die Opfer beraubt und mit einer Axt erschlagen wurden. Ein Leser des *Daily Telegraph* behauptete sogar, der Brief des Rippers sei »eine genaue Kopie des Stils dieses Verbrechers aus Texas«[1].

Hier ist nicht der Ort, die stilistischen Eigentümlichkeiten des Briefs genau zu untersuchen; es genügt festzustellen, daß der Brief trotz seiner offensichtlichen Amerikanismen echt zu sein scheint – also weder eine Fälschung noch ein Schabernack. (Die gesamte Korrespondenz Jack the Rippers wird in einem späteren Kapitel besprochen.) Das Wichtige an diesem ersten Brief ist das Licht, das er auf den Geisteszustand, die psychische Verfassung des Rippers wirft. Man beachte das hohe Selbstvertrauen des Schreibers, das völlige Fehlen von Angst. Die Polizei ist keineswegs auf dem Weg, ihn zu fangen – »Ich habe gelacht, als die Polypen so gescheite Gesichter machten« –, und tatsächlich hat sie nicht den geringsten Fingerzeig. Der Ripper scheint sich für immun gegen eine Verhaftung zu halten – »Wie könnten sie mich da schnappen?« –, als ob er magische Kraft besäße. Diese übermenschliche Eigenschaft muß die Herzen der Victorianer mit Entsetzen erfüllt haben.

Nur einmal, und dann nur kurz, läßt er die grinsende Maske fallen und zeigt uns den Menschen, der sich dahinter verbirgt. »Ich bin auf Huren heruntergekommen«, sagt er, »und werde nicht aufhören, sie aufzuschlitzen, bis ich

[1] Das sei nicht der Fall, erwiderte ein Leser des *Telegraph*, der als »Anglo-Texaner« unterschrieb und behauptete, er habe die letzten drei Jahre in Eisenbahnbaulagern in Texas zugebracht: »Die grausige Kaltblütigkeit, die der Verüber dieser Verbrechen an den Tag gelegt hat, ist dem Charakter des ›Verbrechers aus Texas‹ völlig entgegengesetzt. Abgesehen von seiner übergroßen Nachgiebigkeit gegenüber schlechtem Whisky und der unangenehmen Bereitschaft mit seinem sechsschüssigen Revolver besaß der Texaner auch keine der Qualifikationen, die für einen heimlichen Mörder unerläßlich sind.«

schließlich doch eingelocht werde.« Der Brief ist wie ein Wagnersches Leitmotiv, das die Annäherung einer Hauptgestalt verkündet. In diesem Fall warnt es vor der Gegenwart eines mordenden Wahnsinnigen. Warum ist er auf Huren heruntergekommen? Er sagt es uns nicht. Statt dessen kehrt er zu seinem groben Humor zurück. Er wird wieder zum Till Eulenspiegel der Viehhöfe, dessen Manie das Töten ist. Aber nicht nur ein gewöhnlicher Totschlag. Nein. Jack verspürt den unwiderstehlichen Zwang, etwas Empörendes zu tun – »Bei der nächsten Sache, die ich mache, werde ich der Dame die Ohren abschneiden.« In seiner dunklen zerstörerischen Gewalttätigkeit erinnert der Ripper an einen andern Serienmörder, Joseph Vacher, den französischen Bauern, der sich brüstete, »der Anarchist Gottes« zu sein.

4

Mittlerweile stritten sich die Philanthropen weiter über die Dividenden, die sie erwarten konnten, wenn sie Elendshäuser in Whitechapel übernahmen. »Steuerzahler« äußerte in einem Leserbrief an den *Daily Telegraph*, daß eine solche Investierung günstiger sei als die englischen Eisenbahnpapiere im Durchschnitt und daß man »bei folgender guter Geschäftsführung mit Gewißheit 4 % als Mindestertrag ansetzen« könne. Damit die karitative Natur des Unternehmens nicht aus dem Auge verloren werde, verlieh »Gamma«, der an die *Times* schrieb, seiner Überzeugung Ausdruck und erklärte, daß die um das Gemeinwohl besorgten Investoren bereit wären, »ihre Dienste als Direktoren so lange kostenlos zur Verfügung zu stellen, bis eine Dividende von 5 % gezahlt werden könne«.
In diesem Punkt stimmte der *Daily Telegraph* in den Chor mit einem Leitartikel ein, der sich las, als handele es sich um einen Prospekt für ein Schwindelunternehmen in der Südsee. »Eine richtige Goldmine liegt im unterentwickelten London vor unserer Hintertür«, schwärmte der Artikel. »Wir versagen es uns bewußt, über die philanthropische Seite der Frage zu sprechen.« Er tat das »Wohltätigkeitsgefasel« überhaupt voller Verachtung ab. »Wir wollen eine Flut sehen, ein Hochwasser von Kapital, das aus praktischen Quellen fließt und die Richtung des Paktolos[1] nimmt.« Darauf erklärte die Zeitung, es sei ihr wohlüberlegtes Urteil, daß bei geeigneter Leitung die Elendsquartiere in Whitechapel dahin gebracht werden könnten, daß sie sich besser auszahlten »als Vorzugsaktien der besten Eisenbahngesellschaften oder preußische Papiere oder irgendwelche ausländischen Renten. Sichere 4 % netto sind das Erwünschte . . . Mehr als das – bisweilen beträchtlich mehr – ist erreicht worden und kann wieder erreicht werden.«

[1] Fluß im alten Lydien, der früher Goldsand geführt haben soll, woher der Reichtum des Krösos stammte. (Anm. d. Ü.)

Tatsächlich waren die Profite, die im East End durch das System der Verpachtung zum Weitervermieten erzielt wurden, ungeheuer hoch. Ein Eigentümer, dem sechs Logierhäuser auf der Thrawl Street gehörten, Pennen, wo Polly Nicholls übernachtete, verdiente damit so viel, daß er sich – laut Henry Mayhew – ein Landhaus im Hampstead leisten konnte. Montagu Williams, der Polizeirichter, erzählt von andern Hausbesitzern, die bereits in den Besitz von Eisenbahngesellschaften übergegangene Grundstücke auf kurze Zeit pachteten, dafür je Haus wöchentlich nur ein Pfund Sterling zahlten und diese Häuser zimmerweise vermieteten und 35 Schilling bis 2 Pfund je Zimmer erhielten. Man brauchte nur sehr wenig Kapital, um sich als weitervermietender Pächter zu etablieren. Ein Hauswirt kaufte in einem Pockenkrankenhaus, das abgerissen werden sollte, die Betten, um vier Logierhäuser damit auszustatten, für den Gesamtbetrag von 20 Pfund. Niemand sonst wollte dieses gesamte Mobiliar haben, weil alle sich vor Ansteckung fürchteten.
Doch als der September zu Ende ging, wurden die »Vier-Prozenter« untereinander uneinig. Insbesondere wandten sie sich gegen Pastor Barnett und beschuldigten ihn, er habe die Eigentümer von Elendsquartieren von den bestehenden Kaufabsichten unterrichtet und die Eigentümer so ermutigt, »Phantasiepreise« zu fordern. Verärgert bestritt der Geistliche, so etwas getan zu haben. Ein Einsender in der *Times*, der als »einer, der Bescheid weiß«, unterschrieb, brachte einen neuen Ton in die Debatte. Über die Logierhäuser schrieb er: »Die Abschaffung dieser Zufluchtsorte des Verbrechens und *die Zerstreuung ihrer gesetzlosen Bewohnerschaft* muß Schlachtruf und Losung – das *Carthago delenda est* – eines jeden Sozialreformers sein.«
»Zerstreuung ihrer gesetzlosen Bewohnerschaft« – nichts weist darauf hin, daß Pastor Barnett das in seinem ursprünglichen Vorschlag beabsichtigt hatte. Und wenn man die Bewohner von der Dorset, der Flower and Dean und der Thrawl Street »zerstreute«, wohin sollten sie dann gehen? Gewiß, schlimmere Straßen als diese gab es in ganz London nicht. Und ebenso gewiß war, daß ihre Bewohner das Recht hatten, sich Obdach gegen die bittere Kälte der englischen Nacht zu mieten – der Aufschrei, der beim Mord an den Ausgestoßenen von Whitechapel erklang, setzte die allgemeine Überzeugung voraus, daß auch sie ein Recht zu leben hatten. Wenn die Annie Chapmans »zerstreut« wurden, dann würde man sie größerer Summen für ihre Unterbringung berauben, und sie wären gezwungen, zu noch verzweifelteren Mitteln Zuflucht zu nehmen, um mehr Geld zu verdienen.
Dazu kam die Frage der moralischen Prophylaxe – sollte den Annie Chapmans erlaubt werden, ihr Gewerbe in bisher nicht von ihnen besuchte Straßen zu tragen? Waren das die Ergebnisse, für die Pastor Barnett arbeitete? Wenn ja, dann hatten die Sozialdemokraten recht, die das Programm zur Sanierung der Elendsviertel als »rührseligen Quatsch« bezeichneten. Die Sozialistische Liga drückte es noch treffender aus. Ihr Sekretär Frank Fitz sprach von »We-

gen zum Profit, die buchstäblich mit dem Mördermesser gebahnt« wurden und prophezeite, daß man »die Gossen von London und ihr schreckliches menschliches Strandgut zwingt, vier Prozent und ›sogar noch mehr‹ zu erbringen«.

5

Während der Diskussion darüber, was man als gewisse Zinsen für Investierungen zu betrachten habe und ob man die Gesetzlosen zerstreuen oder festhalten solle, schärfte Jack the Ripper sein Messer. »Sie werden bald von mir und meinen drolligen kleinen Späßen hören«, hatte er die Polizei gewarnt, und nun sollte sein Name in Schlagzeilen über die ganze Welt posaunt werden, gepaart mit einem der verwegensten Verbrechen der Kriminalgeschichte. Diesmal sollte es ein Doppelmord werden, zwei Verbrechen im Abstand von drei Viertelstunden und in einer Entfernung von zehn Minuten Fußweg. Dieses Doppelereignis sollte eine Zunahme an Grausamkeit und Sorglosigkeit bezeichnen und deutlich machen, daß der Ripper tatsächlich größenwahnsinnig war. Er trieb den Schrecken noch tiefer in das Herz von Ostlondon.
Doch zunächst hielt er es anscheinend für notwendig, die Polizei über seine Absichten zu verständigen, diesmal in einem Brief mit dem Poststempel Liverpool, Samstag, 29. September, und der Unterschrift »Jack the Ripper«. Er lautete: »Hütet euch, ich werde am ersten und zweiten um zwölf Uhr Mitternacht in den Minories am Werk sein, und ich gebe den Behörden eine gute Chance, aber es ist nie ein Polizist in der Nähe, wenn ich an der Arbeit bin.« Die Straße, die man die Minories nannte, läuft vom Tower von London nordwärts. Im dreizehnten Jahrhundert lag dort ein Nonnenkloster der Armen Klarissen oder Minoressen; daher stammt der Name. Für unsern Bericht müssen wir jedoch wissen, daß sich die Straße unmittelbar am Mitre Square befand, den Jack the Ripper nun in einen gespenstischen Seziersaal verwandelte. Die Polizei grübelte gewiß noch über diese Nachricht aus Liverpool nach, als Sonntag, den 30. September, eine an die Zentralnachrichtenagentur adressierte Postkarte in einen Briefkasten in Ostlondon gesteckt wurde. Die Handschrift auf dieser Postkarte war die gleiche wie in dem ersten Brief »auf Huren heruntergekommen«, doch sie unterschied sich darin, daß sie nach dem Verbrechen geschrieben war und, weil das unterstrichen werden sollte, einen großen blutigen Daumenabdruck trug. »Ich habe Sie nicht gefoppt, lieber alter Boß, als ich Ihnen den Tip gab«, lautete die Postkarte. »Sie werden morgen über das Werk des unverschämten Jack hören. Diesmal ein Doppelereignis. Nummer eins quiekte ein wenig. Konnte sie nicht sofort fertigmachen. Hatte keine Zeit, die Ohren für die Polizei zu nehmen. Vielen Dank, daß Sie den

letzten Brief zurückgehalten haben, bis ich wieder an der Arbeit war. Jack the Ripper.«

Die Postkarte, ich wiederhole es, war am Sonntag in den Kasten gesteckt worden, als noch nichts über den Doppelmord in der Zeitung erschienen war. Nur der Mörder konnte etwas von dem erfolglosen Versuch wissen, die Ohren eines der Opfer abzuschneiden.

1

Louis Diemschutz hörte die Uhr der Marienkirche in Whitechapel eins schlagen, als er seinen Pferdekarren in die Berner Street lenkte und auf den Internationalen Arbeiterbildungsverein zufuhr, in dem er einer der Verwalter war. Diemschutz handelte mit billigem Schmuck, und an diesem Samstagabend, dem 29. September, hatte er seinen Stand vor dem Kristallpalast in Sydenham, südlich der Themse, aufgebaut. Er hatte den Platz so gewählt, daß er mitten im Weg der Menge stand, die zu diesem prächtigen Vergnügungsdom hinströmte oder dort herauskam. Dann ließ er die Seiten des Karrens herunter, so daß sie eine Auslage bildeten, auf der er ein reichhaltiges Sortiment von Talmiwaren ordnete: Broschen mit imitierten Rubinen und Topasen, Kameen, Spieldosen, Manschettenknöpfe, Teetabletts, Seemannsmesser und Köpfe aus Guttapercha.

Fabrikmädchen, die an diesem Abend frei hatten, warfen meist nur einen raschen Blick auf den billigen Tand, dann kicherten sie und gingen weiter – die Nachtluft war zu kühl, als daß man lange stehenbleiben mochte –, doch Diemschutz entschloß sich, auf seinem Posten auszuharren, bis die Darbietung im Kristallpalast zu Ende war, die auf den Anschlägen als *Die Schweizer Lawine* angekündigt wurde.

Eine solche Sensationsvorstellung nannte man damals ein »Feuerwerksbild«; es zeigte eine Alpenlandschaft mit Chalets und Eisenbahnzügen, die aus den Felstunneln herausgefahren kamen – »alles überwältigt von plötzlicher Zerstörung«, wie der Anschlag versprach. Noch voller Verblüffung über diese Wunder strömten die Londoner um halb zwölf aus dem Kristallpalast auf die Straßen. Da es angefangen hatte zu nieseln, blieben sie nicht an den Buden der Straßenhändler stehen, sondern gingen gleich in die nahen Lokale, um zu sehen, wie viele Gläser sie vor Feierabend noch leeren konnten. Da Diemschutz begriff, daß in dieser Nacht keine Kunden mehr kommen würden, packte er seine Waren zusammen und fuhr zum Vereinshaus auf der Berner Street im East End.

Der Internationale Arbeiterbildungsverein, ein Sprößling von William Morris' Sozialistischer Liga, war ein sonderbares Gemisch von russischen, polnischen und deutschen Juden, von denen die meisten als Opfer irgendwelcher Verfolgungen nach Ostlondon geflohen waren und sich nun bemühten, die kontinentale Tradition eines zugleich gesellschaftlichen und politischen Vereins in dieser fremden Atmosphäre fortzuführen.

Ihr Vereinshaus nahm eine Seite eines schmalen Hofes an der Berner Street ein, dessen Eingang ein großes hölzernes Doppeltor bildete. Auf der gegenüberliegenden Seite standen ein paar Cottages, in denen Schneider und Zigarettenmacher wohnten, und das Ganze wurde von hohen Mauern eingeschlossen, die jedes Licht aussperrten, abgesehen von einem schwachen Schimmer in den Fenstern des Vereinshauses.

An den Samstagabenden fanden dort gesellige Veranstaltungen statt, zu denen die Mitglieder ihre Ehefrauen und Freundinnen zu den Diskussionen mitbringen durften, denen gewöhnlich allerlei Unterhaltungen folgten. »Die Notwendigkeit des Sozialismus unter den Juden« war das Thema an diesem Samstag gewesen, und die lebhafte Diskussion hatte bis halb zwölf gedauert, danach sang man gemeinsam Lieder.

Als Diemschutz mit dem Wagen auf den Hof fuhr, dessen Tor offenstand, hörte er, obwohl es mittlerweile ein Uhr war, immer noch einige Unentwegte singen. Dann geschah etwas Außergewöhnliches: Das Pferd scheute heftig und warf Diemschutz fast vom Bock. Der Mann glaubte, das Pferd müsse vor einem Hindernis stehen, das er nicht sehen konnte, und stocherte deshalb mit seinem langen Peitschenstiel herum, bis er an einen weichen, nachgebenden Gegenstand stieß. Darauf sprang er vom Karren, zündete ein Streichholz an und erkannte in dem flackernden Licht die Gestalt einer Frau, die zusammengekrümmt dicht an der rechten Mauer lag.

Diemschutz hegte nicht die geringsten Zweifel über die Bedeutung seines Fundes. Er wußte fast instinktiv, daß die Frau tot war, und der schreckliche Name »Jack the Ripper« fuhr ihm durch den Kopf, während er ins Vereinshaus stürmte, um seinen Freunden Bericht zu erstatten. Zozebrodski, ein Vereinsmitglied, begleitete ihn in den Hof zurück. Diemschutz zitterte die Hand so sehr, daß die Kerze, die er hielt, mehrmals zu verlöschen drohte, doch bei ihrem Licht konnten sie die Frauenfigur deutlicher erkennen.

Sie lag auf der linken Seite, die Beine angezogen und die Füße gegen die rechte Hofmauer gestemmt. Der Kopf ragte fast bis auf den Fahrweg. Die Kleider waren naß, doch als die Polizei die Leiche aufhob, bemerkte sie, daß der Boden darunter völlig trocken war.

Diemschutz sah nur das schmale dunkle Rinnsal, das von ihrem Hals kam. »Auf dem Boden müssen mindestens zwei Liter Blut gewesen sein«, sagte er später bei der gerichtlichen Totenschau aus. Er berührte die Leiche und war überrascht, daß sie sich noch ganz warm anfühlte. Offensichtlich war die Frau erst wenige Minuten tot.

2

Kaum eine Stunde, nachdem Diemschutz auf die Leiche im dunklen Hof an der Berner Street gestoßen war, wurde ein zweiter Mord entdeckt, diesmal innerhalb der Grenzen der City von London. Dieser zweite Mord, der auf dem Mitre Square verübt worden war, übertraf alle bisherigen Morde des Rippers an Verwegenheit der Ausführung. Es war, als ob sich der Mörder selber zu immer wahnsinnigerer Mordgier und Gewalttätigkeit angestachelt hätte.

Ich habe den Weg von der Berner Street zum Mitre Square abgeschritten und dazu im Tagesverkehr genau zehn Minuten gebraucht. Dabei habe ich allerdings keine Abkürzungen vorgenommen, die dem Ripper vielleicht bekannt gewesen sind. Das bedeutet, daß der Ripper etwa 45 Minuten Zeit hatte, um die Bekanntschaft seines zweiten Opfers zu machen, die Frau in einen dunklen Winkel des Mitre Square zu locken, ihr die Kehle durchzuschneiden und danach seine umfangreichen Verstümmelungen an ihr vorzunehmen. Doch man kann die Zeit noch genauer bestimmen. Denn zwei Seiten des Mitre Square bildeten die Speichergebäude von Kearley & Tonge, Teeimporteuren, und *dort patrouillierte alle fünfzehn Minuten ein Polizist;* dank seiner Pünktlichkeit kann man die Mordzeit zwischen 1 Uhr 30 und 1 Uhr 45 morgens ansetzen. Außerdem tat in dem Teespeicher zur Zeit des Mordes ein Nachtwächter Dienst.

Ein weiteres Risiko, entdeckt zu werden, bedeutete für den Ripper der Umstand, daß Leute, die zum Bishopsgate wollten, über den Mitre Square gingen, um den Weg abzuschneiden, und in einer Samstagnacht nach ein Uhr gab es bestimmt späte Gäste aus den Kneipen der Gegend, die auf dem Heimweg quer über den Platz gingen. Doch nicht nur das, der Mitre Square hatte drei Zugänge – von der Mitre Street, dem Duke's Place und dem St. James' Place; dadurch verdreifachte sich das Risiko für den Ripper, von Passanten oder Polizisten auf frischer Tat ertappt zu werden. Daß er nicht überrascht wurde, bedeutete einen jener unheimlichen Zufälle, die so manchen veranlaßten, die Verbrechen einer übernatürlichen Kraft zuzuschreiben[1].

Polizeikonstabler Edward Watkins, City-Polizei Nummer 881, sah und hörte nichts Ungewöhnliches, als er den Mitre Square um 1 Uhr 30 überquerte. Als er eine Viertelstunde später die gleiche Runde machte, fiel der Schein seiner Laterne auf eine Frauengestalt, die in der Südwestecke des Platzes allem Anschein nach in einer Blutlache lag. Konstabler Watkins scheint mit Diemschutz

[1] Laut einem düsteren Flugblatt mit dem Titel *The Curse Upon Mitre Square* wurde das Opfer genau an der gleichen Stelle gefunden, wo im Jahr 1530 eine Frau von einem wahnsinnigen Mönch, Bruder Martin, ermordet worden war. In jener Zeit lag am Mitre Square das Priorat der Heiligen Dreifaltigkeit, und Bruder Martin, der diese Frau beim Gebet vor dem Hochaltar fand, hatte sie an der Kehle gepackt. »Das Messer stieß mit blitzartiger Schnelligkeit herab, und Blutlachen überschwemmten die Altarstufen. Mit der Wut eines Dämonen warf der Mönch die Leiche zu Boden und zertrampelte sie, daß sie nicht mehr zu erkennen war.« Darauf stieß sich Bruder Martin das Messer ins eigene Herz. Nach Angaben des Verfassers war der Mitre Square seither entheiligter Boden, und ebenso selbstverständlich war der Mord des Rippers, wie der Autor behauptete, nichts anderes als die Erfüllung des alten Fluches.

die Gabe der Vorahnung geteilt zu haben, denn auch er hatte nicht den leisesten Zweifel an der Bedeutung seiner Entdeckung. Er machte sich nicht einmal die Mühe festzustellen, ob die Frau noch am Leben sei, so überzeugt war er vom Gegenteil, sondern lief zum Speicherhaus von Kearley & Tonge hinüber, dessen Tür angelehnt stand und schrie dem Nachtwächter im Innern zu: »Komm um Gottes willen rasch – da ist wieder eine Frau zerschnitten worden!« Der Nachtwächter, der glücklicherweise ein entlassener Polizist war, wußte genau, was zu tun sei. Er verschloß den Speicher, rannte die Mitre Street zur Aldgate Street hinauf und blies auf seiner Pfeife. Damit erregte er rasch die Aufmerksamkeit zweier Polizeibeamter, von denen einer, Konstabler Holland, losgeschickt wurde, einen Arzt zu holen. Konstabler Watkins, der solange allein mit der Toten blieb, nahm seinen ganzen Mut zusammen und betrachtete die Leiche etwas genauer.
Sie lag auf dem Rücken, den Kopf nach links geneigt. Sie trug ein Paar Männerstiefel, das linke Bein war ausgestreckt, während das rechte im Knie gebeugt war; beide Arme waren ausgestreckt, die Handflächen wie in einer flehentlichen Bitte aufwärts gekehrt. Der Hals war entsetzlich verstümmelt, und ein langer Schnitt zog sich rechtwinklig von der Nase durch die Wange. Das rechte Auge schien eingedrückt worden zu sein, und ein Teil des rechten Ohres fehlte. Ein Fingerhut lag in der Nähe der rechten Hand auf der Erde.

3

Etwa im gleichen Augenblick, in dem sich der Polizist über die Leiche beugte, um sie zu untersuchen, wurde Major Henry Smith, der amtsführende Polizeichef der City von London, aus der Polizeiwache Cloak Lane am Themseufer herausgerufen, wo er die Nacht verbrachte. Und es war eine sehr unangenehme Nacht gewesen. Vor der Polizeiwache Cloak Lane lag ein Güterbahnhof der Eisenbahn und dahinter das Grundstück eines Kürschners, so daß Major Smith, von dem übelkeiterregenden Gestank der rohen Pelze gewürgt und wegen der lärmenden Güterzüge nicht in der Lage, die Fenster zu öffnen, nicht hatte schlafen können.
Er warf sich noch im Bett herum, als kurz nach zwei Uhr morgens die Glocke zu seinen Häupten heftig geläutet wurde. »Was ist los?« erkundigte er sich gereizt, das Ohr ans Sprechrohr gelegt. »Wieder ein Mord, Sir«, klang eine respektvolle Stimme. »Diesmal in der City, Sir – auf dem Mitre Square.« Im Handumdrehen war der Major angezogen und auf der Straße. Es gelang ihm, sich selber und seinen zwei Zentner schweren Inspektor in eine zweirädrige Droschke zu quetschen, und mit drei Detektiven, die ihm folgten, machte er sich auf den Weg zum Mitre Square.
Major Smith, der für Recht und Ordnung innerhalb der uralten Quadrat-

meile der City verantwortlich war, und General Sir Charles Warren, der die weit größeren Kräfte der Metropolitanpolizei befehligte, konnten sich nicht ausstehen. Der Major hielt den General für einen unfähigen Reaktionär, ein Urteil, das sich bestätigen sollte, ehe die Nacht vom 29. zum 30. September noch zu Ende gegangen war. Im Gegensatz zu dem General, der zu ängstlichen Unbesonnenheiten neigte, besaß der Major Kaltblütigkeit, Phantasie und Witz – seine Erinnerungen tragen den Untertitel »Die Geschichte von sechzig Jahren, von denen die meisten vergeudet wurden«.

Doch Major Smith interessierte sich ebenfalls brennend für die Morde des Rippers, und während Warren unüberlegte Verhaftungen vornehmen ließ, stellte der Major in aller Stille seine eigenen Untersuchungen an. Zum Beispiel verhörten seine Männer alle Schlächter, die in der City arbeiteten. Überdies steckte er fast ein Drittel seiner Beamten in Zivil und gab ihnen die Anweisung, all das zu unternehmen, was ein Konstabler unter normalen Umständen nicht tun sollte. »Es war schädlich für die Disziplin«, schreibt er, »aber ich ließ sie genau von Vorgesetzten überwachen.« Dann fährt er fort: »Das Wetter war gut, und ich zweifle nicht daran, daß sie es sehr genossen, auf der Schwelle vor der Haustür zu sitzen und ihre Pfeife zu rauchen, in Kneipen herumzulungern und mit all und jedem zu schwatzen.« Im Gegensatz dazu verbot General Warren, der Abstinent war, den Angehörigen seiner Kriminalabteilung, Kneipen zu betreten, selbst wenn der Dienst es erforderte.

Das Tragische hieran ist, daß Catherine Eddowes, die Frau, deren Leiche auf dem Mitre Square gefunden worden war, Jack the Ripper nicht zum Opfer gefallen wäre, wenn man Major Smiths subversive Anweisungen genau befolgt hätte. Denn *Catherine Eddowes war kaum eine Stunde, bevor man sie ermordet fand, im Gewahrsam der Polizeikräfte des Majors auf der Wache Bishopsgate gewesen*[1]. Sie war am Samstagabend wegen Trunkenheit und ungebührlichen Benehmens festgenommen und zur Polizeiwache Bishopsgate gebracht worden, um dort auszunüchtern.

Kurz nach Mitternacht wachte die Eddowes auf und sang leise vor sich hin. Um halb eins fragte sie, wann man sie freilassen wolle. »Sobald du in der Lage bist, auf dich aufzupassen«, wurde ihr erklärt. Eine halbe Stunde später fand man, sie sei nüchtern genug, um freigelassen zu werden, und als der Wärter sie aus der Zelle holte, fragte sie, wie spät es sei. »Zu spät, daß du noch was zu trinken kriegst«, erwiderte ihr der Mann. »Nun hinaus mit dir!« Damit machte er ihr die Tür auf und scheuchte sie hinaus in die Nacht.

Nun lauteten die Anweisungen von Major Smith, daß die Personalien jedes

[1] Wäre sie von der Metropolitanpolizei, und nicht von der Citypolizei, verhaftet worden, hätte sie ihrem Schicksal vielleicht ebenfalls entrinnen können, denn die Metropolitanpolizei hatte die Gewohnheit, Betrunkene bis zum Morgen festzuhalten und dann förmlich einem Polizeirichter vorzuführen, während man Betrunkene in der City freiließ, sobald sie wieder einigermaßen nüchtern waren.

Mannes und jeder Frau, die nach Mitternacht innerhalb der Grenzen der City zusammen gesehen wurden, festgestellt werden sollten. »Der ›Strich‹ der Catherine Eddowes war nur klein«, schreibt er. »Sie war sehr vielen Konstablern bekannt, doch ob bekannt oder nicht, sie befand sich bei Nacht auf der Straße, und man muß gesehen haben, daß sie auf den Mitre Square zuging ... Wäre man ihr gefolgt und hätte man Männer gerufen, damit beobachtet wurde, wer sich ihr näherte, dann hätte man den Mörder gewiß bei der Tat ertappt.«

Dies war jedoch nicht die einzige Enttäuschung, die Major Smith erwartete. Während der ganzen Samstagnacht befand er sich tatsächlich ständig genau einen Sprung hinter Jack the Ripper, der um das liebe Leben durch die Hintergassen von Spitalfields floh. Der Major konnte tatsächlich sogar den Weg verfolgen, den der Mörder eingeschlagen hatte. Vom Mitre Square war er auf kürzestem Weg durch den Hounsditch und die Middlesex Street zur Goulston Street gelaufen, wo er einen greifbaren Fingerzeig hinterließ, und dann nordwärts zur berüchtigten Dorset Street, wo er lange genug Station machte, um sich an einer öffentlichen Wasserleitung, die etwa sechs Meter von der Straße entfernt stand, die Hände zu waschen. Als Major Smith dort eintraf, war noch nicht einmal das ganze blutige Wasser aus dem Ausguß abgelaufen. Es bewies seine Vertrautheit mit Whitechapel, daß der Ripper diese Zapfstelle kannte, die weit von der Straße zurückgesetzt in einer winzigen Einfriedung stand. Hier verschwand jede Spur des Rippers.

4

Mittlerweile gab es einen weiteren wichtigen Hinweis. Polizeikonstabler Alfred Long von der Abteilung H, Whitechapel, kam 2 Uhr 55 morgens an den »Peabody-Musterwohnungen« auf der Goulston Street vorüber und bemerkte einen blutbeschmierten Stoffetzen, der, wie sich herausstellte, ein Stück von Catherine Eddowes Schürze war, das mit einem Messer abgeschnitten worden war. Das Stück Stoff lag in einem Gang, der zur Treppe zu den Musterwohnungen Nr. 118 und 119 führte, war jedoch noch nicht dagewesen, als der Konstabler 2 Uhr 20 morgens an der gleichen Stelle vorbeikam. Auf den schwarzen Isolierstreifen der Wand unmittelbar über der Schürze stand in einer runden Schuljungenschrift mit Kreide geschrieben: »Den Juden wird die Schuld nicht umsonst gegeben.«

Konstabler Long durchsuchte sofort die Treppe und die Umgebung des Gebäudes, fand jedoch nichts. Dann nahm er das Stück von der Schürze mit zur Polizeiwache auf der Commercial Street und meldete den Fund dem Inspektor vom Dienst.

An diesem Punkt wurden die Nachforschungen wegen des Mordes an der

Eddowes durch Kompetenzstreitigkeiten erschwert. Die Verfolgung des Mörders hatte Major Smiths Citypolizei tief in das Amtsgebiet der Metropolitanpolizei hineingeführt. Aber jetzt könne die Citypolizei nicht mehr zurück, beschloß der Major. Unverzüglich sandte er Citypolizeiinspektor James MacWilliams mit den Detektiven Halse und Hunt zur Goulston Street mit dem Auftrag, die Schrift an der Wand zu fotografieren. Mittlerweile war Sir Charles Warren selbst auf dem Schauplatz erschienen.

Nun kam es zur erstaunlichsten Szene in dieser langen Nacht der Erregungen und Enttäuschungen. Warren verbot nicht nur, daß die Schrift an der Wand fotografiert wurde, sondern *er befahl, daß sie unverzüglich weggewischt wurde*[1]. Vergeblich wandte Inspektor MacWilliams ein, daß es ein großer Fehler sei, dieses Beweisstück zu vernichten. Die Worte könnten, wenn sie fotografiert würden, einen wichtigen Hinweis zur Identifizierung des Mörders geben, erklärte er. Doch Warren fand sich nicht bereit, seinen Befehl zurückzunehmen. Major Smith erklärt dazu, daß Sir Charles Warren die Schrift mit eigener Hand weggewischt habe; doch dieser Punkt ist nicht sicher. Sir Charles Warren versuchte sein Handeln damit zu rechtfertigen, daß er behauptete, der Text hätte antijüdische Unruhen auslösen können. Goulston Street und die benachbarten Straßen füllten sich bereits mit Händlern, die ihre Buden für den regelmäßigen Sonntagmorgenmarkt im Freien aufstellten; dieser Markt war als »Petticoat Lane« bekannt. Die Schrift an der Wand hätte, wie Warren fürchtete, einen kleinen Pogrom hervorrufen können.

Major Smith war nicht Warrens Ansicht. Er hielt das Vorgehen des Generals für »einen unverzeihlichen Schnitzer« und gab einen harten Kommentar dazu: »Die Schrift an der Wand könnte geschrieben worden sein – und ich glaube, das wurde sie auch –, um die Polizei von der Spur abzubringen und den Verdacht von den Nichtjuden auf die Juden zu lenken. Sie konnte von dem Mörder stammen, vielleicht aber auch nicht. Die Worte auszulöschen, die uns vielleicht einen überaus wertvollen Hinweis gegeben hätten, ganz besonders, nachdem ich einen Mann hingeschickt hatte, um sie zu bewachen, bis sie fotografiert waren, war nicht nur unbesonnen, sondern unverzeihlich.« Selbst Sir Robert Anderson, der als Kriminalpolizeichef Warrens Untergebener war, verurteilte das Wegwischen der Schrift an der Wand als »eine Tat von krasser Dummheit«, doch er bemühte sich, seinen Chef gegen Vorwürfe abzuschirmen. »Es wurde von den Beamten der uniformierten Polizeitruppe der Abteilung auf einen Befehl hin getan, den einer meiner Kollegen gegeben hatte«, sagte Anderson, ohne jedoch den Namen des Kollegen zu nennen.

[1] Dr. Thomas Dutton, Amateurkriminologe und Fachmann für Mikrofotografie, bestreitet das. Dr. Dutton behauptet, er habe die Schrift an der Wand tatsächlich auf Anordnung der Polizei fotografiert, und erst die Abzüge seien auf Befehl von Warren vernichtet worden. »Die Mikrofotografien, die ich machte, stellten zweifelsfrei fest, daß die Schrift die gleiche war wie die in einigen der Briefe«, setzt der Arzt hinzu.

Major Smith war nicht der einzige, der Enttäuschungen erlebte. Als ob zwei Morde in einer Nacht noch nicht genug wären, entdeckte Sir Charles Warren jetzt, daß ein Einbruch von besonders dreister Art in der Nähe der Morde begangen worden war, sozusagen unmittelbar unter seiner Nase. Während der unbekannte Mörder damit beschäftigt war, Whitechapel und Umgebung in ein Chaos zu stürzen, brachen Diebe in das Postamt Aldgate ein, kaum einen Steinwurf vom Mitre Square entfernt. Sie gelangten mit Hilfe einer Falltür im Dach in das Postamt, brachten es fertig, den Panzerschrank zu berauben, und entfernten sich mit 300 Pfund Sterling in Geld und Briefmarken. Überdies taten sie dies zu einer Zeit, als Whitechapel von Beamten der Metropolitanpolizei, von Vigilanten und Amateurdetektiven wimmelte, von denen gewiß so mancher den andern verfolgte.
Mittlerweile war die Leiche von Catherine Eddowes, nachdem sie an Ort und Stelle von Dr. Frederick Gordon Brown, dem Polizeiarzt der City, und seinem Assistenten Dr. George W. Sequeira untersucht worden war, zur City-Leichenhalle auf der Golden Lane gebracht worden, wo sie entkleidet und vor und nach der Obduktion fotografiert wurde. Die Liste ihrer Kleidungsstücke und Habseligkeiten ist so ungewöhnlich, daß ich sie vollständig übernehme, wie sie in der *Times* erschien:
»Sie trug eine schwarze Tuchjacke mit einem Kragen aus imitiertem Pelz und drei großen Metallknöpfen. Das Kleid ist aus dunkelgrünem Druckstoff mit einem Muster von Astern und goldenen Lilien. Sie trug außerdem eine dünne weiße Untertaille, einen gelbbraunen Halbleinenrock, einen dunkelgrünen Unterrock aus Alpaka, weißes Hemd und braune gerippte Strümpfe, am Fuß mit weißem Garn gestopft. Der Hut ist aus schwarzem Stroh, mit schwarzen Perlen und grünem und schwarzem Samt verziert.
Sie hatte hohe Männerschnürschuhe an; ein Stück von einer alten rauhen Schürze und ein Stück Band waren locker um den Hals geschlungen. Man fand bei ihr ein Stück Bindfaden, ein weißes Taschentuch mit roter Kante, eine Streichholzschachtel mit Watte, eine weiße Leinentasche, darin ein Tischmesser mit weißem beinernem Griff, sehr stumpf (ohne Blut daran), zwei kurze Tonpfeifen, ein rotes Zigarettenetui mit Weißmetallschließen ... einen Beutel zum Zuziehen mit fünf Stück Seife, einer Blechschachtel mit Tee und Zucker, einem Stück von einer Brille und einem dreieckigen karierten Tuch; weiter eine größere weiße Leinentasche mit einem kleinen Kamm, einem roten Fausthandschuh und einem Knäuel Wolle.«
Dieses Inventarium stempelt Catherine Eddowes unstreitig als Bewohnerin einer Penne ab, denn diese heimatlosen Geschöpfe trugen den größten Teil ihrer irdischen Habe bei sich. Worin sie nicht schlafen konnten, das schoben sie sich als Kissen unter den Kopf. Wenn jene Regel der amerikanischen Ho-

telbesitzer, daß »Gäste, die mit den Stiefeln im Bett angetroffen werden, auf diese Weise sterben«, in den gewöhnlichen Logierhäusern durchgeführt worden wäre, hätte das die Ausrottung fast der gesamten Bevölkerung von Whitechapel bedeutet.
Die Polizei fand in der Nähe der Leiche von Catherine Eddowes einen kleinen Gegenstand, der rasch zu ihrer Identifizierung führte. Es war eine Blechschachtel mit zwei Pfandscheinen auf die Namen Emily Birell und Anne Kelly, die sich auf die Verpfändung eines Flanellmännerhemdes und eines Paars Männerschuhe bezogen. Diese beiden Bekleidungsgegenstände hatten in einer Pfandleihe von Spitalfields je 1 Schilling 6 Penny erbracht.

6

Auch die Berner Street, Schauplatz des ersten Mordes in dieser Nacht, befand sich in gärender Erregung. Der enge Hof und das Vereinshaus wimmelten bald von Polizisten der Abteilung H, Whitechapel. Sie schlossen das doppelflügelige Holztor, ebenso um Zuschauer auszusperren als um die Vereinsmitglieder einzuschließen; sie stellten Posten an alle möglichen Ausgänge und begannen dann, die reichlich zwanzig russischen und polnischen Mitglieder des Arbeitervereins, die noch da waren, als Diemschutz den Mord entdeckt hatte, zu vernehmen. Ihre Hände und Kleider wurden genau nach Blutflecken untersucht, ihre Namen und Adressen aufgeschrieben, und als die Polizei das Vereinshaus selbst nach Spuren durchsuchte, hatten die Sozialisten den Eindruck, daß sie Opfer einer politischen Verfolgung seien. Die Verwirrung wurde noch schlimmer, als es sich zeigte, daß viele der Leute nur gebrochen Englisch sprachen. Erst um fünf Uhr morgens wurde ihnen erlaubt, nach Haus zu gehen.
Außerdem verhörten die Polizeibeamten die Mieter – überwiegend Schneider und Zigarettenmacher –, die in der Reihe von Cottages auf der linken Seite des Hofes, dem Vereinshaus gegenüber, wohnten. Doch keiner von ihnen hatte einen Schrei oder ungewöhnliche Geräusche gehört; allerdings wären diese vielleicht durch das Singen im Vereinshaus übertönt worden.
William West, ein sozialistischer Drucker, der seinen Betrieb auf der Berner Street Nummer 40 hatte, berichtete der Polizei, daß er an der Vereinsversammlung bis halb ein Uhr teilgenommen habe und dann in den Hof gegangen sei. Er bemerkte, daß das Tor offenstand, glaubte jedoch versichern zu können, daß um diese Zeit noch keine Leiche auf dem Hof gelegen habe. Morris Eagle, ein weiteres Vereinsmitglied, sagte, er habe das Vereinshaus gegen Mitternacht verlassen und sei um 12.40 Uhr zurückgekehrt, habe jedoch nichts Ungewöhnliches gesehen. Ebenso sagte Joseph Lave, ein Russe, aus, der etwa eine Viertelstunde vor Entdeckung des Mordes über den Hof ging. Wenn

um die Zeit eine Leiche dagelegen hätte, hätte er sie gesehen haben müssen. »Der Hof war sehr dunkel, und deshalb mußte ich mich an der rechten Mauer entlangtasten. Ich wäre über die Leiche gestolpert, wenn sie schon dagewesen wäre.«

Das Opfer von der Berner Street war, wenn die Identifizierung auch nicht sofort erfolgen konnte, Elizabeth Stride, besser als »Lange Liz« bekannt, eine fünfundvierzigjährige Witwe schwedischer Abstammung. Sie war übrigens das einzige Opfer des Rippers, das im Ausland geboren war. Eine große grobknochige Frau, vom Hunger ausgemergelt, wie die beiden Ärzte, George B. Phillips und Frederick Blackwell, feststellten, als sie die erste Untersuchung an Ort und Stelle vornahmen. Ihre Züge waren scharf und verkniffen, und der Mund, leicht geöffnet, zeigte, daß im Unterkiefer alle Zähne fehlten.

Um den Hals trug sie ein Seidentuch, dessen Schleife straff auf die linke Seite gezogen war. Unmittelbar unter dem Tuch war ihr das Messer so tief durch den Hals gezogen worden, daß die Luftröhre und die linke Schlagader durchgeschnitten waren. Die Stride war an dieser Verletzung verblutet. Der Ripper hatte jedoch keine Zeit gehabt, die Leiche auf seine übliche grausige Art zu verstümmeln. Ja, es wies jedes Anzeichen darauf hin, daß er bei seiner leichenschänderischen Aufgabe durch die Ankunft von Diemschutz und seinem Pferd gestört worden war; den Hufschlag konnte man auf weite Entfernung hören.

Die Stride trug eine schwarze Wolljacke, mit Pelz besetzt, über einem Kleid aus rötlichschwarzem Baumwollsatin, Schuhe mit Schnallen an den Seiten und weiße Strümpfe. Der Hut, der ihr vom Kopf gefallen war, bestand aus schwarzem Krepp. Uneinigkeit bestand darüber, was sie in den Händen hielt. Die *Times* berichtete, sie habe eine Weintraube in der Rechten gehabt, während sie in der Linken ein paar Bonbons hielt. Doch bei der gerichtlichen Totenschau war nur von einer kleinen Packung Cachous, in Seidenpapier gewickelt, in der linken Hand die Rede. Sowohl die Jacke als auch das Mieder darunter waren oben aufgeknöpft, sonst befand sich ihre Kleidung nicht in Unordnung. »Die Wäsche war sauber und in erträglich gutem Zustand«, meldete die *Times* gewissenhaft. In den Taschen fand die Polizei zwei Taschentücher, einen Messingfingerhut und eine Docke schwarze Stopfwolle.

Obwohl der Tag noch nicht angebrochen war, hatte sich eine große Menge in der Berner Street versammelt, und etwa sechzig Neugierige folgten der zugedeckten Leiche, als sie durch das Holztor gefahren wurde. Begleitet von diesem seltsamen Leichenzug wurde die lange Liz zur Leichenhalle von St. George's-in-the-East auf der Cable Street gefahren.

Warrens Offensive

1

Die lange Liz Stride war eine Mythomanin; sie stand unter dem Zwang, eine romantische Vergangenheit für sich zu erfinden, in der sie als tragische Heldin auftrat. Die junge Witwe, von plötzlichem Unglück betroffen, die blutarme Mutter von Waisenkindern, das hilflose Opfer der Schwierigkeiten des Lebens – das waren die Rollen, die sie spielte. Wieviel davon den Tatsachen entsprach, wieviel aus den Melodramen stammte, die im Pavillon auf der Whitechapel Road aufgeführt wurden, werden wir noch untersuchen. Entscheidend ist jedoch, daß bei der langen Liz alles etwas größer als lebensgroß sein mußte. Sie war die geborene Schauspielerin.

Ihre besten Auftritte sparte sie sich für das Polizeigericht an der Themse auf, wo sie häufig wegen Trunkenheit und widersetzlichen Benehmens unter Anklage stand. Auf solche Beschuldigungen erklärte sie zunächst einmal unwillig, daß sie auch nicht einen Tropfen angerührt habe, sie leide an so merkwürdigen Anfällen. Wenn dann jedoch die Beweise gegen sie vorgetragen wurden, sank sie auf dem Boden der Anklagebank zusammen, fing an zu zucken und zu stöhnen, bis man sie, scheinbar bewußtlos, aus dem Gerichtssaal trug. Solcher Vorstellungen müde, urteilte der Polizeirichter sie bisweilen summarisch ab; doch häufiger kam die lange Liz ungeschoren davon und konnte weitertrinken; ihre weniger talentierten Schwestern beneideten sie sehr.

Die lange Liz, die in der Nähe von Göteborg in Schweden geboren war, kam erst als junges Mädchen von Anfang Zwanzig nach England und arbeitete zunächst als Dienstmädchen bei einer Familie, die am Hyde Park wohnte. Zur Zeit ihres Todes sprach sie Englisch noch mit starkem schwedischem Akzent. Als sie sechsundzwanzig war, entrann sie der häuslichen Knechtschaft, indem sie einen Mann heiratete, der fast doppelt so alt war wie sie selbst, John Stride, Schiffszimmermann aus Sheerness. Nach einer Version ihrer Lebensgeschichte, die sie ihren alten Kumpaninnen bei einem Glas Schnaps erzählte, brachte sie dann neun Kinder zur Welt, von denen die meisten in ein Schulinternat gegeben wurden, das die schwedische Kirche unterhielt. Doch ein Rendant dieser Kirche, Sven Olson mit Namen, der die Stride schon seit siebzehn Jahren kannte, sagte vor den Geschworenen des Coroners aus: »Ich habe nie gehört, daß sie überhaupt Kinder hatte.« Laut Olson besaß die schwedische Kirche auch gar keine Schule.

John Stride arbeitete als Zimmermann beim Bau der *Great Eastern*, des unglücklichen Riesenschiffes. Die lange Liz behauptete, sie selbst habe auch auf dem Schiff gearbeitet; sie habe Kissen und Polster für die Salons des Schiffes genäht, doch diese Geschichte kann man außer acht lassen; als die *Great Eastern* 1858 vom Stapel lief, war Liz ein fünfzehnjähriges Mädchen und lebte noch in Schweden. Jedenfalls bedeutete die Verbindung ihres Mannes mit Schiffen für sie den großen Mythos ihres Lebens, der sich um eine Schiffskatastrophe spann.

Am 3. September 1878 sank der Vergnügungsdampfer *Princess Alice* auf der Themse, nachdem er mit einem Frachter zusammengestoßen war, und riß 700 Passagiere mit sich in die Tiefe. Unter den Ertrunkenen befanden sich, laut Angabe der langen Liz, auch ihr Mann und zwei ihrer Kinder, von denen eins in den Armen des Vaters starb. Die lange Liz, die ihren Mann auf der Ausflugsfahrt begleitete, konnte sich nur retten, indem sie an einem Tau hinaufkletterte, als das Schiff sank; so wenigstens lautete ihre Geschichte. Ein Mann, der vor ihr das Tau hinaufgeklettert war, rutschte aus und trat ihr aus Versehen auf den Mund; dabei habe sie die Vorderzähne eingebüßt, sagte sie. Diese Legende in den Schnapsbutiken von Whitechapel zu wiederholen wurde sie nie müde.

Ich habe die Liste von 527 Passagieren geprüft, für die eine Untersuchung im Rathaus Woolwich eröffnet wurde, und fand keinen Menschen namens Stride darunter. Ganze Familien versanken mit der *Princess Alice,* doch der einzige Fall, in dem ein Vater mit zwei Kindern unter zwölf umkam, war der eines Buchhalters namens Bell mit seinen beiden zehn- und siebenjährigen Söhnen. Außerdem wurde ein große öffentliche Sammlung für die durch die *Princess-Alice*-Katastrophe betroffenen Familien veranstaltet; doch nirgends findet sich berichtet, daß Elizabeth Stride, die ständig in Not war, jemals ihren Anteil in Anspruch genommen hätte. Wenn es auch zutraf, daß der langen Liz alle Unterzähne fehlten, so erbrachte die Obduktion doch keinerlei Anzeichen für eine Mundverletzung, die von einem Männerstiefel herrühren konnte.

Somerset House berichtet dagegen den Tod eines John Stride, eines Zimmermanns von 65 Jahren, der am 24. Oktober 1884, etwa vier Jahre bevor die lange Liz ihren eigenen schrecklichen Tod fand, im Armenhaus Poplas an einer Herzkrankheit starb. Es könnte sein, daß jener Stride als Schiffszimmermann etwas mit dem Bau der *Princess Alice* zu tun hatte und daß dieser Umstand die lange Liz bewogen hatte, seinen Tod auf diese dramatische Art darzustellen, wobei sie selbst die Rolle der tragischen Witwe erhielt.

Doch wie dem auch sei, man darf vermuten, daß sich die Stride lange vor dem Tod ihres Mannes von ihm getrennt hatte. Und tatsächlich hatte sie mit Unterbrechung bereits drei Jahre mit einem wilden Iren namens Michael Kidney zusammengelebt, der als Stauer arbeitete.

Doch als sie an jenem Sonntag in der Gemeindeleichenhalle von St. George's-in-the-East lag, war von der Herkunft der Stride natürlich noch nichts bekannt. Man wußte nicht einmal, wer sie war.

»Alle Gespräche im Zug gingen um die beiden Morde«, vermerkte George Bernard Shaw, der aus Plumstead von einer Versammlung im Freien zurückkam, für Sonntag, den 30. September, in seinem Tagebuch. Und nicht nur die Eisenbahnwagen, sondern auch die Kneipen überall in der Hauptstadt, wo die Londoner ihr Glas zu Mittag tranken, summten von diesem Thema. Auf der Whitechapel Road hielten sich die Cockneys im Sonntagsstaat gegenseitig an: »Ist es nicht schrecklich?« oder »Haben Sie das schon gehört?« Die zweite Frage war natürlich rhetorisch, denn die Gossenpoeten waren bereits mit ihren Flugblättern auf der Straße, und darin standen folgende Knittelverse:

»Hast du ihn gesehen? Weißt du, wo er steckt?
Wenn du ihn triffst, laß dir erst sein Messer geben,
Dann bring ihn den Damen, dort wird ihm die hübsche Fratze gereckt.
Und ich gäbe nicht zwei Penny für sein Leben.«

An den Mordstellen, auf dem Mitre Square und der Berner Street, drängten sich die morbiden Neugierigen so sehr, daß die Polizei schließlich beide Stellen absperren mußte. Auf der Berner Street wurde John Nogent, einem Steuerbeamten aus Dublin, der in London Urlaub machte, die goldene Uhr »gezogen«, nachdem ihn drei oder vier übel aussehende Burschen angerempelt hatten. Doch der Richter des Polizeigerichts auf der Worship Street zeigte wenig Mitgefühl für den Besucher aus Irland. Wer sich, von der Verderbtheit des Ripper angelockt, auf solch neugierige Touren begebe, solle gefälligst seine goldene Uhr zu Haus lassen, bemerkte er.
Seltsamerweise erregte der Doppelmord weniger Entsetzen als Empörung, die sich jetzt mit voller Gewalt über das Haupt des wenig vom Glück begünstigten Sir Charles Warren ergoß. Auf vier verschiedenen Versammlungen, die an diesem Sonntag auf der Mile End Waste stattfanden, wurde sein Skalp gefordert. Auf einer der Versammlungen drohte ein sozialdemokratischer Redner, »ihn am nächsten Laternenpfahl aufzuknüpfen«, wenn er sein Gesicht im East End blicken lasse. Auf einer andern Versammlung, die am gleichen Nachmittag im Victoria Park abgehalten wurde und an der fast tausend Menschen teilnahmen, wurde der Rücktritt von Warren und von Henry Matthews, dem Innenminister, gefordert.
Die Sozialisten waren nicht die einzigen, die ihrem Unwillen Ausdruck verliehen. Auch die Kaufleute von Whitechapel beklagten bitter die Unfähigkeit der Polizei, da sie infolge der Angst vor dem Ripper der abendlichen Einnahmen verlustig gingen. »Gewalttätigkeit und Raub sind in diesem Viertel fast ungestraft begangen worden«, erklärte eine von 200 Gewerbetreibenden

aus Whitechapel unterzeichnete Bittschrift, die dem Innenminister vorgelegt wurde. »Der Eindruck ist allgemein ... daß die Regierung die Sicherheit des Lebens und Eigentums im Osten Londons nicht mehr gewährleistet und daß *infolgedessen achtbare Leute sich fürchten, zum Einkaufen auszugehen und damit Kaufleute der Mittel für ihren Lebensunterhalt zu berauben«* (Hervorhebung von mir).

Der Einbruch der Nacht verringerte die Menge nicht, die sich wie Geier an den Mordplätzen versammelt hatte; dort ereigneten sich ein paar makabre Szenen. Auf der Berner Street machte eine Frau gute Geschäfte mit dem Verkauf von Stockdegen; sie rief: »Zugreifen, nur sechs Penny für einen Stockdegen – genau das Rechte, um sie fertigzumachen!« Auf dem Mitre Square wurde der Polizeikordon um Mitternacht zurückgezogen, doch die Menge der sensationshungrigen Zuschauer blieb nach dem Bericht des *Star* immer noch. Der *Star* schrieb über eine Szene zu dieser späten Stunde: »Ein scharfäugiger kleiner Jude erklärte einem halben Dutzend Frauen, wie die Leiche gelegen habe, und während er gerade einige Wasserflecke als Blutlachen auswies, fing der Säugling einer der Frauen an zu schreien. Die Mutter, immer auf das Wohl ihres Sprößlings bedacht, holte das Kind unter dem schützenden Umschlagtuch hervor und ging mit ihm ein paar Schritt näher. ›Will es denn auch das Blut sehen, das liebe Herz? Na, dann guck du nur! Guck's dir gut an, mein Liebling! Du wirst noch manches davon zu sehen kriegen, wenn das so weitergeht.‹ So getröstet beruhigte sich der Säugling rasch.«

Am folgenden Tag, dem Montag, tauchte Michael Kidney in der kirchlichen Leichenhalle auf und identifizierte das Opfer von der Berner Street als Elizabeth Stride. Der irische Hafenarbeiter, der tiefbekümmert wirkte, berichtete der Polizei, daß er die lange Liz seit Dienstag, den 25. September, nicht mehr gesehen habe. »Der Alkohol hat sie weggetrieben«, weinte er.

Ein weiterer Besucher der Leichenhalle war Dr. Thomas Barnardo, dem wir bereits begegnet sind. Er erkannte in den schrecklich verstümmelten Gesichtszügen der Stride, die auf dem Tisch der Leichenhalle lag, sofort die betrunkene Frau, die er vier Tage zuvor in der Küche des Logierhauses Flower and Dean Street 32 getroffen hatte. Als er auf die Leiche hinabblickte, wird er sich der prophetischen Worte erinnert haben: »Vielleicht wird eine von uns als nächste umgebracht ...«

3

Von der weitverbreiteten Kritik an seiner Amtsführung angestachelt, begann General Sir Charles Warren eine umfassende Offensive, die darauf abzielte, den Ripper an weiteren Abscheulichkeiten zu hindern, falls er nicht gefaßt wurde. Zunächst rief er den fehlenden Chef der Kriminalabteilung von Scotland Yard, Robert Anderson, von seinem Urlaub in der Schweiz zurück. Warren war nicht der einzige, der Andersons Abwesenheit bei der Untersuchung bemerkte, die er eigentlich hätte führen sollen. Die *Pall Mall Gazette* schrieb dazu: »Der leitende Beamte, der verantwortlich für die Entdeckung des Mörders ist, ist für die Londoner ebenso unsichtbar wie der Mörder selbst. Ob man Dr. Anderson in Scotland Yard, ob man ihn auf dem Whitehall Place sucht, man findet ihn nicht. Dr. Anderson, der alle dringenden Pflichten seines Amts noch zu lernen hat, bereitet sich auf diese Lehrzeit dadurch vor, daß er einen angenehmen Urlaub in der Schweiz verbringt!«

Anderson, der am Montag, dem 1. Oktober, in London eintraf, schloß sich alsbald zusammen mit dem Innenminister Henry Matthews ein, der ihm mitteilte: »Wir betrachten Sie als verantwortlich, den Mörder zu finden.« Doch Anderson war zu sehr von den Vorzügen eines langsamen und vorsichtigen Vorgehens überzeugt, als daß er das hingenommen hätte. »Ich halte mich für verantwortlich, alle legitimen Mittel zu ergreifen, um ihn zu finden«, bemerkte er ruhig in Form einer Berichtigung.

Als nächstes ordnete Warren sieben hohe Polizeibeamte ausschließlich für die Untersuchung der Ripper-Fälle ab und ordnete an, jeden verfügbaren Polizisten ins East End zu schicken, damit die 546 Konstabler, 29 Inspektoren und 44 Sergeanten, die der Abteilung H, Whitechapel, bereits zugeteilt waren, Verstärkung erhielten. Dazu kamen natürlich noch die Polizisten und Detektive der Citypolizei, die durch den Umstand, daß man Catherine Eddowes ermordet auf ihrer Schwelle gefunden hatte, in die Jagd hineingezogen worden waren.

Leider brach Warrens Offensive, fast ehe sie begonnen hatte, zusammen. Sie blieb in der Feindseligkeit stecken, die jede polizeiliche Untersuchung im East End hervorrufen mußte. »Der Haß eines Straßenhändlers auf einen ›Polypen‹ ist intensiv«, bemerkte Mayhew und setzte hinzu: »Ich bin überzeugt, daß sich im Fall eines politischen Aufstands jeder Händler seinen Polizisten greifen würde.« Dennoch beharrten die Polypen darauf, das Spitalfieldsgebiet Haus für Haus zu durchsuchen, was fast drei Wochen währte und wobei sie nahezu sämtliche Bewohner des Pennenbezirks verhörten. Außerdem verteilten sie 10 000 Handzettel mit der Überschrift »Polizeiliche Benachrichtigung an Besitzer« und forderten alle, die »irgendeine Person, die verdächtig ist«, kannten, dazu auf, sich sofort mit der nächsten Polizeiwache in Verbindung zu setzen.

Der unklare Wortlaut dieses Handzettels machte seinen Sinn von vornherein zunichte, denn welcher Pennenbewohner wäre nicht irgendeiner Sache »verdächtig« gewesen? Diese Handzettel lösten sofort eine Flut von Klatsch und Gerüchten aus, die die Fahndung eher behinderten als unterstützten. In einem einzigen Monat erhielt Scotland Yard nicht weniger als 1400 Briefe als Antwort auf diesen Appell, wie die *Times* berichtet, die hinzusetzt: »Obwohl

der größere Teil dieser freiwilligen Mitteilungen trivial und sogar lächerlich war, wie sich herausstellte, wurde doch jede einzelne geprüft.«
Als ob das Los der Polizisten noch nicht schwer genug wäre, kam Michael Kidney, der Ire, mit dem die lange Liz Stride die letzten Jahre ihres Lebens verbracht hatte, eines Nachts, kurz nachdem er ihre Leiche in der Halle identifiziert hatte, in die Polizeiwache Leman Street geschwankt. Er war stockbetrunken. Seine Kleidung war zerrissen, das Gesicht verletzt und tränenverschmiert, als ob er der Verlierer bei einem halben Dutzend Wirtshauskeilereien gewesen wäre; doch ihn umgab die Würde eines Gladiators, der eben mit Löwen gekämpft hatte. Der Ire packte den Sergeanten vom Dienst an einem Uniformknopf und verlieh einer der seltsamsten Kummerbezeigungen Ausdruck, die je aufgezeichnet worden sind: »Wenn die lange Liz in meinem Bezirk ermordet worden wäre«, schrie er, »dann wäre ich sofort hingegangen und hätte mich erschossen.«

4

Coroner Wynne E. Baxter führte bei der Leichenschau über die Todesursache im Fall Elizabeth Stride im Gemeindesaal auf der Cable Street abermals den Vorsitz. Frederick W. Blackwell, Chirurg am London Hospital, berichtete über die Obduktion, die Montag, den 1. Oktober, um 3 Uhr nachmittags durchgeführt worden war. Er sagte, als er um 1 Uhr 10 morgens auf der Berner Street ankam, sei die Leiche der Toten noch nicht kalt gewesen; Hals und Brust waren recht warm, Gesicht und Beine noch etwas warm. Die rechte Hand lag auf der Brust und war innen und außen mit Blut beschmiert. Die linke Hand war teilweise geschlossen und hielt eine kleine Packung Cachous, in Seidenpapier gewickelt.
Dr. Blackwell gab als Todesursache Verbluten durch teilweises Zerschneiden der linken Halsschlagader an. Der Einschnitt im Hals begann, wie er sagte, auf der linken Seite, etwa sechs Zentimeter unter dem Kieferwinkel, zerschnitt die Luftröhre und endete auf der rechten Seite, ohne jedoch die rechte Halsschlagader zu verletzen. »Ich bildete mir die Ansicht«, berichtete Dr. Blackwell dem Leichenschaugericht, »daß der Mörder zuerst den Seidenschal, den die Tote trug, von hinten ergriff und die Frau rückwärts zog. Ob die Kehle durchgeschnitten wurde, als die Frau noch stand oder nachdem sie hintenüber gezogen worden war, kann ich nicht sagen.«
George B. Philipps, der Dr. Blackwell assistiert hatte, sagte aus, daß die Verwesung der Haut bereits begonnen hatte, als die Obduktion vorgenommen wurde; dunkelbraune Flecke erschienen vorn links am Kinn. Die Obduktion zeigte Verwachsungen der Lunge mit dem Rippenfell, was auf eine einmal durchgemachte Tuberkulose hindeutete. Beide Lungen waren ungewöhnlich

blaß. Auch das rechte Bein war infolge schlechter Einrichtung nach einem Bruch leicht deformiert. Der Magen war groß und enthielt zur Zeit des Todes zum Teil verdaute Speisen: Käse, Kartoffeln und Mehl. Im Mageninhalt fanden sich keine Spuren von Drogen. (Einige waren der Ansicht, der Ripper betäube seine Opfer, ehe er ihnen den Hals durchschneide.)

Die Leichenschauverhandlung für die Stride trug ebenfalls ihr Teil an Überraschungen bei. Zunächst gab es da eine Aussage über ein Messer, das auf der Whitechapel Road gefunden wurde. Es war 22 bis 25 Zentimeter lang, dolchförmig, auf einer Seite geschliffen und mit getrocknetem Blut bedeckt. Ein blutiges Handtuch war zusammengefaltet um den Griff gelegt. Das Messer lag, als es gefunden wurde, auf der Schwelle des Hauses Whitechapel Road Nummer 252, wo es Thomas Coram, Angestellter eines Kokosnußspeichers, fand, als er Montag nacht halb eins von einem Besuch bei Freunden zurückkam. Coram rührte das Messer nicht an, sondern machte einen Polizisten darauf aufmerksam, der zufällig vorüberging. Das Messer wurde sorgfältig von Phillips und Blackwell untersucht, die beide meinten, als Mordinstrument sei es zu stumpf, wenn die Wunden auch damit hervorgerufen worden sein könnten, wie sie dem Coroner zugaben.

Doch noch bedeutsamer als diese Entdeckung war der Umstand, daß man die lange Liz kurz vor ihrem Tod mit einem Mann hatte sprechen sehen, und zwar hatten das drei verschiedene Zeugen unabhängig voneinander getan, die jetzt ihre Aussagen machten. Die Beschreibungen des Mannes unterschieden sich voneinander, doch alle drei hatten die Stride genau erkannt.

Der erste Zeuge war William Marshall, ungelernter Arbeiter, Berner Street Nummer 64, der aussagte, er habe die Stride gegen 11.45 Uhr am Samstagabend mit einem Mann sprechen sehen. Sie standen etwa drei Häuser von ihm entfernt. »Wissen Sie ganz genau, daß dies die Frau ist?« fragte Coroner Baxter. »Ja, das tue ich«, erwiderte Marshall. »Ich habe zunächst nicht besonders auf sie geachtet. Ich stand vor meiner Tür, und meine Aufmerksamkeit wurde erst erregt, als sie eine Weile dastand und er sie küßte. Ich hörte den Mann zu ihr sagen: ›Du würdest alles andere sagen als Gebete.‹ Er sprach sanft und schien ein gebildeter Mann zu sein. Doch es war keine Laterne in der Nähe, deshalb konnte ich sein Gesicht nicht erkennen.«

Als Marshall gedrängt wurde, den Mann genauer zu beschreiben, sagte er, er scheine mittleren Alters, etwa 1 Meter 68 groß und ziemlich stämmig gewesen zu sein, und er habe einen schwarzen Cutaway getragen: »Er war anständig angezogen und sah mehr wie ein Beamter oder Vorsteher aus. Er trug Handschuhe, aber keinen Stock oder so was.«

Polizeikonstabler William Smith, Nummer 452, zu dessen Runde ein Teil der Berner Street gehörte, sagte als nächster aus. Er ging in der Nacht zum Sonntag, 12.35 Uhr, durch die Berner Street, als er die Stride mit einem Mann reden sah. Der Mann war von mittlerer Größe, etwa 28 Jahre alt, glattrasiert

und von respektablem Aussehen. Er trug einen dunklen Mantel, einen harten Filzhut von dunkler Farbe und ein Zeitungsbündel von etwa 45 Zentimeter Länge. Diese Beschreibung war so klar, daß sie sofort von Scotland Yard in die Fahndung aufgenommen wurde. Als Konstabler Smith die Tote später in einer Blutlache liegen sah, erkannte er sie sogleich und meldete diesen Umstand seinen Vorgesetzten.
Die Stride und ihr Freund wurden auch noch später in dieser Nacht zusammen gesehen, um 12.45 Uhr, um genau zu sein, oder kaum mehr als eine Viertelstunde, bevor sie ermordet wurde. James Brown war um diese Zeit auf dem Heimweg zum Abendessen, als er das Paar an einer Mauer in der Fairclough Street, einer Querstraße, die dicht an der Mordstelle von der Berner Street abgeht, stehen sah. »Als ich vorbeikam, hörte ich die Frau sagen: ›Nein, heute nacht nicht, ein andermal‹«, sagte Brown. »Dabei drehte ich mich um und sah sie an. Der Mann hatte den Arm hoch gegen die Mauer gestützt, und die Frau, die ihm gegenüberstand, lehnte den Kopf an die Mauer. Der Mann hatte einen langen Rock an, der ihm fast bis auf die Fersen reichte. Ich kann nicht sagen, was für einen Hut er auf hatte – die Stelle, wo die beiden standen, war ziemlich dunkel. Er war etwa 1,70 groß, würde ich sagen, und schien kräftig gebaut zu sein. Der Mann und die Frau wirkten beide nüchtern.« Der Zeuge setzte noch hinzu, daß er sein Abendessen noch nicht einmal beendet hatte, als er Schreie »Mord!« und »Polizei!« hörte. »Das war etwa eine Viertelstunde, nachdem ich nach Haus gekommen war«, sagte er.

5

Wie meistens bei einem Sensationsfall solcher Art, ließen die telepathischen Brüder nicht lange mit ihren Angeboten, der Polizei zu »helfen«, auf sich warten. In Cardiff erzählte ein Medium, das beschrieben wurde als »eine achtbar aussehende ältere Dame«, der Polizei, daß sie auf einer Séance am 6. Oktober, an der fünf weitere Personen teilgenommen hätten, den Geist von Elizabeth Stride mit Erfolg beschworen habe. Der Geist der langen Liz habe nicht nur den Namen ihres Mörders im mittleren Alter genannt, sondern auch seine Adresse auf der Commercial Road in Whitechapel angegeben und gesagt, er sei Mitglied einer Gruppe von zwölf. Nach Angabe eines andern Mediums, diesmal aus Bolton, war der Ripper ein Bauer, hatte einen dunklen Schnurrbart und Narben hinter den Ohren. Dieses Medium sagte aus, er werde bei der Verübung eines weiteren Mordes gefaßt werden.
Gelehrte der Schwarzen Magie beanspruchten sehr bald den Ripper als einen der ihren. Er sei vom geheimen Meister seiner Loge beauftragt worden, sagten sie, sieben Frauen in solcher Weise und an solchen Plätzen zu töten, daß

ihre Leichen ein »Kreuz der sieben Punkte« bildeten, wobei der Kopf des Kreuzes nach Westen weise. Ein Okkultist behauptete, es ergebe sich, wenn man auf einer Karte von Whitechapel die verschiedenen Mordstellen durch eine Linie miteinander verbinde, der Umriß eines Dolches. Wenn die Polizei der Linie folge, in die die Dolchspitze zeige, könne sie den Ort des nächsten Mordes vorhersagen, meinte der Mann.

Die Spekulationen wurden so wild, daß *Light*, eine Zeitschrift, die sich als »Journal psychischer, okkulter und mystischer Forschung« bezeichnete, es schließlich für notwendig hielt, zum Halt zu blasen. »Es kann zu keinem guten Ende führen, die grauenhaften Verbrechen, die kürzlich verübt worden sind, zu diskutieren«, erklärte *Light* und setzte hinzu, man solle nicht die Toten aufrufen, die Arbeit von Scotland Yard zu tun. »Außerdem würde jeder Hellseher, der der Polizei seine Dienste anböte, Gefahr laufen, verhaftet zu werden.«

Das ungewöhnlichste aller Medien, die von dem Ripper-Fall angezogen wurden, war zweifellos Dr. Robert James Lees, Verfasser der Bücher *An Astral Bridegroom, The Car of Phoebus* und *The Life Elysian* und anderer, der ein Spiritistenzentrum in Peckham leitete; es heißt, er sei häufig von Königin Victoria konsultiert worden. Lees wurde von der Königin anscheinend Ende der sechziger Jahre bemerkt, nachdem er in Rapport mit dem Prinzgemahl in der Geisterwelt getreten war. Das Medium, damals noch nicht zwanzig, wurde ins Windsor Castle berufen und gebeten, dort Séancen zu halten.

Er war »ein blasser junger Mann« mit »schönen dunklen Augen und einer breiten klugen Stirn«, wie ein Schriftsteller[1] berichtet. Außerdem war er von »zurückhaltender Natur« und eifrig bemüht, jede Publizität zu vermeiden. Diese Eigenschaften machten ihn der Königin anscheinend sympathisch, denn sie fragte ihn, »ob er bereit wäre, dauernd nahe bei ihr zu bleiben«. Lees lehnte dieses Angebot mit Bedauern ab, weil »sein Geistesführer das nicht erlaube«.

Lees, der 1931 im Alter von 81 Jahren starb, zeigte jedoch keine Zurückhaltung, als es darum ging, die Ehre in Anspruch zu nehmen, den Ripper zu ergreifen. Im Gegenteil, er nahm so lärmendes Interesse an dem Ripper-Fall, daß er zur schweren Belästigung für Scotland Yard wurde. Seine erste Berührung mit Scotland Yard erfolgte, als er den Mord an Annie Chapman im Traum vorhergesehen und gleichzeitig begriffen haben wollte, daß er, Dr. Lees, das Werkzeug sein werde, »diese Morde zu beenden«. Als er am Morgen nach dem Traum erwachte, fand er diesen auf einem Block neben seinem Bett aufgezeichnet, obwohl er sich nicht erinnerte, ihn aufgeschrieben zu haben.

[1] E. E. P. Tisdall *Queen Victoria's John Brown* London 1958. Tisdall erhielt seine Informationen über Lees' Beziehung zu Königin Victoria anscheinend von der Tochter dieses Mediums, Miss Eva Lees.

Sein zweites mystisches Erlebnis hatte er einige Monate später auf dem Verdeck eines Omnibusses, der zum Notting Hill Gate fuhr, als er beim Aufblicken den Mann sah, der vorher in dem Traum als Jack the Ripper aufgetreten war und sich jetzt, in Fleisch und Blut, anschickte, von dem Fahrzeug abzusteigen. Ohne zu zögern, sprang Dr. Lees vom Omnibus ab und folgte diesem Mann bis zu den Toren eines Herrenhauses im Westend, das das Namensschild eines bekannten Arztes trug. Hier nimmt Maurice Barbanell, Redakteur der *Psychic World*[1], die Geschichte auf: »Die Polizei fand darauf die Beweise dafür, daß dieser Arzt, der ein Jekyll-und-Hyde-Dasein führte, für die schrecklichen Ripper-Verbrechen verantwortlich war. Der Arzt wurde in ein Privatsanatorium für Geisteskranke in Islington gesteckt, wo er lediglich als Nummer 124 bekannt war. Um das Verschwinden des Arztes glaubhaft zu machen, wurden ein fingierter Tod und ein Scheinbegräbnis inszeniert, wobei ein leerer Sarg in die Familiengruft gestellt wurde. In Anerkennung seiner Verdienste den Behörden gegenüber erhielt Lees viele Jahre lang eine Pension aus der Privatschatulle.« Ich brauche kaum hinzuzufügen, daß sich kein Bericht dafür findet, daß eine solche Pension jemals aus der Privatschatulle gezahlt worden wäre.

6

Nach den Spiritisten, den Okkultisten, den Gelehrten der Schwarzen Magie kamen die Transvestiten und ihre Bemühungen, den Mörder in die Falle zu locken. Die Jagd auf den Ripper brachte bei einer Reihe von Männern das Zwitterhafte oder doch mindestens den Wunsch an den Tag, sich öffentlich in Frauenkleidern zu zeigen[2]. Wenn Scotland Yard auch vorgab, solche Verkleidungen abzulehnen, haben wir doch mindestens in einem Fall Beweise dafür, daß ein Detektiv als Köder für den Ripper benutzt worden ist.
Es handelt sich um Detektivsergeant Robinson von der Abteilung D, Clerkenwell, der dicht verschleiert und mit Röcken und Unterröcken am 9. Oktober nach Mitternacht seinen Stand auf dem Phoenix Place, St. Pancras, bezog. Ihn begleitete Detektivsergeant Mather in gewöhnlicher Kleidung, und die beiden hielten ein sehr wachsames Auge auf einen Mann, der sich in einem dunklen Hauseingang »auf höchst verdächtige Weise« um die Gunst einer Frau bemühte.

[1] Es handelt sich um eine Zeitschrift für Okkultismus. (Anm. d. Ü.)

[2] Die Vorteile, eine Polizistin in die Fahndung nach dem Ripper einzuschalten, liegen auf der Hand. Doch im Jahr 1888 gab es keine Polizistinnen. Amelia Brown aus Peckham behauptet jedoch, daß die Polizei sie als Lockvogel bei der Jagd auf den Ripper eingesetzt habe. Sie sei mit einer Polizeipfeife zu ihrem Schutz ausgerüstet worden. Diese Geschichte erschien im Jahr 1949 in der *Sunday Chronicle*. Damals war Mrs. Brown 82 Jahre alt.

Diese Szene wäre wahrscheinlich ohne Folgen geblieben, wenn die beiden Detektive nicht irrigerweise von einem Wagenwäscher namens William Jarvis, der zufällig in der Nähe war, für *voyeurs* gehalten worden wären. »Wozu lungert ihr hier herum?« fragte Jarvis und schritt drohend auf die Hüter des Gesetzes zu, worauf Sergeant Robinson den Hut mit dem Schleier abnahm und ruhig erwiderte, er sei Polizeibeamter. »Ach, ein Polyp, was?« rief Jarvis, holte aus und schlug dem Beamten ins Auge.

Ein anderer, der sich um Mitternacht in weiblicher Verkleidung auf die Straßen begab, um dort Amateurdetektiv zu spielen, war ein junger Journalist, der am Bow lebte. Obwohl er verkleidet über die Whitechapel Road schlenderte, hatte der Reporter wenig Erfolg, bis schließlich sein männlicher Schritt die Aufmerksamkeit von Polizeikonstabler Ludwig erregte. »Moment mal!« rief Ludwig und hielt den Reporter an. »Sie sind ein Mann, wie?« Der Frauenimitator gab zu, daß dies in der Tat der Fall sei, worauf der Konstabler fragte: »Gehören Sie zu uns?« – »Ich weiß nicht recht, was Sie damit meinen«, entgegnete der junge Mann und reckte sich hochmütig, »aber ich bin kein Polyp, falls Sie das glauben.« Der Journalist brauchte fast zwei Stunden, bis er seine Freilassung aus der Polizeiwache auf der Leman Street erreichte, wo man seine Geschichte peinlich genau überprüfte.

Ein Reporter der *Daily News* gab einem Polizeiinspektor einen Hinweis, der zunächst ganz vernünftig schien. Könnte nicht der Ripper die Abwasserkanäle als Fluchtweg benutzt haben? »Sind Sie schon mal in so einem Kanal gewesen?« fragte der Inspektor darauf. Als der Reporter das bejahte, erklärte der Inspektor: »Na, dann müssen Sie ja die Schwierigkeiten kennen, wenn man wieder herauf will. Der Mörder müßte einen Schlüssel haben, um hinunterzukommen, und müßte Rost und Platte hinter sich schließen; und dann könnte er, selbst mit einem Schlüssel, nicht wieder heraus. Doch sogar wenn er es könnte, würde er dabei wahrscheinlich eher auffallen, als wenn er ruhig über die Straßen davonschlendert.«

7

Die *Evening News* entdeckte einen neuen Zeugen, der darauf schwor, daß er Elizabeth Stride unmittelbar vor dem Mord mit einem Mann gesehen habe. Es handelte sich um Matthew Packer, einen Gemüsehändler mit einem kleinen Laden auf der Berner Street Nummer 44, wenige Häuser von dem Internationalen Arbeiterbildungsverein entfernt. Gegen 11.45 Uhr am Samstagabend kam die Frau, die er als die Stride erkannte, wie Packer behauptete, mit einem stämmigen Mann mittleren Alters an sein Ladenfenster. Der Laden war so winzig, daß der Verkauf durch das Fenster, in dem Obst ausgestellt war, vorgenommen wurde. »Was kosten die Trauben?« fragte der Mann

und erhielt zur Antwort, daß die blauen sechs, die grünen vier Penny das Pfund kosteten. »Dann geben Sie uns ein halbes Pfund von den blauen«, forderte der Mann. Das Paar überquerte dann mit seinem Einkauf die Fahrbahn und blieb länger als eine halbe Stunde auf dem Bürgersteig fast genau gegenüber dem Laden stehen.
»Sie fielen mir auf, weil es eine regnerische Nacht war«, berichtete Packer dem Reporter der *Evening News*. »Ich sagte zu meiner Frau: ›Was sind das für Narren, daß sie sich so in den Regen stellen?‹ Endlich überquerten sie die Fahrbahn noch einmal und blieben vor dem Vereinshaus stehen, als ob sie sich die Musik anhörten, die von innen herausdrang. Dann verlor ich sie aus dem Auge. Es war zehn bis fünfzehn Minuten nach Mitternacht und Zeit, den Laden zu schließen. Ich weiß die Zeit, weil die Kneipen bereits geschlossen hatten.«
Packer gab zu, daß die Nacht dunkel gewesen sei und daß das einzige Licht von der Öllampe kam, die er in seinem Fenster brennen hatte, doch er behauptete, das Paar habe lange genug vor dem Fenster gestanden, daß er ihre Gesichter klar habe erkennen können. Folgendermaßen beschrieb er den Mann, den er mit der Stride hatte sprechen sehen: mittleres Alter, vielleicht 35, etwa 1,71 groß, stark und kräftig gebaut, trug einen Schlapphut, sah aus wie ein Beamter oder Angestellter, hatte eine barsche Stimme und redete rasch und scharf. Um seine Glaubwürdigkeit zu prüfen, zeigte ihm die Polizei erst die Leiche von Catherine Eddowes, die er nicht erkannte; die Stride identifizierte er dagegen sofort, als man ihn zu ihrer Leiche führte.
Die Bedeutung der von Packer berichteten Geschichte liegt in dem Umstand, daß tatsächlich das Stielgerippe einer Weintraube in der Nähe von Elizabeth Strides Leiche gefunden wurde, wenn es vielleicht auch nichts mit ihr zu tun haben mochte, sondern von einem Passanten weggeworfen worden sein konnte. (Mrs. Rosenfield aus der Berner Street Nummer 14 erklärte, daß sie früh am Sonntagmorgen an der Stelle vorbeigegangen sei, wo die Leiche der Stride gelegen habe, und dabei auf dem Boden in der Nähe Weintraubenstiele mit Blut befleckt bemerkt habe. Diese Geschichte wurde von ihrer Schwester Miss Eva Harstein bestätigt.)
Die Weintraubenstiele gingen in die Folklore des East End ein, und so saß ich über siebzig Jahre nach dem Mord in der Küche einer Sozialwohnung in Stepney und hörte zu, wie Annie Tapper mir erzählte, daß *sie* Jack the Ripper die Trauben verkauft habe – »Almira waren es, diese blaßgrünen«. Annie versorgte den Obstladen, wenn Packer und seine Frau – »ob er mit ihr verheiratet war oder nicht, kann ich wirklich nicht sagen« – zu Abend aßen. Damit war sie auch am Samstagabend, dem 29. September 1888, beschäftigt, als ein dunkler bärtiger Fremder kam, der ein Pfund Trauben kaufte und Annie sagte, sie solle das Wechselgeld von dem Sechspenny-

stück behalten. »Er sah genauso aus, als ob er für eine Hochzeit angezogen wäre«, erinnerte sie sich.

Ich zweifle nicht daran, daß es Mrs. Tapper so im Gedächtnis geschrieben steht, doch wie genau ihre Erinnerung den Ereignissen vor reichlich siebzig Jahren entspricht, das ist eine andere Frage. Ich war mehr daran interessiert, was Mrs. Tapper damals mit den Pennystücken angefangen hatte, die der Mann ihr als Bakschisch für gutes Wiegen geschenkt hatte. »Ich kaufte mir für einen halben Penny Rotkohl und für einen halben Penny Chips und setzte mich sofort hin und aß sie auf«, berichtete sie, und das Wasser lief ihr bei dieser Erinnerung im Munde zusammen. »Damals dachte ich, daß es im Himmel keine größeren Freuden geben könnte.«

1

Mittlerweile lag die Leiche des Opfers vom Mitre Square kalt und steif in der Leichenhalle auf der Golden Lane – bis Dienstag, den 2. Oktober, als ein Marktträger namens John Kelly kam und sie beanspruchte. Kelly gab der Polizei eine eingehende Beschreibung der Kleidung des Opfers, genau bis zu dem Loch im Schuh, das er selbst mit einem Stück Leder ausgebessert hatte. Darauf zeigte man ihm die Leiche, die inzwischen von dem Obduktionschirurgen wiederhergerichtet worden war, und er erkannte sie sofort als die von Catherine Eddowes, alias Kate Conway, alias Kate Kelly, 43 Jahre alt, als die Frau, mit der er seit sieben Jahren zusammenlebte.
Kelly, kreidebleich und betäubt vor Kummer, stand lange da und starrte auf die Leiche nieder, dann schlich er sich zu einem Tisch hinüber, wo ihre Kleider ausgebreitet lagen, und fuhr mit dem Finger hinter dem Futter des schwarzen, perlenverzierten Strohhutes entlang. »Hier hat sie immer ihr Geld aufgehoben«, erklärte er der Polizei. Doch es war keins da.
Der Marktträger berichtete der Polizei das wenige, was er von Kate Eddowes' Leben wußte. Sie war in den Midlands als Tochter eines Weißblecharbeiters geboren, doch bald darauf zog die Familie nach London, wo Kate eine Armenschule besuchte. Mit neunzehn ging sie mit einem Soldaten namens Thomas Conway durch, dessen Initialen auf ihrem Unterarm eintätowiert waren. Sie lebte zwölf Jahre mit Conway und gebar ihm drei Kinder. Das Paar war nicht verheiratet gewesen, soweit Kelly wußte, wenn sie auch manchmal Kate Conway genannt wurde.
Kelly konnte nicht alle Stufen von Kates Abstieg in die Hölle von Spitalfields nennen, aber sie müssen schrecklich gewesen sein, wenn man nach ihrem Gesundheitszustand zur Zeit ihres Todes urteilt. Der Chirurg, der sie sezierte, fand ihren Körper so sehr von der Brightschen Krankheit verwüstet, daß sie bestenfalls noch wenige Jahre zu leben gehabt hätte. Der Alkoholismus, der zu dieser Krankheit hinzutrat, ließ diese winzige vogelhafte Frau zehn Jahre älter erscheinen, als sie tatsächlich war.
Trotz der schweren Krankheit war die Eddowes Anfang September 1888 mit Kelly zur Hopfenernte in der Nähe von Maidstone in der Grafschaft Kent gefahren, um ein paar Schilling zu verdienen. Walter Besant zeichnet in *East London* ein idyllisches Bild von der Hopfenernte: »Die Hopfenpflücker kommen mit Taschen voll Geld zurück; sie haben ihre graublassen Backen auf dem Land gelassen und bringen rosige Wangen, sommersprossige Nasen und sonnengebräunte Hände mit.« Als Beweis für die finanzielle Solvenz der Hopfenpflücker stellt Besant die Straße nach London dar als »bestreut

mit den alten Schuhen, die die Hopfenpflücker weggeworfen haben, wenn sie sich für den Heimweg neue kaufen«.

Das stimmt kaum mit den Tatsachen überein, die Jack London, der amerikanische Schriftsteller, vorfand, als er, um die Zustände aus erster Hand kennenzulernen, selbst nach Kent zum Hopfenpflücken ging. Jack London bezeichnet die in den Elendsvierteln Angeworbenen als »eine Armee von Gespenstern – die ihre kurzen ungestalten Körper über die Landstraßen und Feldwege schleppen (wie) eine schmutzige Ausgeburt des Unterirdischen«. Die Pflücker erhielten, wie er sagt, einen Schilling für sieben Bushel[1] Hopfen, doch nicht einmal die Geschicktesten konnten hoffen, mehr als fünfzig Schilling Lohn für die Arbeit eines Monats zu verdienen. In schlechten Sommern wie dem von 1888, als die Erträge gering waren, war das Armenhaus in Dover überfüllt von Wanderarbeitern, die nicht einmal das Fahrgeld hatten, um nach London zurückzukehren. Der amerikanische Schriftsteller hielt die Arbeit nicht länger als einige Tage aus.

2

Ironischerweise war es nicht der kümmerliche Lohn, sondern die Erwartung plötzlichen Reichtums, die die Eddowes und ihren Gefährten veranlaßte, das Hopfenpflücken abzubrechen und am Donnerstag, dem 27. September, nach London zurückzukehren, wie Kelly aussagte. Sie waren hinter der Belohnung her, die für Mitteilungen über Jack the Ripper ausgesetzt worden war. Die Eddowes bildete sich ein, sie kenne den Ripper vom Sehen. »Ich glaube, ich weiß, wer er ist«, erzählte sie ihrem Gefährten und ahnte nicht, daß dieser wunderliche Gedanke ihr Schicksal besiegeln sollte. So berichtete Kelly.

Als das Paar in London ankam, war ihm nach der Bahnfahrt von seinem Verdienst gerade genug geblieben, sich an billigem Schnaps zu betrinken und die Übernachtungskosten für eine Nacht auf der Flower and Dean Street Nummer 55 zu bezahlen. Weit entfernt davon, die Schuhe in der Euphorie frisch erworbenen Wohlstands wegzuwerfen, wie es Besant beschreibt, gab Kelly der Freundin seine Schuhe, damit sie sie am nächsten Tag auf der Pfandleihe für zweieinhalb Schilling versetzte. Er stand barfuß vor der Pfandleihe, während sie drinnen die Transaktion abschloß.

Als dieses Geld nach mehreren Schnäpsen auf sechs Penny zusammengeschmolzen war, trennte sich das Paar am Freitagabend. »Hier, nimm du vier Penny und geh in die Penne schlafen«, ordnete die Eddowes an. »Ich versuche mein Glück im Obdachlosenasyl in Mile End.« Das schien eine vernünftige Regelung für beide zu sein, denn wenn Kelly, ein gesunder, kräftiger

[1] Bushel = 1 Scheffel von 36,37 Liter. (Anm. d. Ü.)

Mann, auch zum Armenhaus in Mile End gegangen wäre, hätte man ihn dort gezwungen, Werg zu zupfen oder große Granitbrocken zu zweizölligen Würfeln zu zerschlagen, als Bezahlung für die Übernachtung und eine Wassersuppe.

Am nächsten Tag, Samstag, dem 29. September, erreichte das Paar das Ende seines gemeinsamen Weges. Sie wanderten den ganzen Morgen durch die Straßen von Houndsditch, um irgendwelche Gelegenheitsarbeit zu finden, doch es hatte keinen Zweck. Vielleicht war es das zerlumpte Aussehen der beiden, das die Leute abschreckte, oder die Augen, die noch vom Trinken trübe waren. Doch welches der Grund auch sein mochte, niemand wollte sie haben, nicht einmal für die niedrigste Arbeit.

Schließlich vereinbarten sie gegen 2 Uhr nachmittags, sich zu trennen; die Eddowes wollte nach Bermondsey gehen und dort versuchen, etwas Geld von ihrer Tochter Annie zu borgen, die mit einem Lampenrußpacker verheiratet war, und Kelly wollte allein etwas unternehmen. Sie standen an der Straßenecke beieinander, frierend, hungrig und zu elend, sich in die Augen zu schauen. »Paß vor dem ›Spring-heeled Jack‹ auf!« rief Kelly ihr nach, als sie sich trennten, und bemühte sich, den Worten einen scherzhaften Ton zu verleihen. »Mach dir um mich keine Sorgen«, erwiderte die Eddowes, »ich kann schon auf mich aufpassen.« Das war das letzte, was er im Leben von ihr gesehen hatte, sagte Kelly den Polizisten.

Über die nächsten sechs Stunden im Leben der Eddowes weiß man nichts. Ob sie tatsächlich nach Bermondsey gegangen ist, um ihre Tochter zu besuchen, die sie zwei Jahre nicht mehr gesehen hatte, oder ob sie einen andern Mann auflas, nachdem sie sich von Kelly getrennt hatte, wird nicht mehr zu erfahren sein. Dagegen ist bekannt, daß sie am gleichen Abend um acht Uhr von zwei Citypolizisten wegen Trunkenheit und ungebührlichen Benehmens festgenommen wurde. Sie hatte sich mitten auf die Fahrbahn gestellt und eine Motorspritze imitiert. Auf der Polizeiwache Bishopsgate gab sie ihre Personalien Mary Ann Kelly, Fashion Street Nummer 6, an.

Wie es der Zufall wollte, wurde die Eddowes auf ihrem Weg in polizeilichen Gewahrsam mit den beiden Schutzleuten von einer Bewohnerin des Logierhauses auf der Flower and Dean Street Nummer 55 gesehen, die das Kelly mitteilte. Deshalb schloß Kelly, als die Eddowes am Sonntag nicht zu ihm zurückkehrte, daß sie sicher im Kittchen liege und ihren Kater ausschlafe. Er gestattete sich sogar am Nachmittag des gleichen Sonntags einen Neugierbesuch auf dem Mitre Square und mischte sich unter die andern Zuschauer, die die Blutflecken auf dem Pflaster zu entdecken suchten, und ahnte nicht das mindeste, wie sehr die Tragödie ihn persönlich betraf. Erst als er am Dienstag von den Pfandscheinen, die in der Nähe der Toten gefunden worden waren, in der Zeitung las, dämmerte ihm die schreckliche Wahrheit. Dann eilte er zur Polizei.

3

Wenn Sir Charles Warren seines Amtes als Polizeichef enthoben worden wäre, hätte die Regierung vielleicht noch eine andere Maßnahme ergreifen können, um die Aussichten auf die Festnahme Jack the Rippers zu erhöhen, nämlich die Aussetzung einer substantiellen Belohnung für Mitteilungen, die zu seiner Verhaftung führen konnten. Das zu tun, weigerte sich die Regierung jedoch hartnäckig, obwohl ihr dieser Schritt von so verschiedenen Stellen wie dem *Daily Telegraph* und den Obmännern der Geschworenen bei der Totenschau für Polly Nicholls wie auch für Annie Chapman empfohlen worden war.

Samuel Montagu, Parlamentsmitglied für den Bezirk Whitechapel, bot 100 Pfund Sterling als Grundstock für eine solche Belohnung an, denen Henry White, Polizeirichter in Middlesex, weitere 50 Pfund zufügte. Doch all diesen Bitten gegenüber blieb die Regierung taub. »Die Praxis, Belohnungen für die Entdeckung von Verbrechen auszusetzen«, erklärte ein Staatssekretär im Innenministerium von oben herab, »wurde vor mehreren Jahren aufgegeben, weil die Erfahrung lehrte, daß solche Auslobungen mehr Schaden als Nutzen brachten.«

Das traf nicht ganz zu, denn noch sechs Jahre zuvor war eine Belohnung von 10 000 Pfund (200 000 Goldmark) vom Vizekönig von Irland im Namen der Regierung Ihrer Majestät für Mitteilungen ausgesetzt worden, die zur Verurteilung der Mörder von Lord Frederick Cavendish und Thomas Henry Burke führen würden. Lord Cavendish wurde am 6. Mai 1882 erstochen, während er mit Burke, dem eigentlichen Ziel der Mörder, durch den Phoenix Park schlenderte. Der Umstand, daß Lord Cavendish ein Sprößling des mächtigen Hauses von Devonshire war, ein Bruder des Marquis von Hartington wie auch Gladstones Neffe, mag etwas mit dem Entschluß der Regierung zu tun gehabt haben, die Belohnung auszusetzen; jedenfalls verlor die Regierung keine Zeit, es zu tun[1].

George Lusk vom Sicherheitsausschuß Whitechapel verglich die Morde im Phoenix Park mit denen in Whitechapel und wies in einem Brief an die *Times* darauf hin, daß ein ähnlich promptes und großzügiges Angebot »die armen und bescheidenen Bewohner unseres East End überzeugen würden, daß die Regierungsstellen ebenso darauf bedacht sind, das Blut dieser unglück-

[1] Die Morde waren das Werk einer Fenier-Gruppe, die sich »Die Unbesieglichen« nannte. Einige von ihnen wurden im Januar 1883 in Dublin festgenommen, vor Gericht gestellt, und fünf von ihnen wurden – überwiegend auf Grund der Zeugenaussage von James Carey, einem Dubliner Ratsherrn, der sich zum Denunzianten hergab – gehängt. Es war eine Art dichterischer Gerechtigkeit, daß Carey selbst im Juli 1883 in der Kapkolonie von einem Iren namens O'Donnell erschossen wurde, der eigens zu dem Zweck, den Denunzianten zu töten, auf dem gleichen Schiff mit ihm nach Südafrika fuhr.

lichen Opfer zu rächen wie den Anschlag auf Lord Cavendish und Mr. Burke«. Das Innenministerium rührte sich nicht.

Doch mit dem Mord auf dem Mitre Square wurde die ganze Frage, eine Belohnung auszusetzen, zu einer politischen. Jack the Ripper hatte dadurch, daß er einfach über die Grenze in diese uralte Enklave, als City bekannt, hineinschritt, ungewollt die Frage auf eine solche Ebene gehoben. Denn die Beamten der City waren in solchen Dingen nicht an die Genehmigung des Innenministeriums gebunden. Sie lagen sich wegen der Fahndung nach dem Ripper ohnehin mit dem Innenministerium in den Haaren, wie ganz deutlich wurde, als Major Henry Smith, der amtsführende Citypolizeichef, mit Sir Charles Warren zusammenstieß, als dieser verfügte, daß die Schrift an der Wand weggewischt werden solle.

Der Lord Mayor von London erweiterte den Riß nun, indem er im Namen der Citybehörde eine Belohnung von 500 Pfund Sterling aussetzte »für solche Mitteilungen, die zur Ergreifung und Verurteilung des Mörders oder der Mörder führen«. Als ob sie nur auf diesen Schritt gewartet hätten, traten jetzt eilig verschiedene Organisationen und einzelne Persönlichkeiten hervor, um die Belohnung zu erhöhen. Das Bataillon der Königlichen Pioniere aus dem Tower-Bezirk steuerte nicht nur weitere 100 Pfund für die Belohnung bei, sondern stellte fünfzig Freiwillige zur Verfügung »entweder zum Schutz der Öffentlichkeit oder zur Fahndung nach dem Mörder«, wie Oberst Sir Alfred Kirby, der Bataillonskommandeur, erklärte.

Das Angebot des Lord Mayors brachte die Kaufleute und Bankiers aus der City, die ihrer Überzeugung nach Tories waren, in ein hartes Dilemma. Einerseits wollten sie nichts tun, was die konservative Regierung in Verlegenheit bringen konnte, und auf der andern Seite waren sie von der knausrigen Einstellung der Regierung zur Frage der Belohnung gründlich enttäuscht. Dieses flagrante Beispiel der verschiedenen Gerechtigkeit für die Cavendishs auf der einen Seite und für die dunklen Annies auf der andern erfüllte so manchen mit Scham. So fanden sie sich zu einem Kompromiß bereit. Spenden im Gesamtbetrag von 300 Pfund Sterling von verschiedenen Leuten aus der City wurden dem Innenminister mit der Bitte zur Verfügung gestellt, daß er diese Belohnung *im Namen der Regierung* aussetzen solle. Die *Financial News* trat bei dieser Transaktion als Vermittler auf. Doch der Scheck über 300 Pfund muß dem Innenminister in den Fingern gebrannt haben, denn er wurde mit wendender Post an den Redakteur zurückgesandt. »Ich bin angewiesen worden«, schrieb ein Untergebener des Innenministers, »Ihnen und den Herren, deren Namen Sie mitteilten, für die Großzügigkeit Ihres Angebots zu danken, das Mr. Matthews zu seinem größten Bedauern anzunehmen jedoch nicht in der Lage ist.«

Vielleicht war es der Gedanke an einen so hohen Betrag – obwohl man lieber ein lautereres Motiv vermuten möchte –, jedenfalls kamen nun allmählich auch Vertreter verschiedener Hafengewerkschaften mit dem Angebot an die Öffentlichkeit, einen Arbeiter-Sicherheits- und Patrouillenausschuß zu bilden, »um die Polizei bei ihren gegenwärtigen schweren Aufgaben zu unterstützen«. Und es war eine bunte Menge, die sich da in der Kneipe »Three Nuns« in Aldgate zur ersten Sitzung versammelte. Schauerleute, Ewerführer, Schiffsanstreicher, Kesselreiniger, Maschinisten, lauter Männer, die ein Jahr später bei dem großen Hafenstreik des Jahres 1889 das Leben von ganz London zum Stillstand bringen sollten.

Fast der erste Schritt, den der Ausschuß unternahm, war eine Bitte an die *Financial News* um 150 Pfund Sterling, um die Patrouillenarbeit zu finanzieren. Man kann sich den Zug äußersten Erstaunens auf dem Gesicht des Redakteurs vorstellen, als die Hafendeputation, angeführt von Thomas H. Kelly vom Dockarbeiterverband, ihm ihre Aufwartung machte. Man hätte sich gern vorgestellt, daß diese Männer die alten und zeremoniellen Trachten ihres Berufs getragen hätten – die Vertreter der Hafenschiffer beispielsweise in roten Strümpfen und mit einer riesigen Zinnplatte auf der Brust. Doch sie hatten sich in ihre blauen Kammgarn-Sonntagsanzüge geworfen, deren Nähte die Muskeln zu sprengen drohten.

Als Vorsitzender erläuterte Kelly den Zweck des Besuchs. »Wir schlagen vor, siebzig Facharbeiter von abends 10 bis morgens 7 Uhr auf die Straßen zu stellen«, erklärte er, »Männer, die mit jedem Gang und Winkel in diesem Bezirk vertraut sind. Siebzig solche Männer, voller Mut und Ausdauer, könnten sich sehr wohl als Mittel erweisen, den Schurken zu fassen.« Natürlich würde der Ausschuß Geld für seine Ausgaben brauchen. Man konnte nicht erwarten, daß die Arbeiter die ganze Nacht durch die Straßen streiften, ohne einen Becher Tee und ein Korinthenbrötchen zu bekommen. Daraufhin erläuterte der Redakteur, daß die 300 Pfund Sterling ihm zu einem bestimmten Zweck anvertraut worden seien: eine Belohnung im Namen der Regierung auszusetzen. Er sei jedoch gern bereit, eine Spendenliste für die 150 Pfund zu eröffnen und bot, um einen Anfang zu machen, 25 Pfund Sterling aus der eigenen Tasche.

Es gibt keinen Bericht darüber, ob die 150 Pfund oder ein Teil davon von der *Financial News* aufgebracht wurden. Ebensowenig gibt es weitere Berichte über den Arbeiter-Sicherheits- und Patrouillenausschuß. Ob die Arbeiter durch die mangelnde Reaktion auf finanziellem Gebiet oder durch das Patrouillieren bei bitterkaltem Wetter entmutigt wurden – jedenfalls verschwanden sie von der Szene.

Bisher waren es nur die Männer des East End gewesen, die die Initiative ergriffen, indem sie einen Sicherheitsausschuß organisiert und die Regierung gedrängt hatten, eine Belohnung auszusetzen, doch ihre Frauen schien die Tragödie, falls das überhaupt möglich war, noch heftiger zu bedrängen. So erhielt Königin Victoria eines Morgens Anfang Oktober auf ihrem Frühstückstablett eine von 4000 Frauen aus Whitechapel unterschriebene Petition – die Unterschriften waren binnen drei Tagen gesammelt worden. Die an »Unsere allergnädigste souveräne Herrin« adressierte Bittschrift liest sich wie ein wahres soziales Dokument jener Zeit: fromm, unterwürfig und dennoch mit einer Spur von Rebellion als Unterton:

»Madam, wir, die Frauen von Ostlondon, sind voller Entsetzen über die furchtbaren Sünden, die kürzlich in unserer Mitte begangen worden sind, und voller Kummer über die Schande, die unserm Viertel widerfahren ist. Durch die Tatsachen, die bei den gerichtlichen Totenschauen zutage gekommen sind, haben wir viel über das Leben jener von unsern Schwestern erfahren, die den festen Halt am Guten verloren haben und ein trauriges und erniedrigtes Leben führen.
Während jede einzelne von uns Frauen alles tun wird, was sie vermag, damit die Männer Abscheu empfinden vor den Sünden der Unreinheit, die den Grund dafür bilden, daß manche ein solch verderbtes Leben führen, bitten wir doch auch, daß Eure Majestät sich an Ihre Diener in den Ämtern wendet und ihnen befiehlt, die Gesetze, die bereits vorhanden sind, anzuwenden, um üble Häuser zu schließen, in deren Wänden solche Verderbtheit begangen wird und Männer und Frauen an Leib und Seele ruiniert werden.
Wir sind, Madam, Ihre treuen und ergebenen Dienerinnen.«

Die Petition war überwiegend das Werk von Henrietta Barnett, der Ehefrau von Pastor Samuel A. Barnett von Toynbee Hall, was den frommen Ton erklärt. Doch das begründet nicht ganz den Groll über die lasche Handhabung der Gesetze im East End, der sich darin äußert. Die Wahrheit war die, daß Whitechapel unter dem unerwünschten Ruf litt, in den Jack the Ripper das Viertel durch seine Verbrechen gebracht hatte. Der Kummer und die Scham, die die Frauen von Whitechapel aussprachen, waren aufrichtig.
Im Jahr 1888 war der East Ender noch nicht in den liebenswerten »Cockney-Spatzen« aus unzähligen Kabarettwitzen verwandelt worden. Im Jahr 1888 war das East End *terra incognita* für die vornehmen Leute von Belgravia und Knightsbridge, die auch in ihren wildesten Träumen nie weiter nach Osten kamen als zur Dividenden- und Transferabteilung der Bank von Eng-

land auf der Threadneedle Street[1]. Für diese vornehmen Leute waren die Bewohner Ostlondons keineswegs liebenswert, sondern Wilde und als solche zu fürchten. (»Ich habe den polynesischen Wilden in seiner primitiven Umgebung gesehen ... Er war nicht halb so wild, so unsauber, so unverbesserlich wie der Bewohner einer Mietskaserne in einem Ostlondoner Elendsviertel«, rief Thomas Huxley.)

Die Morde des Rippers bildeten den letzten Tropfen, der das Faß zum Überlaufen brachte; der Ostlondoner war deshalb rasch bei der Hand, diese Verbrechen als nicht seine Sache zu bezeichnen und seinen Unwillen über die unerwünschte Publizität zum Ausdruck zu bringen. »Wir sind in Ostlondon nicht so schwarz, wie wir gemalt werden«, erklärte Pastor J. Farnsworth in der von der Gemeinde dicht gefüllten unitarischen Kapelle zu Spitalfields. »Wir weisen die in unserer Mitte begangenen, empörenden Verbrechen mit Verachtung von uns. Der Mörder gehört gewiß nicht nach Whitechapel.« Besonders bemerkenswert an dieser Versammlung, die damit schloß, daß sie erklärte, »kein Vertrauen zu der jetzigen Führung der Polizei zu haben«, war die große Zahl von Frauen aus East End, die gewöhnlich die Politik den Männern überließen.

Die Bittschrift der Frauen von Whitechapel mit ihren 4000 Unterschriften hatte eine interessante Folge. Toynbee Hall hatte sich mit gutem Erfolg auf »die Alten Herren von den Universitäten« stützen können, um die Petition im Schloß Windsor einzuschmuggeln und sie der Königin zur Kenntnis zu bringen. Diese Aufgabe hatte Beatrice Webbs Schwager, Leonard Courtney, ein einflußreicher liberaler Politiker, übernommen. »Ihre Majestät hat die Petition allergnädigst aufgenommen«, schrieb ein Staatssekretär im Innenministerium als Empfangsbestätigung. Doch Königin Victoria ließ es dabei nicht bewenden. Sie war von Charles Ritchie, dem Parlamentsmitglied für den Tower-Bezirk in Ostlondon über die Prüfung Whitechapels verständigt worden. Und nun ließ die Königin Pastor Barnett durch Ritchie mitteilen: »Mrs. Barnett wird eine amtliche Antwort vom Innenministerium, nicht von der Königin erhalten, daher die Trockenheit. Deshalb hat die Königin mit

[1] Sir Walter Besant tut im ersten Absatz seines Buches *East London,* das im Jahr 1889 erschien und 366 Seiten stark ist, die Ansprüche Ostlondons auf historisches Interesse mit folgenden Worten ab: »Aber bei Ostlondon besteht keine Notwendigkeit, von Geschichte zu sprechen. Diese moderne Stadt ... kennt keine Teilnahme und kein Interesse an der Vergangenheit ... es gibt keine Denkmäler, die an die Vergangenheit erinnern; ihre Geschichte ist fast eine Leere.« Die *Encyclopedia Britannica* schlägt in ihrer Ausgabe von 1959 den gleichen herablassenden Ton an. Über den Abgrund zwischen West- und Ostlondon weiß sie zu sagen: »Die beiden Gebiete sprechen die gleiche Sprache, wenn auch mit verschiedenem Akzent, und gehorchen den gleichen Gesetzen; doch im wesentlichen sind sie einander unbekannt.« Das gleiche maßgebende Werk fährt fort, von dem »Lärm und der Vulgarität, auf denen das Wesen des Cockney beruht«, zu sprechen.

mir gesprochen. Sie schien großen Wert darauf zu legen, daß die Interessierten erfahren, wie sehr sie mit ihnen fühlt.«

5

Die Morde des Rippers lösten eine Welle von Rowdytum aus, die in der Kriminalgeschichte Londons ohnegleichen war. Die Unheilstifter reichten von dem siebzehnjährigen Angestellten, der mit Hilfe eines Regenschirmgriffs die Straßenlaternen auf der Black Raven Avenue in Ostlondon auslöschte, um seine Nachbarn in Angst zu versetzen, bis zu Rohlingen, die hinter Büschen hervor alte Damen ansprangen. Eine solche alte Dame, die in »The Boltons« wohnte, beschrieb, wie ein Mann aus einem dunklen Winkel »mit einem lauten Schrei und ein Messer schwingend« herausgeschossen kam. Sie erzählte außerdem von einem jungen Mädchen, das von einem Mann verfolgt wurde, der hinter ihr herschrie: »Bleib stehen! Ich bin nicht Lederschürze.«
Auf der Cable Street wurde ein Amerikaner verhaftet, nachdem er gedroht hatte, eine Prostituierte »aufzuschlitzen«, die ihn nicht begleiten wollte. Als man ihn auf die Polizeiwache Leman Street brachte, fragte er den Inspektor vom Dienst: »Sind Sie der Boß?« Das Wort »Boß« hatte, wie man sich erinnern wird, eine fast talismanhafte Bedeutung angenommen, seit Jack the Ripper es in einem Brief benutzt hatte.
Nicht einmal in der Freistatt einer Kirche waren Frauen sicher vor Rohlingen, wie der Pfarrer von St. Mary Woolnoth in der City berichtet. Dieser Geistliche schrieb an die *Times*, daß er die Putzfrau seiner Kirche halb bewußtlos in der Sakristei gefunden habe. »Sie sagte, ein Mann sei gerade in die Kirche eingedrungen und habe, als er sie allein fand – ein Taschentuch herausgezogen und es ihr ins Gesicht geschlagen. Der starke Geruch der Flüssigkeit, mit der das Tuch getränkt worden war, blendete und betäubte sie.« Nur der Eintritt einiger Arbeiter, die das Dach ausbesserten, rettete sie vor vermutlich schlimmerem Unheil.
In Islington ging ein junger Mann in einem Manchesteranzug auf einen Polizisten zu und flehte, festgenommen zu werden. »Wenn Sie das nicht tun, werde ich noch heute nacht eine umbringen«, rief er und zog ein Taschenmesser heraus. Ein trunksüchtiger Glasbläser aus Clerkenwell prahlte in einer Kneipe damit, daß er der Mörder von Whitechapel sei. »Ich schätze, ich muß dafür an einem Stück Hanf baumeln«, sagte er fröhlich. Nicht so freundlich war der Mann, der in die Polizeiwache auf der King Street in Chelsea trat und den Verlust einer schwarzen Tasche meldete. Er blieb eine Weile und plauderte über die Morde in Whitechapel, bis er schließlich dem wachhabenden Sergeanten drohte, ihm den Kopf abzuhacken.
Nach einer Weile wurde die Reaktion der East Ender auf jede Verhaftung

1 Prostituierte in Spitalfields genießen die Sonne vor ihrem Logierhaus

2 *Punch* äußert Entsetzen und Empörung der Victorianer über die Nachlässigkeit der Polizei im Hinblick auf die Morde des Rippers

318 PUNCH, OR THE LONDON CHARIVARI. [JULY 2, 1887.

PUNCH TO THE PEELERS.

ALL honour to your management, my WARREN
  All honour to the Force you featly led!
And that honour, *Punch* opines, should not be barren
  (May he hear hereafter more upon *that* head).
'Midst the Jubilee's joyous pageantry and pother,
  (Though 'tis common of our Bobbies to make fun)
"Taking one consideration with another,"
  The Policemen's work was excellently done.

Mr. Punch from post of vantage proudly viewed them;
  They combined unshrinking toil with ready tact,
Whilst the sultry summer sunshine broiled and stewed them,
  Showing judgment when to act or not to act.
Their thin blue line kept order; firm yet kindly,
  They stood with faces flushed, but pulses cool,
Whilst the multitude around them crowded blindly,
  True type of a free people's civic rule!

By Jingo, how they worked amidst the jostle
  With steady backs and ever ready hands!
When the whistle sounded, mellow as a throstle,
  How they helped the Ambulance's helpful hands!
Fainting woman, shrieking girl, or panting 'ARRY,
  All with equal care and courtesy they served,
With ready arm to cover or to carry
  From the press where the packed people swayed and swerved.

How many lives and limbs they saved, those Peelers,
  And the Ambulance with which they worked so well,
Unless the rescued all should turn revealers,
  No record will declare, no story tell.
But *Mr. Punch's* vigilant observation
  Marked their hard toil amidst the mob's wild fun,
And, filled with genuine pride and admiration,
  He publicly awards his warm "Well done!"

3 General Sir Charles Warren, Commissioner der Metropolitan-Polizei, nimmt *Punchs* zweideutige Komplimente entgegen

THE PENNY ILLUSTRATED PAPER AND ILLUSTRATED TIMES

London: Printed and Published at the Office, 10, Milford-lane, Strand, in the Parish of St. Clement Danes, in the County of Middlesex, by Thomas Fox, 10, Milford-lane, Strand, aforesaid.

East London has a terror that must be stamped out. We illustrate on this page, and describe in another, Police-Constable Niel's discovery of murdered Mary Ann Nicholls in Buck's-row, Whitechapel, on the early morning of August the Thirty-first. The crime has so many points of similarity with the murders of the two other women in the same neighbourhood—one, Martha Turner, as recently as Aug. 7, and the other less than twelve months previously—that the police admit their belief that the three crimes are the work of one individual. All three women were of the same class, and each of them was so poor that robbery could have formed no motive for the crime. The three murders were committed within a distance of 300 yards of each other

THE WHITECHAPEL MYSTERY.

4 Die Entdeckung des ersten Ripper-Opfers

5 Der Doppelmord vom 30. September

6 Eine Reaktion des Entsetzens auf den Doppelmord

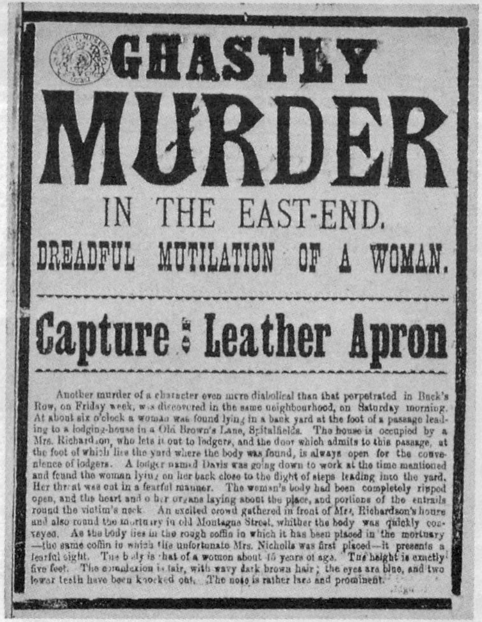

GHASTLY
MURDER
IN THE EAST-END.
DREADFUL MUTILATION OF A WOMAN.

Capture: Leather Apron

Another murder of a character even more diabolical than that perpetrated in Buck's Row, on Friday week, was discovered in the same neighbourhood, on Saturday morning. At about six o'clock a woman was found lying in a back yard at the foot of a passage leading to a lodging-house in a Old Brown's Lane, Spitalfields. The house is occupied by a Mrs. Richardson, who lets it out to lodgers, and the door which admits to this passage, at the foot of which lies the yard where the body was found, is always open for the convenience of lodgers. A lodger named Davis was going down to work at the time mentioned and found the woman lying on her back close to the flight of steps leading into the yard. Her throat was cut in a fearful manner. The woman's body had been completely ripped open, and the heart and other organs laying about the place, and portions of the entrails round the victim's neck. An excited crowd gathered in front of Mrs. Richardson's house and also round the mortuary in old Montague Street, whither the body was quickly conveyed. As the body lies in the rough coffin in which it has been placed in the mortuary —the same coffin in which the unfortunate Mrs. Nicholls was first placed—it presents a fearful sight. The body is that of a woman about 45 years of age. The height is exactly five feet. The complexion is fair, with wavy dark brown hair; the eyes are blue, and two lower teeth have been knocked out. The nose is rather large and prominent.

7 Die (übereilte) Verkündigung der Verhaftung von »Lederschürze«

8 Dorset Street, wohin sich die Polizei nur in Gruppen wagte

9 Der Mord auf dem Miller's Court

10 »Blindekuh, von der Polizei gespielt« – *Punch*

SIR CHARLES WARREN'S NEW CRIMINAL TRACKERS: MR. BROUGH'S BLOODHOUNDS BEING TRAINED.

11 Barnaby und Burgho, die irrenden Bluthunde der Polizei

12 Sir Charles Warren wieder einmal als Zielscheibe der volkstümlichen Presse

13 Victorianische Politik, beeinflußt von Unruhe und Furcht des Volkes

14 Die Küche einer Penne in Spitalfields

15 Der Schauplatz des Mordes an Mary Ann Nicholls

16 Rippers Ecke

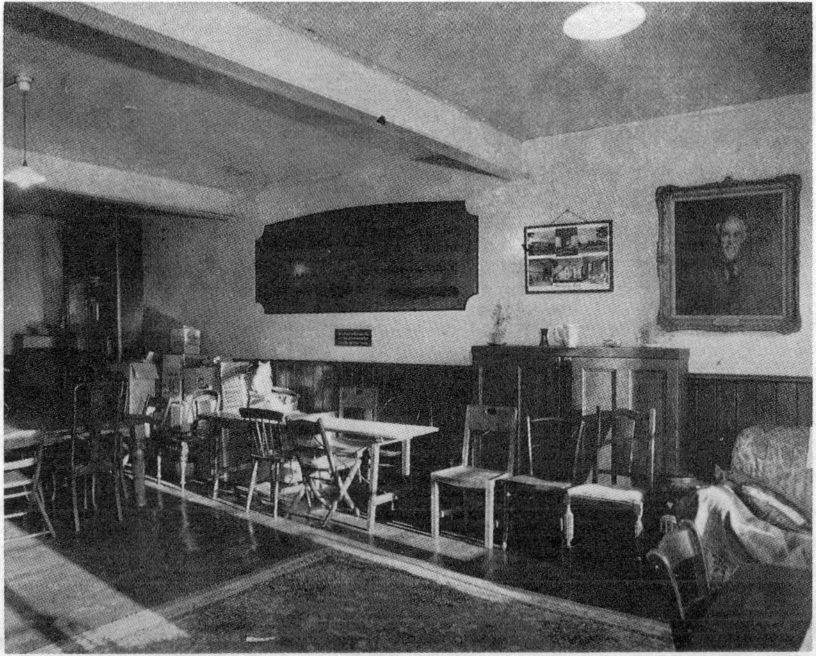

17 Das Jungarbeiter-Heim

18 Rechts auf dem Boden sitzend: Montague John Druitt

geradezu zu einem beliebig auslösbaren bedingten Reflex. So wurde beispielsweise ein Mann, der im Verdacht stand, ein Faß Öl gestohlen zu haben, von einem Polizisten in die Baker's Row hinein verfolgt, wo der Verdächtige sich der Festnahme so heftig widersetzte, daß der Konstabler um Hilfe pfeifen mußte. Auf das Schrillen der Pfeife kamen Hunderte von Leuten herbeigerannt, und es verbreitete sich die Ansicht, Jack the Ripper werde gerade verhaftet. »Männer heulten bei der Verhaftung, und Frauen kreischten«, berichtete der *East London Observer*. »Doch niemand erbot sich, dem unglücklichen Konstabler zu helfen, der zahlreiche Tritte erhielt; man gab ihm lediglich den Rat: ›Pack ihn an den Beinen!‹« Endlich traf Verstärkung ein, und der Dieb wurde zur Polizeiwache Bethnal Green gebracht.

6

Immer wieder in ihren Bemühungen enttäuscht und vereitelt, den Mörder festzunehmen, wurden die Polizeibeamten schließlich »verhaftungsscheu« und hielten nicht einmal die an, deren Verhalten wirklich Verdacht erregen konnte.

In diesem Zusammenhang erzählte der frühere Polizist Robert Clifford Spicer aus Woodford Green, Essex, dem *Daily Express* im Jahr 1931 eine bemerkenswerte Geschichte. Spicer behauptete, daß er mit 22 Jahren als uniformierter Konstabler »das Vergnügen hatte, Jack the Ripper festnehmen und zur Polizeiwache auf der Commercial Street bringen zu können, nachdem er zwei Morde begangen hatte«.

Kurz nach dem Doppelmord ging Spicer nachts 1.45 Uhr seine Runde in Spitalfields und stieß dabei auf ein schlecht zusammenpassendes Paar, das am Ende des Henage Court auf einem gemauerten Müllkasten saß. Die schäbig gekleidete Frau erkannte Spicer sofort als »Rosy«, eine der Polizei bekannte Prostituierte; doch der Mann gab ihm ein Rätsel auf. Er trug »einen hohen Hut, einen schwarzen Rock mit Seidenaufschlägen und eine goldene Uhr mit goldener Kette«, wie Spicer ihn beschrieb. Außerdem hatte er eine braune Tasche bei sich. »Als ich ihn sah, war ich schon überzeugt, daß er der Ripper sei«, erinnert sich Spicer. »Was machen Sie um diese Zeit hier?« fragte der Polizist. »Das geht Sie nichts an«, fauchte der Fremde ärgerlich. Daraufhin nahm Spicer das Paar fest.

Ihr Weg zur Commercial Street ging nicht ohne Zeugen vor sich, denn Whitechapel schläft nie. »Frauen starrten aus den Schlafzimmerfenstern, schrien und jubelten«, nach Spicers Worten, »und einige waren so aufgeregt, daß sie halbnackt auf die Straße rannten«, was ganz und gar nicht überraschend ist, wenn man daran denkt, wie viele Bordelle es in dieser Gegend gibt. Als Spicer seinen Fang in die Polizeiwache führte, welche Ruhmesträume müssen

ihm da durch den Kopf gegangen sein, daß er, ein Anfänger, den Mörder gefangen hatte, den alle Polizisten in London suchten! Gewiß nähte er sich bereits die Sergeantenlitze auf den bisher noch kahlen Ärmel.
Doch Spicers Empfang unterschied sich erheblich von dem, den er sich ausgemalt hatte. Wie es der Zufall wollte, befanden sich acht Inspektoren, alle auf den Ripper-Fall angesetzt, in dieser Nacht auf der Polizeiwache Commercial Street, und diese hohen Beamten hörten sich Spicers Bericht nun mit einem Schweigen an, das voller Skepsis war. Auf die üblichen Fragen hin erklärte der Festgenommene im Zylinder, er sei Arzt und wohne in Brixton. Als nun Rosy vernommen wurde, erklärte sie, sie habe keine Beschwerden; der Mann habe ihr zwei Schilling gegeben. Ihre Aussage schien den Fall zu klären. Die Inspektoren waren so sehr davon überzeugt, daß der Mann nicht der Ripper sei, daß sie ihn nicht einmal aufforderten, seine braune Tasche zu öffnen.
Spicer dagegen wurde, statt befördert zu werden, in ein anderes Viertel versetzt und schied fünf Monate später aus der Polizei aus. »Ich war so enttäuscht, als man dem Mann erlaubte zu gehen«, erklärte er, »daß ich keine Lust mehr zu meiner Arbeit bei der Polizei hatte.«

1

Das erste Gebot des East-End-Dschungels lautete: »Du sollst nicht singen«; das bedeutet, daß man weder »spitzeln« noch »pfeifen oder verzinken« soll, und auch sonst nicht Zeugnis gegen seinen Nächsten in Gegenwart von »Denen!« ablegen. Diese aus bitteren Scharmützeln mit dem Gesetz geborene Klassensolidarität wurde nie deutlicher als bei der Eröffnung der gerichtlichen Totenschau für Catherine Eddowes am 4. Oktober in der Leichenhalle auf der Golden Lane, bei der der Coroner der City den Vorsitz führte. Viele der Zeugen mögen Kate Eddowes verachtet haben, als sie noch am Leben war, doch nun, da sie tot war, fand sich keiner, der ein böses Wort über sie zu sagen hatte. Die Reihen schlossen sich fast sichtbar um sie zusammen.

Zum Beispiel sagte die Schwester der Eddowes, Mrs. Eliza Gold, aus, daß die Tote eine Frau von »nüchternen Gewohnheiten« gewesen sei, ein Leumundszeugnis, das Fred Wilkinson, der Vorsteher der Penne auf der Flower and Dean Street Nummer 55, wo Kate und ihr Liebhaber eine »Klappe« bezogen, wenn sie das Geld dazu hatten, scheinheilig nachsprach. Nach Wilkinsons Aussage hatte das Paar sehr gut zusammen gelebt. Die Eddowes war »sehr vergnügt«, und man konnte sie oft singen hören, diese Frau, die an fortgeschrittener Brightscher Krankheit litt. Und Kelly, der irische Marktträger, war ein Vorbild der Tugend; nie hatte man gesehen, daß er auch nur einen Tropfen trank.

Vergleicht man diese Aussagen mit der Feststellung von Major Smith, daß die Eddowes eine bekannte Prostituierte war (»Der Strich von Catherine Eddowes war nur klein ... Sie war sehr vielen Konstablern bekannt«), dann ergibt sich sofort, in welchem Maß die Schwester, Mrs. Gold, und der Wirt der Penne logen. Wilkinson mußte immerhin um seinen Unterhalt besorgt sein: Hätte er zugegeben, daß seine Mieter keine Vorbilder der Rechtschaffenheit seien, wäre er Gefahr gelaufen, daß man ihn beschuldigt hätte, ein »unordentliches Haus« zu führen; dann hätte man seine Lizenz widerrufen. Trotz der Bemühungen, ihr jetzt ein gutes Leumundszeugnis auszustellen, ist nicht zu leugnen, daß Kates Angehörige alles getan hatten, um ihr aus dem Weg zu gehen. Hätte Kate an dem letzten Nachmittag ihres Lebens, wie sie beabsichtigte, bei ihrer Tochter in Bermondsey Hilfe gesucht, dann wäre ihr Weg vergebens gewesen. Die Tochter, Mrs. Annie Phillips, war nach Southwark gezogen und vorsichtig genug gewesen, die neue Adresse nirgends zu hinterlassen, falls ihre Mutter sie suchen und um Geld bitten sollte. Mrs. Phillips berichtete den Geschworenen der Totenschau auch, daß ihr Vater, Thomas Conway, die Eddowes vor acht Jahren verlassen habe, weil sie angefangen hatte zu trinken. Die Zeugin sagte weiter aus, daß sie zwei Brüder, 15 und 20 Jahre alt, habe, deren Aufenthalt der Mutter wegen ihres Hangs zu betteln ebenfalls verheimlicht worden sei.

Thomas Conway, der jetzt als ehemaliger Soldat eine Pension bezog, war so eifrig bereit, der Polizei bei ihrer Untersuchung des Mordes an der Eddowes zu helfen, daß er zwei ganze Wochen wartete, ehe er im Präsidium der Citypolizei auf der Old Jewry Street erschien. Conway teilte der Polizei mit, daß er seine Pension vom 18. königlich-irischen Regiment unter dem Namen Thomas Quinn beziehe, damit die Eddowes ihn nicht aufspüren konnte.

Es ist übrigens gar nicht sicher, daß Conway und die Eddowes wirklich verheiratet waren. Selbst die Tochter hatte über diesen Punkt ihre Zweifel. Aber schließlich ließ man sich im East End manchmal allzuleicht auf eine Ehe ein. Der Geistliche von St. James the Great in Bethnal Green machte zum Beispiel ein gutes Geschäft mit »Sieben-Penny-Trauungen«, die man als eine Art Ulk betrachtete. Arthur Morrison beschreibt die Bräuche bei diesem Handel in seinem Buch *Child of the Jago:* »Es war einmal eine Kirche in Bethnal Green, wo man für sieben Penny getraut werden konnte, ohne daß Fragen gestellt wurden ... Man kam einfach herein, wenn möglich betrunken, zusammen mit einer Horde von einigen zwanzig und lärmte durch die Kirche, den Hut auf dem Kopf; der Geistliche aber erledigte alles in Bausch und Bogen, indem er einen Namen nach dem andern aufrief. Man sang, lärmte, trank aus der Flasche oder warf einem Freund das Gebetbuch an den Kopf, wenn einen die Lust dazu ankam; das Ganze war gar kein schlechter Spaß für das Geld, aber schließlich sind sieben Penny zwei Liter, und so etwas vergeudet man nicht.«

Ein Geistlicher, der 7500 Trauungen vorgenommen hatte, schrieb an den *Daily Telegraph,* daß zur Zeit der Ripper-Morde manche Partner so wenig füreinander geschaffen waren, »daß sie nicht einmal in der Kirche ihre nicht zusammenpassenden Temperamente zügeln konnten, sondern noch in der Sakristei anfingen, miteinander zu raufen ... Ich habe es mehr als einmal erlebt, daß Ehepaare so verderbt und unbeeindruckt von ihren ehelichen Versprechen waren, daß sie sich an ihrem Hochzeitstag öffentlich auf der Straße prügelten.«

2

Kate Eddowes wurde auf dem Mitre Square im Gespräch mit einem Mann gesehen, gerade zehn Minuten, ehe der Konstabler der Citypolizei ihre verstümmelte Leiche fand. Das sagte der nächste Zeuge aus: Joseph Lawende, ein Handelsreisender deutscher Abstammung, der erklärte, er habe den Imperial Club in der nahen Duke Street um 1.35 Uhr nachts zusammen mit zwei

Bekannten verlassen. Sie gingen die Church Passage entlang, die auf den Mitre Square führt, als ihre Aufmerksamkeit durch das Lachen einer Frau erregt wurde; sie sahen am Eingang zum Platz ein Paar stehen. Die Frau stand dem Mann gegenüber, der Lawende den Rücken halb zugekehrt hatte; sie trug eine schwarze Jacke und einen schwarzen Hut. Während er die beiden noch beobachtete, legte die Frau dem Mann eine Hand auf die Brust. »Was war das für ein Mann?« fragte der Coroner. Doch ehe Lawende noch antworten konnte, wurde er vom Cityanwalt, einem gewissen Crawford, unterbrochen, der zur Überwachung des Verfahrens erschienen war. »Wenn die Geschworenen es nicht verlangen«, erklärte Crawford, »so habe ich besondere Gründe, daß im Augenblick keine Beschreibung des Mannes mitgeteilt wird.« Der Cityanwalt wollte anscheinend verhindern, daß der Mörder seine Kleidung und sein Aussehen veränderte.

Die fehlenden Einzelheiten über die Erscheinung des Mannes wurden von Major Smith beigesteuert: Er war etwa 30 Jahre alt, 1,75 groß »mit einem kleinen blonden Schnurrbart, in Marineblau gekleidet und mit einer Jagdmütze, das ist eine Mütze, die vorn und hinten einen Schirm hat«. Die an die Citypolizei gegebene Personenbeschreibung fügte hinzu, daß er ein rotes Halstuch trug. Major Smith legte großen Wert auf diese Beschreibung, die einer der wenigen genauen Steckbriefe des Rippers sei. Der Major bemerkte: »Es war heller Mondschein, fast so hell wie am Tag, und er (Lawende) sah sie deutlich. Es waren zweifellos der Mörder und sein Opfer.«

Das Zeugnis des Handelsreisenden unterstreicht das ungeheuerliche Wagnis, das der Ripper auf sich nahm, als er den Mitre Square als Sektionssaal wählte. Er muß Konstabler Watkins' Runden beobachtet und gewußt haben, daß die Polizisten alle Viertelstunde über den Platz kamen. Und trotzdem riskierte er es in der Zwischenzeit außerdem, von späten Zechern ertappt zu werden, die wie Lawende von einem der drei Zugänge auf den Platz kamen.

William Stewart, Gebrauchsgraphiker, führte im Jahre 1938 einige faszinierende Experimente auf dem Mitre Square aus, sie zeigen sollten, wie groß das Risiko war, das der Ripper auf sich genommen hatte. Um Mitternacht begab sich Stewart in Begleitung einiger Freunde auf den Mitre Square und machte sich daran, seine Akustik zu erproben. Unter anderem zerriß er eine Schürze, um festzustellen, ob das Geräusch den Wächter im Speicher von Kearley & Tonge in der Mordnacht erreichen konnte. Er war überrascht, wie deutlich das Geräusch von einem Ende des Platzes zum andern zu hören war. Der Mitre Square wurde bei Nacht, wenn der Lärm der City erloschen war, tatsächlich zu einem wahren Resonanzkasten, der auch das leiseste Geräusch verstärkte.

3

Erst als Frederick Gordon Brown seinen Obduktionsbefund vortrug, wurde klar, in welch grausigem Maß Kate Eddowes' Leiche verstümmelt worden war: Sie war, wie der Chirurg aussagte, von einem sehr spitzen Messer geöffnet, die Eingeweide herausgezogen und über die rechte Schulter gehängt worden; dabei war ein Stück abgelöst und zwischen linken Arm und Körper gelegt worden. Die Leber war, anscheinend mit der Messerspitze, angestochen und der linke Leberlappen durch einen senkrechten Schnitt abgetrennt worden.

Das Gesicht war entsetzlich entstellt; der Mörder hatte sich sogar die Mühe gemacht, die unteren Augenlider mit dem Messer aufzuschlitzen. Das rechte Ohrläppchen war schräg durchschnitten. Auf dem Pflaster fand sich geronnenes Blut, erklärte Dr. Brown, von dem das meiste aus den stark blutenden Gefäßen der linken Halsseite stammte. Doch die Leiche war noch ganz warm, als er 2.18 Uhr morgens eintraf, wenig mehr als eine halbe Stunde, nachdem der Mord nach Schätzung der Polizei begangen worden war.

Der Chirurg teilte nun auch zum erstenmal mit, daß eins der Organe fehle. Es war die linke Niere, die geschickt herausgeschnitten worden war. Der Chirurg war der Ansicht, daß der Mörder »große Kenntnisse von der Lage der Organe in der Bauchhöhle und der Möglichkeit, sie zu entfernen«, besitze – insbesondere Kenntnisse von der Lage der Niere, die mit einer Membrane bedeckt ist und daher leicht übersehen wird. Abschließend sagte Dr. Brown aus, er sei überzeugt, daß es nicht zu einem Kampf gekommen sei; deshalb werde man wohl nur sehr wenig Blut an der Person des Mörders finden.

Dieser Ansicht über die anatomischen Kenntnisse widersprach George Sequeira leidenschaftlich; er war der erste Mediziner, der auf der Mordstätte eintraf; auch Dr. William Sedgwick Saunders, medizinischer Gesundheitsbeamter, wies sie zurück; er war bei der Obduktion anwesend gewesen. Diese beiden Mediziner vertraten die Ansicht, daß die Verstümmelungen keine besonderen chirurgischen Kenntnisse bewiesen.

Es dauerte nicht lange, bis das fehlende Organ auftauchte. Dienstag, den 16. Oktober, erhielt George Lusk, Vorsitzender des Sicherheitsausschusses Whitechapel, durch die Post ein Päckchen mit widerlichem Inhalt. Es war ein Pappkasten, der, wie es schien, einen Teil einer Niere enthielt; der beigefügte Brief lautete: »Aus der Hölle, Mr. Lusk, Sir, sende ich Ihnen die Hälfte der Niere, die ich einer Frau entnahm; ich konservierte sie für Sie, das andere Stück habe ich gebraten und gegessen; war recht gut. Vielleicht schicke ich Ihnen auch das blutige Messer, mit dem ich die Niere für Sie herausgeschnitten habe, wenn Sie nur noch ein wenig warten. Fangen Sie mich, wenn Sie können, Mr. Lusk.«

Aus einem unbekannten Grund neigte die Presse dazu, diesen Punkt geringschätzig abzutun. Vielleicht hatte sie sich die Finger schon zu oft am Ripper-Fall verbrannt. Vielleicht war sie über Sir Charles Warren verärgert. Doch welche Gründe sie auch gehabt haben mag, ihre Einstellung war nun skeptisch. »Die Niere war die eines Hundes«, schrieb ein Journalist, »der Witz eines Medizinstudenten«, erklärte ein zweiter, der die Ansicht vertrat, die Niere stamme von einer zum Sezieren benutzten Leiche.

Major Smith von der Citypolizei scheint kaum Zweifel über die Herkunft der Niere gehabt zu haben; trotzdem schickte er sie Dr. Openshaw, dem Pathologen und Kustos der anatomischen Sammlung des London Hospitals, mit der Bitte, sie zu analysieren. In seinem Gutachten bezeichnete Dr. Openshaw den grausigen Gegenstand als das Stück einer menschlichen Niere und erklärte, es sei wenige Stunden nach der Herausnahme in Spiritus gelegt worden. Außerdem sei es eine »Alkoholniere«, wie der Pathologe erklärte, womit er meinte, daß der Mensch, von dem sie stammte, ein schwerer Alkoholiker gewesen sei. Sie gehöre einer etwa 45 Jahre alten Frau, deren Leiche sie innerhalb der letzten drei Wochen entnommen worden sei, schloß er.

Als entscheidendes Argument gab Major Smith selbst noch an, daß die Nierenarterie drei Zoll lang sei, von denen sich zwei Zoll in der Leiche der Catherine Eddowes fanden, während das Mr. Lusk zugesandte Nierenstück einen Zoll von dieser Nierenarterie aufwies. Major Smith setzte hinzu: »Die in der Leiche verbliebene Niere befand sich in einem fortgeschrittenen Stadium der Brightschen Krankheit. Die mir zugesandte Niere befand sich im gleichen Stadium.«

Der Meisteranatom selber beobachtete diese Vorgänge mit sichtlicher Freude. »Alter Boß«, schrieb er an Major Smith, »haben Sie gesehen, wie der Teufel mit Mikroskop und Skalpell eine Niere auf dem Objektträger anguckte?« Zur selben Zeit schien er dagegen ein wenig ärgerlich auf Mr. Lusk zu sein, weil der mit der Niere zu Major Smith gelaufen war. »Sagen Sie mal, Boß, Sie scheinen ja sehr erschrocken zu sein«, kritzelte er auf eine Postkarte an Lusk. »Ich schätze, ich sollte Ihnen mal richtige Angst einjagen, aber ich habe nie lange genug Zeit, so daß Ihr Spielzeug Polizistenspiele mit mir treiben könnte, aber ich hoffe, Sie mal zu sehen, wenn's nicht allzu eilig ist. Leben Sie wohl, Boß[1].« Das klingt, als stammte es von einem Mann, der von seinem Dämon durch die Hölle gejagt wird.

[1] Die in diesem Abschnitt (3) zitierten Schriftstücke, von denen die Postkarte ohne Fehler ist, weisen Rechtschreibungsfehler auf, die sehr willkürlich wirken. Vgl. auch nächsten Abschnitt. (Anm. d. Ü.)

Es wird gut sein, hier ein paar Worte über die umfangreiche Korrespondenz im Zusammenhang mit den Ripper-Morden zu sagen. In einem einzigen Monat erhielt allein Scotland Yard 1400 Briefe, die sich auf diesen Fall bezogen, und die Briefe mit falschen »Geständnissen« und Anklagen liefen viele Jahre lang in einem allmählich versiegenden, doch nie unterbrochenen Strom ein[1]. Hier wollen wir uns jedoch auf die etwa hundert Briefe beschränken, die während der Mordzeit geschrieben, mit »Jack the Ripper«, »The Ripper« oder einfach »Jack« unterzeichnet wurden und vorgaben, von dem Mörder selbst zu stammen. Die Mehrzahl davon schrieben natürlich Irre oder Leute, die sich einen Scherz machen wollten. Es ist eine bekannte Tatsache, daß jeder anonyme Briefschreiber Dutzende von Nachahmern auf den Plan ruft, und der größte Teil dieser Korrespondenz ist nichts als ein blasser Abklatsch von dem originalen Jack und nicht von der Handschrift des echten Jack.

Die Polizei faßte eine Fälscherin in Bradford. Es war die einundzwanzigjährige Maria Coroner, die die *Times* als »eine achtbar aussehende junge Frau« bezeichnete und die als Mantelnäherin beschäftigt war. Maria stand vor dem Gericht in Bradford unter Anklage, sie habe zwei Briefe mit der Unterschrift »Jack the Ripper« geschrieben und es damit »unternommen, Landfriedensbruch zu begehen«. Einer der Briefe, der verkündete, daß der Ripper in Bradford eingetroffen sei, um sich dort »ein wenig zu betätigen«, wurde an den Polizeidirektor, der andere an eine Lokalzeitung geschickt. Marias Verteidigung: Es sollte nur ein Scherz sein.

Der bei weitem wichtigste Brief ist der erste mit dem Poststempel »27. September« an die Zentrale Nachrichtenagentur, in dem der Schreiber mitteilte, er sei »auf Huren heruntergekommen«, habe die Absicht, Morde zu begehen, und den er zum erstenmal als »Jack the Ripper« unterschrieb.

Doch selbst dieser Originalbrief war nach Ansicht von Sir Robert Anderson, dem Chef der Kriminalabteilung in Scotland Yard, eine Fälschung. In seinen Erinnerungen, die Sir Robert Anderson Jahre nach diesen Ereignissen aufzeichnete, nannte er den Brief »die Schöpfung eines unternehmungslustigen Journalisten«. Er fühle sich, wie er hinzusetzte, versucht, den Journalisten zu nennen, »doch ein solches Vorgehen erbrächte keinerlei Nutzen für die Öffentlichkeit und würde die Traditionen meiner Abteilung schädigen«. Wenn der Brief, wie Sir Robert Anderson behauptete, wirklich eine Fälschung war, dann ist doch Scotland Yard darauf hereingefallen, denn der Brief wurde auf Hunderten von Handzetteln und Anschlägen der Polizei im Faksimile

[1] Der letzte Brief, den ich aufspüren konnte, war der bereits genannte, den ein ehemaliger Grobschmied in Worthing im Februar 1959 an *Reynolds News* richtete und in dem er seinen Vetter Frank als den Mörder bezeichnete.

wiedergegeben und in ganz London verteilt. Überdies nahm der Brief einen Ehrenplatz im »Schwarzen Museum« von Scotland Yard ein, in dem viele Jahre lang kriminalistische Kuriositäten ausgestellt wurden und wo der Brief in einem Glaskasten gleich links von der Tür lag.

Aber war dieser Brief wirklich eine Fälschung? Die Antwort scheint mir in dem Brief selbst enthalten zu sein. Wenn man beispielsweise zeigen könnte, daß er Mitteilungen enthielt, die nur dem Mörder bekannt sein durften, dann würde das den Brief als authentisch erweisen – das heißt, daß er von dem echten Ripper geschrieben sein mußte. Aber enthielt er solche Mitteilungen? Wir wollen uns den Brief daraufhin ein wenig genauer ansehen. »*Bei der nächsten Sache, die ich mache, werde ich der Dame die Ohren abschneiden und sie an die Polizei schicken, bloß zum Spaß, nicht wahr?*« schrieb der makabre Witzbold.

Nun wurde, wie wir bereits sahen, der Mörder auf der Berner Street von der Ankunft Louis Diemschutz' mit seinem Pferdekarren unterbrochen. Wurde ihm dadurch die Erfüllung des Versprechens, »der Dame die Ohren abzuschneiden«, unmöglich gemacht? Suchte sich der Ripper, um dieses prahlerische Versprechen der Polizei gegenüber zu erfüllen, ein zweites Opfer in dieser Nacht und schlug dabei jede Vorsicht in den Wind? Der Mord an Catherine Eddowes wirkt tatsächlich ungeplant; das würde erklären, daß der Mörder die Gefahr, auf frischer Tat gefaßt zu werden, auf sich nahm.

Frederick G. Brown, der die Obduktion an Catherine Eddowes vornahm, sagte aus, daß »das rechte Ohrläppchen schräg durchschnitten war«; das weist darauf hin, daß der Mörder versucht hatte, das der Polizei gegebene Versprechen zu halten. Doch auch hier scheint er gestört worden zu sein. Vielleicht war es der schwere Tritt von Konstabler Watkins, der sich auf seiner Runde näherte, vielleicht aber auch die Stimmen von Lawende und seinen Begleitern, die den Imperial Club auf der Duke Street verließen und damit den Mörder veranlaßten, von seinem höllischen Werk abzusehen.

Damit kommen wir zu der Postkarte vom 30. September mit der Unterschrift »Jack the Ripper«, die die gleiche Hand wie der erste Brief aufweist. »Ich habe Sie nicht gefoppt, lieber alter Boß, als ich Ihnen den Tip gab. Sie werden morgen über das Werk des unverschämten Jack hören. Diesmal ein Doppelereignis. *Nummer eins quiekte ein wenig.* Konnte sie nicht sofort fertigmachen. *Hatte keine Zeit, die Ohren für die Polizei zu nehmen.* Vielen Dank, daß Sie den letzten Brief zurückgehalten haben, bis ich wieder an der Arbeit war« (Hervorhebung von mir). Wir erwähnten bereits, daß diese Postkarte, die Beweise dafür enthält, daß sie in Eile geschrieben wurde, am 30. September, einem Sonntag, zur Post gegeben wurde und daß bis dahin noch nichts über den Doppelmord in der Presse erschienen war.

Man beachte, daß der Schreiber den Inhalt des früheren Briefes genau kennt, der nicht veröffentlicht worden war. Er nimmt tatsächlich einen wahnsinnigen

Monolog wieder auf, der durch eine Mordserie unterbrochen worden war. Nur der Mörder von Whitechapel konnte wissen, daß ein Versuch unternommen worden war, »der Dame die Ohren abzuschneiden«. Deshalb muß der Mörder von Whitechapel und dieser Schreiber ein und dieselbe Person sein. Die Mitteilung, daß Elizabeth Stride »ein wenig quiekte«, ist als Zugabe angefügt worden. Ihr Quieken wäre höchstwahrscheinlich von dem Gemeindegesang im Internationalen Arbeiterbildungsverein auf der Berner Street übertönt worden; den Gesang haben mehrere Zeugen zur Mordzeit gehört, wie sie bei der Totenschau aussagten.

5

Ich bin dem faszinierenden Buch von Donald McCormick über Jack the Ripper für Informationen verpflichtet, die sich mit der eingehenden Analyse der Briefe des Rippers von Dr. Thomas Dutton beschäftigen. Dr. Dutton, der zur Zeit der Morde in Whitechapel 32 Jahre alt war und in Westbourne Villas, Bayswater, lebte, war ein guter Freund von Inspektor Abberline von Scotland Yard, mit dem er die Morde häufig besprach. (Dr. Duttons Haushälterin war der Ansicht, daß er bei der Obduktion eines der Ripper-Opfer assistiert habe, doch darüber finde ich nirgends einen Bericht.) Als der Arzt im Jahr 1935 im Alter von 79 Jahren starb, hinterließ er drei Bände handschriftlicher »Verbrechenschroniken«, die er aus einem Zeitraum von 60 Jahren zusammengetragen hatte. Aus diesen Bänden bezog McCormick, ein Londoner Journalist, viel Material für sein Buch *The Identity of Jack the Ripper*. Bereits vor den Morden in Whitechapel hatte sich Dr. Dutton eifrig mit der Mikrofotografie beschäftigt und gehörte zu den führenden Persönlichkeiten in der Mikroskopischen Gesellschaft von Chichester und West Sussex; diese Spezialkenntnisse wandte er auf die Untersuchung der Korrespondenz des Rippers an.
Dr. Dutton stellte Mikrofotografien von 128 Einzelstücken der »Jack-the-Ripper«-Korrespondenz her, die an die Polizei, die Zentrale Nachrichtenagentur und an einzelne gesandt worden war. Unter diesen befanden sich seiner Überzeugung nach mindestens 34 Stücke mit gleicher Handschrift[1]. Nach Dr. Duttons Ansicht war Jack the Ripper kein geschickter Schriftfälscher; er beging den Fehler, seine Buchstaben C, H, R und T auf vielerlei Art zu schreiben, während ein erfahrener Fälscher sich mit wenigen Variationen begnügt hätte. »Möglicherweise wollte er, daß die Polizei glaubte, es seien nicht all seine Briefe von der gleichen Person geschrieben worden. Falls das der Fall ist, gelang es ihm tatsächlich, einige der Beamten zu täuschen.« Dr. Dutton wirft der Polizei vor, sie habe die Briefe nicht genügend beachtet: »Sie (die

[1] Nicht alle von Dr. Dutton geprüften Schriftstücke waren in Prosa abgefaßt. Typisch für Jacks Verskunst ist die unten abgedruckte Moritat. Man beachte die Erwähnung

Polizeibeamten) nahmen an, daß mehrere Fälscher am Werk seien, und hielten deshalb jeden neuen Brief, jede Warnung für bedeutungslos.«
In der Analyse der 34 Briefe, die Dr. Dutton als echt betrachtete, merkt er an, daß die Handschrift bisweilen verstellt war, damit sie wie die eines völlig Ungebildeten erschien, bei andern Gelegenheiten dagegen war es die saubere Schrift eines Büroangestellten. Das gleiche gilt für die Sprache, die mitunter von Slangausdrücken und solch selbstbewußten Amerikanismen wie »Boß« strotzte. Manchmal schrieb Jack ein Wort absichtlich falsch wie »Juden« (*Juwes* statt *Jews*), das er auf der Goulston Street an die Wand gekritzelt hatte; doch bei andern Gelegenheiten wiederum wurde das Wort richtig geschrieben. (Dr. Dutton behauptet übrigens, er habe auf Bitten der Polizei die Schrift an der Wand fotografiert; er war also in der Lage, sie mit der Handschrift der Briefe zu vergleichen.)
Daß der Ripper zwischen den Morden ständig unterwegs war, zeigt sich daran, daß Dr. Dutton zwei Briefe aus Liverpool und einen mit dem Poststempel Glasgow als von der gleichen Hand stammend identifizierte wie der erste Brief. Der erste Brief aus Liverpool war der vom 29. September, der die Minories erwähnte. Interessant wird er natürlich erst dadurch, daß der Mitre Square den Minories nahe liegt. Wenn sich der Schreiber auch um ein, zwei

Gladstones, dessen Bemühen der himmelschreiende Skandal des Tages gewesen war, sowie die Kenntnis des East End, die sich in der Nennung des Henage Court zeigt:

Eight little whores, with no hope of heaven,
Gladstone may save one, then there'll be seven.
Seven little whores begging for a shilling,
One stays in Henage Court, then there's a killing.

Six little whores, glad to be alive.
One sidles up to Jack, then there are five.
Four and whore rhyme aright, so do three and me.
I'll set the town alight, ere there are two.

Two littler whores, shivering with fright,
Seek a cosy doorway, in the middle of the night.
Jack's knife flashes, then there's but one.
And the last one's the ripest for Jack's idea of fun.

Wörtliche Übersetzung: Acht kleine Huren ohne Hoffnung auf den Himmel, / Eine, die mag Gladstone retten, da sind es nur noch sieben. / Sieben kleine Huren betteln um einen Schilling, / Die eine bleibt in Henage Court, dann gibt es dort 'nen Mord. / Sechs kleine Huren, die sich des Lebens freun, / Die eine macht sich ran an Jack, da sind es nur noch fünf. / Vier und Hure reimt sich gut, das tut auch drei und ich. / Ich setze eh'r die Stadt in Brand, eh' es zweie sind. / Zwei kleine Huren, schaudernd vor Angst, / Suchen 'nen hübschen Hausflur mitten in der Nacht. / Jacks Messer blitzt, da ist es nur noch eine. / Und die letzte ist die reifste für Jacks Vorstellung von Spaß.

Tage im Datum seines nächsten Mordes geirrt hat, so würde man ja ohnehin nicht erwarten, daß er das Verbrechen genau vorher festlegt, wie man auch nicht erwartet, daß er Scotland Yard vorher genau über Ort und Zeit des nächsten Mordes unterrichtet.

Der zweite Brief aus Liverpool nannte eine Adresse auf der Prince William Street und erklärte einfach: »Was für Narren die Polizisten sind! Ich nenne ihnen sogar die Straße, wo ich wohne.« Aus Glasgow schrieb Jack: »Ich glaube, ich benutze mein hübsches scharfes Messer nicht mehr. Zu schade für Huren. Bin hierhergekommen, um mir einen schottischen Dolch zu kaufen. Ha! Ha! Der wird ihnen die Eierstöcke hochkitzeln.« Dr. Dutton setzt hinzu: »Das einzige Organ, das aus einem Opfer des Rippers entfernt und in der Presse erwähnt wurde, war die Niere. Wenn die Ovarien auch in einem Fall aus der Leiche herausgeschnitten worden waren, sprach die Presse doch nur von der Entfernung ›eines bestimmten Organs‹.«

Schließlich erklärten die Victorianer die Ripper-Korrespondenz insgesamt als Fälschungen anonymer Briefschreiber; die Polizei neigte dazu, dieser Ansicht zuzustimmen. Donald McCormick bemerkt dazu: »Unbewußt äußerte sich der psychologische Standpunkt der Victorianer, das heißt, sie konnten sich keinen Wahnsinnigen vorstellen, der einen Witz über seine Verbrechen machte. Ein Geisteskranker, so argumentierten sie irrigerweise, müsse eine Person ohne Humor sein[1].«

6

Catherine Eddowes alias Kate Conway alias Kate Kelly wurde Montag, den 8. Oktober, nachmittags begraben, und die Beerdigung hatte etwas von einem Staatsbegräbnis an sich. Bis ein Uhr hatten sich nicht mehr als einige zwanzig Leute vor der Cityleichenhalle auf der Golden Lane versammelt, doch eine Viertelstunde später war die Zahl bereits auf mehrere hundert angewachsen, da es für städtische Beamte und Büroangestellte Tischzeit war.

Mittlerweile war die Leiche der Eddowes in einen Sarg aus poliertem Ulmenholz mit eichenen Zierleisten und schwarzen Beschlägen gelegt worden, den ein Begräbnisunternehmer von der nahen Banner Street gestiftet hatte und der eine Metallplatte mit Inschrift aufwies: »Catherine Eddowes, gestorben am 30. September 1888 im Alter von 43 Jahren.« Der Sarg wiederum wurde in einen offenen gläsernen Leichenwagen gestellt, von einem Paar Pferde gezogen und von einer starken Abteilung der Citypolizei unter Führung von Kommissar Foster bis an die Grenze der City von London eskortiert, wo die Metropolitanpolizei unter dem Befehl von Inspektor Barnham den Begleitschutz übernahm. Die Ironie dabei war nur, daß die gleiche Citypolizei, die

[1] Donald McCormick *The Identity of Jack the Ripper* London 1959.

der toten Frau jetzt Ehre erwies, sie vor einer Woche wegen »Trunkenheit und ungebührlichen Benehmens« festgenommen hatte. Der Eddowes folgten ihre vier Schwestern zum Grab, alle schwarz gekleidet, und der Mann, mit dem sie gelebt hatte, John Kelly. (Die Presse erwähnte weder die Tochter Annie noch Thomas Conway alias Thomas Quinn, den zurückhaltenden pensionierten Soldaten, und seine beiden Söhne, obwohl diese der Beerdigung vielleicht doch beigewohnt haben könnten.) In einer dritten Kutsche fuhren Zeitungsreporter.

Der Leichenzug bewegte sich an St. Mary, Whitechapel, vorüber und die Mile End Road entlang, wo die Bürgersteige fünf Glieder tief mit Zuschauern besetzt waren, und weiter durch Bow und Stratford-atte-Bow. »Viele Zuschauer entblößten das Haupt, als der Leichenwagen vorüberfuhr«, berichtete der *East London Observer.* »Auf dem ganzen Wege äußerte sich tiefes Mitgefühl für die Angehörigen.« Auf dem Friedhof von Ilford hatten sich fast 500 Menschen versammelt, um die Beerdigung mitzuerleben. Der Gottesdienst wurde von Ehrwürden T. Dunscombe, dem Friedhofskaplan, gehalten und war kurz; der Mord wurde nicht erwähnt.

In auffallendem Gegensatz dazu wurde Elizabeth Stride so rasch und heimlich wie möglich in einem Armengrab verscharrt.

1

»In der langen Geschichte des Verbrechens ist es sehr, sehr selten geschehen, daß eine Frau einen Menschen verraten hat, der bei ihr Zuflucht suchte«, schreibt Mrs. Belloc Lowndes in ihrem Roman *The Lodger* (Der Untermieter), der Jack the Ripper behandelt. »Bisher lasteten der Frau, vielleicht weil sie mehr Untertanin als Bürgerin ist, die Pflichten als Bestandteil der zivilisierten Gesellschaft nur leicht auf den Schultern.« Mrs. Lowndes bietet diese seltsame, fast orientalische Begründung als Erklärung dafür an, daß die Heldin ihres Buches, eine Vermieterin, sich deshalb nicht dazu verstehen kann, ihren Untermieter, Mr. Sleuth, den sie im Verdacht hat, ein Massenmörder zu sein, der Polizei zu übergeben. Mr. Sleuth wird als religiöser Fanatiker gezeichnet, der die Tage damit verbringt, über die Bibel zu brüten, eine Wortkonkordanz daneben, und die Nächte damit, daß er durch die Straßen Londons streift auf der Suche nach Frauen, an denen er Gottes Rache üben kann. An die Röcke seiner Opfer steckt er nach der Tat ein dreieckiges Stück Papier mit der Aufschrift »Der Rächer«, die in Druckbuchstaben mit roter Tinte geschrieben war[1].

Mrs. Lowndes stand nicht allein da mit ihrer Überzeugung, daß Jack the Ripper nicht unter dem zerlumpten Gesindel der Pennen zu finden sei. Auch andere waren der Ansicht, daß sich der Ripper im Schoß einer achtbaren Familie verbarg, die ihn als zahlenden Gast vertrauensvoll aufnahm.

Beispielsweise pflegte sich der Maler Walter Sickert Einladungen zum Essen mit der Geschichte zu verschaffen, daß er einmal die gleiche Bude in Nordlondon bewohnt habe, in der früher der Ripper hauste. Er wisse genau, wer der Mörder gewesen sei, erzählte er Sir Osbert Sitwell, nämlich ein schwindsüchtiger Veterinärstudent, der zu nächtlichen Streifzügen neigte. »Der Vermieter und seine Frau hörten ihn gegen sechs Uhr morgens heimkommen und dann ein, zwei Stunden in seinem Zimmer umherwandern, bis die erste Ausgabe der Morgenzeitung zu haben war; dann schlich er sich die Treppe hinunter und lief zur Ecke, um sie zu kaufen. Ruhig kam er dann zurück und ging zu Bett; doch als der Alte ihn eine Stunde später rief, bemerkte er an

[1] Der Roman, der 1913 veröffentlicht wurde, sollte nicht nur Mrs. Lowndes ein Vermögen einbringen, sondern auch mehreren Filmgesellschaften, die Zelluloidfassungen davon herstellten. Daß Mrs. Lowndes den Ripper als einen religiösen Zeloten darstellt, begründet ihre Tochter, Mrs. Susan Lowndes Marques, in einem Brief aus Estoril, Portugal, so: »Meine Mutter hatte eine bestimmte Handlung im Kopf, und ich meine, plötzlich fiel ihr dieser Wesenszug als einleuchtende Begründung dafür ein, daß jemand zum Mörder wird. So ging es ihr auch bei andern Romanen, etwa bei *Letty Lyton*, der sich auf den Fall von Madeleine Smith stützt.«

den Spuren im Kamin, daß sein Untermieter den Anzug verbrannt hatte, in dem er in der Nacht ausgegangen war[1].« Ehe sich die Wirtsleute entschließen konnten, die Polizei zu verständigen, hatte sich der Gesundheitszustand des Untermieters plötzlich so sehr verschlechtert, daß seine Mutter, eine Witwe aus Bournemouth, gekommen war, um ihn nach Haus zu holen. Von diesem Augenblick an hörten die Morde auf.

Sickert kritzelte den Namen des Untermieters mit Bleistift an den Rand eines Exemplars von Casanovas *Memoiren*, das Sitwell gehörte, doch als Sir Osbert Sitwell nach der Notiz suchte, stellte er fest, daß das Buch bei den Luftangriffen vernichtet worden war[2]. Der Maler erzählte Max Beerbohm offensichtlich die gleiche Geschichte, denn in einem der Notizbücher Beerbohms, die im Dezember 1960 bei Sotheby versteigert wurden, hatte er hinter Sickerts Namen geschrieben: »Das Äußerste an Raffinesse.« Ein langer Pfeil führte von dort zu einer Randnote: »Liebt Schmutz. Wohnte im Haus von Jack the Ripper.«

2

Mittlerweile waren fast sechs Wochen vergangen, ohne daß Jack the Ripper etwas von sich hören ließ. Die dunklen Höfe und Gassen von Whitechapel waren nicht mehr die Bühne des Grand Guignol. Die friedlichen Bürger wurden nicht mehr vom Schrillen der Polizeipfeifen oder dem grausigen Ruf »Mord!« aus dem Schlaf gerissen. Hatte der Ripper sein letztes Verbrechen begangen? Oder lag er nur auf der Lauer und wartete eine günstige Zeit ab, um zuzuschlagen? Die Londoner wußten es nicht. Sie wußten nur, daß er sich anscheinend verkrochen hatte; infolgedessen atmeten sie wieder freier, und die Leute, die ostwärts von Aldgate wohnten, trauten sich nachts wieder auf die Straße.

Und als es schon so schien, als ob die ganze Geschichte nichts anderes gewesen wäre als ein schrecklicher Alptraum, las man in der Pariser Ausgabe des *New York Herald* vom 7. November 1888: »Eine Frau, die diese Nacht auf dem Boulevard de la Chapelle niedergestochen wurde, erklärte, ein Mann habe sie überfallen und mit einem Messer gestochen; dabei habe er gesagt, er sei ›Jack the Ripper‹ und habe bereits zehn Frauen in London und zwei in Paris getötet. Er werde für irrsinnig gehalten und befinde sich noch in

[1] Sir Osbert Sitwell *Noble Essences*, der fünfte und letzte Band seiner Autobiographie *Left Hand, Right Hand* London 1950.

[2] Als ich Sir Osbert Sitwell zu jener Zeit schrieb und ihn um Sickerts Adresse bat, erwiderte Sir Osbert, er könne sich nicht erinnern. Sein Bruder Sacheverell schrieb jedoch: »Mr. Sickert wohnte im Mornington Crescent, London NW. Die Hausnummer weiß ich nicht.«

Freiheit.« Es war wie das ferne Grollen des Donners, das ein herannahendes Gewitter ankündigt.

Denn nun überstürzten sich die Ereignisse; während sie Jack the Ripper auf den Höhepunkt seiner blutigen Laufbahn führten, brachten sie seinen Gegner Sir Charles Warren zu Fall. Allzubald sollten die Londoner Zeugen eines der gemeinsten Morde in der britischen Kriminalgeschichte werden. Im Gegensatz zu den bisherigen Morden in Whitechapel sollte dieser einen geradezu ritualistischen Charakter annehmen. Handelte der Ripper wirklich völlig frei? Bisweilen gewinnt man den Eindruck, er sei ein Akteur in einem urtümlichen Drama, dessen priesterliche Bedeutung sich im Lauf der Zeit verdunkelt hat, wenn nicht gar völlig unverständlich geworden ist. Seltsamerweise war die andere tragende Gestalt in diesem Drama kein anderer als der erwählte Lord Mayor von London. Diese beiden, die kainähnliche Gestalt mit dem Messer und der Lord Mayor in seinen zobelbesetzten Gewändern, erhalten eine fast archetypische Bedeutung – wie Gog und Magog, oder wie die Jungfrau und der erste Solist unter den Knabenstimmen in einer Weihnachtspantomime.

Zufällig war James Whitehead, der erwählte Lord Mayor, auch vor der Wahl schon eine bedeutende Persönlichkeit. Als Kaufmann aus Bradford hatte er seinen Weg in die City gefunden und war bekannt für seine Wohltätigkeit und sein Interesse an Gefängnisreformen. Er war Vorsitzender des Vereins zur Betreuung jugendlicher Verbrecher und Begründer einer Stiftung zugunsten der hauptstädtischen Krankenhäuser. Als Liberaler der Richtung Gladstone und Befürworter der Selbstregierung in Irland war er ein Gegner der Tory-Regierung, vor allem wegen der irischen Frage.

Es ist also geradezu ein Symbol, daß wir es mit diesem Alderman Whitehead zu tun haben. Es läßt sich ohnehin kaum etwas vorstellen, was von prächtigerer Symbolik wäre als das Amt des Lord Mayors, das auszufüllen Alderman Whitehead gewählt worden war. Der Ursprung dieses Amts lag im dreizehnten Jahrhundert. So war zum Beispiel Whiteheads symbolische Stellung als Lord Mayor nur die eines Earls; doch innerhalb der magischen Quadratmeile, die als City bekannt ist, hatte er Vortritt vor jedem Untertan der Krone, die Mitglieder der königlichen Familie nicht ausgeschlossen.

Die Riten bei der Wahl eines Lord Mayors sind ebenso festgelegt und streng wie die bei der Sukzession eines Oberpriesters der Diana in Aricia. Sie erreichen ihren Höhepunkt am 9. November, wenn der neue Lord Mayor vom Lord-Oberrichter im Gerichtshof im Strand vereidigt wird. Mit diesem prunkhaften Festzug, bekannt als »Lord Mayor's Show«, werden wir es gleich zu tun haben. Denn Jack the Ripper entschloß sich, sein letztes und auffälligstes Verbrechen bei diesem pomphaften Fest zu verüben. Des Verbrechens erinnerte man sich noch lange, nachdem die Lord Mayor's Show von 1888 und der Lord Mayor selbst vergessen waren.

3

Sir Charles Warren sah sich plötzlich in ernsten Schwierigkeiten wegen eines Artikels, den er für *Murray's Magazine* ohne vorherige Genehmigung seines unmittelbaren Vorgesetzten, des Innenministers, geschrieben hatte. Mit diesem Artikel gelang Sir Charles Warren die scheinbar unlösbare Aufgabe, all seine Feinde zu vereinigen und dazu noch viele seiner Freunde und Gönner in deren Lager zu treiben. Vor allem machte er sich die Liberalen Gladstones, die im Parlament in der Opposition saßen, zu Gegnern.
Warren malte ein abstoßendes Bild von London als einer Stadt in den Krallen »eines Pöbels, von rastlosen Demagogen zu krampfhaften Handlungen aufgereizt«, und schrieb: »Es ist beklagenswert, daß die einander folgenden Regierungen nicht den Mut hatten, dem lärmenden Teil dieser Leute entgegenzutreten, und *es ist noch bedauerlicher, daß ehemalige, jetzt in Opposition befindliche Minister nicht gezögert haben, die, die heute die Macht ausüben, dadurch in Verlegenheit zu setzen, daß sie den aufsässigen Pöbel lächelnd ermuntern* (Hervorhebung von mir) ... Wenn wir die Geschichte unseres Jahrhunderts untersuchen, werden wir finden, daß Pöbel und Gesindel bis zum Jahr 1886 entscheidenden Einfluß auf die Geschicke Londons ausübten.« Im Jahr 1886 übernahm, wie wir uns erinnern, Sir Charles Warren die Leitung der Metropolitanpolizei.
Die Schwierigkeit mit den Londonern war nach Sir Charles Warrens Ansicht die, daß sie in ihrer Einstellung zur Polizei inkonsequent waren. »Diese wankelmütige Haltung der Polizei gegenüber gefährdet die Disziplin der Mannschaften und ermutigt den Pöbel zu Unordnung und Eigentumsvergehen.« Der Polizeichef war der Ansicht, daß man diese Dinge auf dem Kontinent weit besser handhabe. »Jenseits des Kanals sind die Polizeikräfte Herren der Situation«, schrieb er mit kaum verhohlener Bewunderung. »Das Publikum unterwirft sich ihnen, und die Presse wagt es nicht, ihr Vorgehen zu diskutieren, ihre Fahndungen zu stören und zu behindern oder die Ergebnisse zu veröffentlichen.«
Das schwerste Geschütz aber hob sich Warren bis zuletzt auf. Im August hatte er, wie wir uns erinnern, den Rücktritt von James Monro als Chef der Kriminalpolizei erzwungen. Er hatte das getan, indem er sein eigenes Rücktrittsgesuch dem Innenminister auf den Schreibtisch legte und dabei das Ultimatum stellte: »Entweder geht Monro, oder ich gehe.« Bei dieser Gelegenheit hatte Warren gesiegt, doch Innenminister Matthews beriet sich insgeheim weiter mit Monro über Angelegenheiten der Polizei, auch über die Organisation der Kriminalabteilung selbst. Warren wußte von diesen Hintertreppenberatungen, und das wurmte ihn.
Zwischen dem Chef der Metropolitanpolizei und dem der Kriminalabteilung hatte immer eine klare Gewaltenteilung bestanden – die beiden Dienststellen

waren völlig voneinander getrennt. Warren sicherte sich nun den Supremat auch über den Kriminalchef. »Es war selbstverständlich beabsichtigt, daß er dem Polizeichef unterstellt sein sollte, und jeder, der auch nur ein wenig von polizeilichen Aufgaben versteht, muß wissen, daß Polizeiarbeit nicht wirksam unter zwei voneinander unabhängigen Leitern getan werden kann.« Eine solche Behauptung von einem hohen Staatsbeamten in kühlen Druckbuchstaben bedeutete Häresie und konnte nicht ohne Auswirkungen im Parlament bleiben. Doch ehe die Nemesis Sir Charles Warren endgültig einholte, sollte er noch in einer reichlich komischen Episode auftreten, die mit einem Leitartikel in der *Times* begann.

4

»Vor zwölf Jahren wurde ein Mord in Blackburn«, so begann dieser Leitartikel, »mit Hilfe eines Bluthundes aufgespürt, und dank dem klugen Instinkt des Hundes konnte der Mörder verurteilt werden.« Wenn das in Blackburn gelang, warum dann nicht auch in Whitechapel? So argumentierte die Zeitung, die man bisweilen den »Donnerer« nannte.

Die Leser der *Times* brauchten nicht mehr als eine Andeutung. Der Master einer Fuchsmeute in Sussey forderte unverzüglich, daß man ihm das Jagdfeld in Whitechapel und Umgebung frei mache, und garantierte, daß er »den heimtückischen Bösewicht ausrotten« werde. Und es war tatsächlich, als ob das East End vom Getrappel der Rotröcke und ihrem Lärmen beim Steigbügeltrunk widerhallen sollte. Glücklicherweise ließ sich jedoch die hinter dem Fuchs jagende vornehme Gesellschaft bereden, ihre Tätigkeit auf die Briefspalten der Tagespresse zu beschränken.

Eine Warnung an die Milchgeschäfte in Ostlondon verbreitete ein Züchter aus Yorkhill, Loughton mit Namen, in einem Brief an die *Pall Mall Gazette:* »Wenn ein auf dem Land ausgebildeter Fuchshund auf der, sagen wir, High Street, Whitechapel, auf die Fährte gesetzt wird, möchte ich erwarten, daß er sich in der nächsten Minute im Laden eines unschuldigen Butterhändlers befindet, wo er nicht etwa auf den Mörder Jagd macht, sondern auf die Margarine, die er von weitem wittert.« Tatsächlich neigen Bluthunde dazu, auf alles Jagd zu machen, Blut vielleicht ausgenommen. Bei diesem genügt bereits der Anblick, sie wie versteinert stehenbleiben zu lassen – wenigstens behauptete das ein anderer Leser der *Times.* Deshalb hätten Flüchtende, wie bekannt sei, hin und wieder absichtlich ein paar Tropfen des eigenen Blutes vergossen, um diese weisen Tiere von ihrer Fährte abzubringen.

Die Vor- und Nachteile der Fährtensuche nach der Methode der sogenannten »sauberen Schuhe« wurden in der *Times* ebenfalls abgehandelt. Der Vorteil dieser Methode der »sauberen Schuhe« war nach Ansicht von Edwin Brough

aus Scarborough der, daß ein nach ihr ausgebildeter Hund »der Fährte eines Mannes folgt, dessen Schuhe auf keine Weise mit Hilfe von Blut oder Anis präpariert worden sind« (es war ja auch kaum zu erwarten, daß der Ripper seine Stiefel mit einem der beiden Stoffe beschmieren würde).
Brough, der als Hundezüchter mit zwanzigjähriger Erfahrung regen Anteil an der Sache nahm, war bereit, eine Wette darauf einzugehen, daß die englische Bluthundrasse allen ausländischen – einschließlich der des kubanischen Bluthundes, der für die Sklavenjagd benutzt worden war – überlegen sei. »Unser englischer Bluthund«, schrieb er, »ist dieser oder irgendeiner sonstigen Rasse unendlich überlegen in seiner natürlichen Witterungsfähigkeit, denn glücklicherweise haben unsere Züchter den langen, schmalen, spitzen Kopf und die riesigen Lefzen entwickelt, die stets mit dieser Fähigkeit in Verbindung stehen, und das in einem Ausmaß, wie es zuvor völlig unbekannt gewesen ist.«
Edwin Brough vertrat seine Sache mit so viel Überzeugungskraft, daß Sir Charles Warren ihn zu seinem nie erlöschenden Bedauern einlud, nach London zu kommen und ein Paar Hunde mit dem »klugen Instinkt« und den »riesigen Lefzen« mitzubringen. Der Züchter aus Scarborough nahm unverzüglich an und traf in London mit Barnaby und Burgho ein, die die *Times* als »zwei prächtige Tiere« bezeichnete; Burghos Kopf war über dreißig Zentimeter lang.
Unverzüglich wurden im Regent's Park Versuche angestellt, an denen Sir Charles Warren als interessierter Zuschauer teilnahm. Trotz einer dicken Reifdecke auf dem Boden konnten die Hunde bei dieser ersten Gelegenheit einen jungen Mann, dem man einen Vorsprung von 15 Minuten gegeben hatte, fast eine Meile weit verfolgen. Am gleichen Abend wurden die Hunde im Hydepark noch einmal auf eine Fährte gesetzt, doch diesmal an der Leine – »wie es der Fall sein würde, wenn man sie in Whitechapel ansetzte«, bemerkte die *Times*. Im ganzen wurden sechs Versuche mit nicht eindeutigen Ergebnissen unternommen.
Wer Sir Charles Warren indes auf den genialen Gedanken gebracht hat, sich selbst von Barnaby und Burgho verfolgen zu lassen, wird man wahrscheinlich nie erfahren – wenn das Gerücht auch sagt, es sei einer von Warrens Feinden im Innenministerium gewesen. Immerhin ist schriftlich überliefert, daß Sir Charles Warren zweimal die Rolle des gehetzten Mannes übernahm. Aber das war noch nicht alles. Am 19. Oktober meldete die *Times* folgendes: »Sir Charles Warrens Bluthunde waren gestern morgen in Tooting zum Üben draußen und verirrten sich. An alle Wachen der Metropolitanpolizei gingen Telegramme, daß Meldung an Scotland Yard erstattet werden solle, falls die Hunde irgendwo auftauchten.«
Mr. Watkin W. Williams, Sir Charles Warrens Enkel, verteidigt die Verwendung von Bluthunden. »Die Verwendung von Fährtenhunden durch die Polizei war um jene Zeit eine Neuerung, die bisher erst in Landbezirken auspro-

biert worden war«, erklärte mir Williams kürzlich in einem Brief. »Obwohl mein Großvater Zweifel daran hegte, daß man sie wirksam in Whitechapel einsetzen könne, hatte er doch den Eindruck, daß das Experiment versucht werden müsse.« Er wies darauf hin, daß »die mörderische Tätigkeit« des Rippers »während der Zeit, als die Hunde in London waren, aufhörte und wieder begann, nachdem die Tiere ihrem Eigentümer zurückgegeben worden waren«. Dagegen läßt Sir Melville Macnaghtens Kommentar zu der Angelegenheit nichts an Deutlichkeit zu wünschen übrig: »Es hätte von vornherein klar sein müssen, daß Bluthunde in Whitechapel sinnlos waren. Ich kann mir keine Gegend vorstellen, die für die Arbeit der Hunde ungeeigneter wäre.«
Leider war das noch nicht das letzte, was man von diesen Hunden erfuhr. Burgho und Barnaby – oder vielmehr ihre Geister – sollten die langen schmalen Köpfe mit den riesigen Lefzen noch einmal im Ripper-Fall erheben, diesmal mit unheilvoller Wirkung. Doch damit eilen wir unserer Geschichte voraus.

5

Mit Rücksicht auf die Stimmung der Erwerbslosen, die in letzter Zeit recht aufsässig geworden waren, beschloß der erwählte Lord Mayor, Alderman Whitehead, den Prunk der Lord Mayor's Show drastisch einzuschränken und das auf diese Weise ersparte Geld wohltätigen Einrichtungen zur Verfügung zu stellen. Die *Times* versuchte der Angelegenheit einen andern Anstrich zu geben: »Alderman Whitehead ist gegen das Zirkuselement und gegen allegorische Schaustellungen, die weder seinem Geschmack noch – seiner Ansicht nach – der Würde der City entsprechen.« In Wahrheit jedoch fürchtete der künftige Lord Mayor, daß es auf dem Weg des Zuges zu ernsten Störungen kommen würde.
Alderman Whiteheads Entschluß, auf das »Zirkuselement« in der Lord Mayor's Show zu verzichten, wurde von der Presse nicht günstig aufgenommen. *Punch* vertrat die Meinung, daß es nun »keine Mädel in Trikots, als Britannia auf dem Erdball reitend« geben werde, während der *Daily Telegraph* mahnend erklärte, daß allegorische Bilder, die Ereignisse aus dem Leben der früheren Bürgermeister Dick Whittington und Wat Tyler veranschaulichten, »nicht als theatralisch verhöhnt« werden dürften. *Reynolds News* dagegen machte zeitgemäße Vorschläge für allegorische Figuren: Sir Charles Warren, gefolgt von einer Schar von Detektiven mit verbundenen Augen, einer Darstellung von Jack the Ripper und einem Stilleben, zusammengestellt aus den Opfern von Whitechapel. Die Zeitung schlug weiter vor, daß die Transparente Inschriften wie *Verschwendung, Schmutz, Elend, Extravaganz, Krankheit* und *Mißwirtschaft* trügen.
Am Guy-Fawkes-Abend, dem 5. November, kam es auf dem Clerkenwell

Green zu einem kurzen Zusammenstoß zwischen den lustig Feiernden und der Polizei; dabei beschlagnahmte die Polizei eine mitgeführte Vogelscheuche. Es stellte sich heraus, daß die Vogelscheuche Sir Charles Warren darstellte, komplett mit Zylinder; eine Gruppe von Sozialisten hatte vorgehabt, die Figur zu verbrennen. *Justice*, das Organ der Sozialdemokratischen Union, behauptete, daß Warren Spione einsetze, die sich zwischen sozialistischen Arbeitern bewegen und solche Informationen herausfinden sollten: »Sie (die Polizisten) sind vielleicht nicht imstande, Jack the Ripper zu finden, aber es gelang ihnen, den wilden Plan der bösen Sozialisten, die ihren großen Chef im Bild verbrennen wollten, aufzudecken.«
Doch für den unglücklichen Polizeichef sollte es noch schlimmer kommen. Am 8. November erhielt er eine Rüge vom Innenminister wegen des taktlosen Artikels, den er für *Murray's Magazine* geschrieben hatte. Um das Verletzende des Tadels noch deutlicher zu machen, schrieb Innenminister Henry Matthews nicht selbst an Warren, sondern ließ es einen seiner Untergebenen in einem Brief tun, der begann: »Sir, Herr Minister Matthews weist mich an, zu erklären ...« Dem Brief war ein Exemplar der Rundverfügung des Innenministeriums vom 27. Mai 1879 beigefügt, in dem Beamten des Ministeriums verboten wurde, irgendwelche Arbeiten im Hinblick auf das Ministerium ohne Erlaubnis des Innenministers zu veröffentlichen. Der Brief schloß mit der kalten Mahnung: »Ich soll demgemäß darum bitten, daß diese Anordnung in Zukunft strengstens innegehalten wird.« Das war hart, und Warren blieb kaum etwas anderes übrig, als zurückzutreten. Er entschloß sich jedoch, aus allen Rohren feuernd unterzugehen, und bot in seinem Abschiedsgesuch dem Innenminister offen Trotz:

»Sir, ich habe einen dringenden und vertraulichen Brief erhalten, in dem erklärt wird, daß eine Rundverfügung des Innenministeriums vom 27. Mai 1879 auch für die Metropolitanpolizeikräfte Gültigkeit besitzen soll.
Hätte ich erfahren, daß eine solche Rundverfügung in Kraft sei, hätte ich den Posten des Commissioners der Polizei nicht übernommen. Meine Pflichten und die der Metropolitanpolizei werden vom geschriebenen Gesetz bestimmt, *und der Innenminister hat nach dem Gesetz nicht die Macht, Anordnungen für die Polizeikräfte zu erlassen.*
Würde die Rundverfügung in Kraft gesetzt, dann erlaubte sie praktisch jedem, die Polizeikräfte anonym anzugreifen, ohne dem Commissioner die Möglichkeit zu geben, auf irgendeine Weise falsche Behauptungen zu berichtigen, was ich seit nunmehr fast drei Jahren zu tun pflege, sobald ich es für notwendig halte. Ich möchte erklären, daß ich es völlig ablehne, diese Anweisungen als bindend für den Commissioner der Polizei anzuerkennen, und ich lege mein Rücktrittsgesuch abermals in die Hände der Regierung Ihrer Majestät« (Hervorhebung von mir).

Die Erwiderung des Innenministers war kurz: »Meiner Ansicht nach ist der von Ihnen als Commissioner der Polizei erhobene Anspruch vollkommen unzulässig, und entsprechend habe ich Ihr Rücktrittsgesuch nur anzunehmen.«
Es dauerte jedoch zwei Tage, ehe diese Annahme dem Polizeichef auf dem Dienstweg zur Kenntnis gekommen war, so daß Sir Charles Warren am Vorabend der Lord Mayor's Show nicht wußte, ob er sein Amt noch bekleidete oder nicht. Doch Jack the Ripper konnte nicht warten, bis Warrens Rücktritt wirksam wurde. Der geheimnisvolle Mörder, der seit sechs Wochen müßig gewesen war, befand sich bereits auf dem Weg zum Miller's Court Nummer 13, der von der Dorset Street abging, um dort ein Stelldichein mit Mary Jane Kelly, manchen als die »Schwarze Mary« bekannt, abzuhalten.

I

»Marie Jeanette Kelly ... war den meisten Straßenmädchen im East End von London unähnlich. Diese waren alt und häßlich. Sie war jung und sah gut aus ... Sie brauchte nicht auf die Straße zu gehen, um Essen und Unterkunft zu verdienen, wie die andern es tun mußten.« So beginnt Leonard Matters, ein in Australien geborener Journalist und einstiges Parlamentsmitglied der Labour-Partei, tatsächlich seinen hoch romantischen Bericht über das letzte Opfer des Rippers, die fünfundzwanzigjährige Mary Jane Kelly[1].
Und da Matters nun einmal in diesem Ton begonnen hatte, hielt er es für nötig, für die Kelly eine französische Herkunft einschließlich französischer Eltern zu erfinden. »Wahrscheinlich sprach sie etwas Französisch, und wenn sie mit einem ›Herrn‹ nach Frankreich fuhr – fühlte sie sich dort ganz zu Hause, wenn sie auch sagte, daß sie lieber in London als in Paris lebe.« Passenderweise läßt er sie in Cardiff zur Welt kommen, weil Cardiff »ein Hafen von fast internationalem Charakter« ist. »Von Cardiff nach London«, erklärt Matters, »war nur ein einziger Schritt für ein junges, gescheites Mädchen, das entdeckt hatte, daß sie für Männer sehr reizvoll war.«
Wenn so ein junges attraktives Mädchen erst einmal in London war, dann mußte, laut Matters, der nächste Schritt natürlich der sein, daß sie sich in ein Bordell im eleganten West End begab. Nun werden wir sofort in die lockere Welt der Kasinos, Austernrestaurants und modischen Lokale versetzt, die in der Gegend von Piccadilly so zahlreich waren. Wir erleben, wie man Marie Jeannette mit französischem Champagner zutrinkt. Doch wenn wir dann wieder von ihr hören, in Matters' Bericht zwei Jahre später, ist sie, ohne daß wir die Gründe erfahren, von Westlondon zum East End heruntergekommen; und das muß einer der raschesten Abstiege in der Geschichte dieses Berufes gewesen sein: »Aus dem Luxus von West End stürzte sie geradewegs in den Schmutz von Whitechapel. Von Piccadilly tat sie nur einen einzigen Schritt auf den Ratcliffe Highway.« Doch selbst in Whitechapel »war Marie noch fast eine Aristokratin unter den Straßenmädchen«, behauptet ihr Chronist. »Jeder wußte, daß sie erst kürzlich ›in der Welt herunterkommen‹ war und daß ihre jüngste Vergangenheit sich ebenso durch Luxus wie durch Lebensfülle ausgezeichnet hatte.« Aus solchem Stoff entstehen Legenden.
Ehe wir die Wirklichkeit hinter dieser Legende untersuchen, ist es nur gerecht, darauf hinzuweisen, daß die Kelly selbst sie gefördert hat. Das tat sie gewiß, um sich ein wenig für die graue Eintönigkeit der Gegenwart und die noch schmutzigeren Aussichten für die Zukunft zu entschädigen. Ich habe die Nei-

[1] Leonard Matters *The Mystery of Jack the Ripper* London 1928.

gung der Opfer des Rippers bereits erwähnt — besonders im Fall von Elizabeth Stride —, für sich selbst ein Dasein zu erfinden, das überlebensgroß war. Doch von all den Mythomaninnen, denen wir bisher begegnet sind, war Mary Jane Kelly oder die Schwarze Mary, wie man sie nannte, die schlimmste. Sie war anscheinend nicht fähig, eine Tatsache auszusprechen, ohne sie auszuschmücken. Leonard Matters hat nichts weiter getan, als ihre Geschichte unkritisch hinzunehmen und mit ein paar eigenen Ausschmückungen weiterzugeben.

Lediglich in zwei Punkten stimmen die, die die Schwarze Mary kannten, in ihren Berichten überein: Sie war eine auffallend gut aussehende Frau im Gegensatz zu den Vetteln, die sich Jack the Ripper bisher als Opfer ausgesucht hatte; und sie trank gern Schnaps, was sie mit vielen Frauen ihrer Klasse gemein hatte. Die Kelly war blauäugig und hatte schönes Haar, das ihr fast bis zu den Hüften reichte. Trotz des Alkohols scheint sie die frische Gesichtsfarbe, die sie aus Irland mitbrachte, nicht verloren zu haben. Ich habe mit einem ehemaligen Marktträger gesprochen, Dennis Barrett mit Namen, der die Schwarze Mary als Junge vom Sehen kannte. »Sie war eine stattliche Frau«, erinnerte sich Barrett, »groß und ziemlich kräftig. Sie hatte ihren Strich vor der Kneipe Ten Bells auf der Commercial Street, und wehe jeder Frau, die in diesem Gebiet zu wildern versuchte — so eine Frau mußte damit rechnen, daß ihr die Schwarze Mary das Haar fäusteweise herausriß.« Kurz, die Schwarze Mary war so etwas wie ein schwieriger Charakter.

2

Mary Kelly wurde in Limerick, nicht in Cardiff, geboren, und ihre Eltern waren irische Katholiken, keine französischen. Allerdings zog die Familie, als Mary Jane noch ganz klein war, nach Carmarthenshire, wo ihr Vater, John Kelly, Vorarbeiter in einem Hüttenwerk wurde. Mit 16 Jahren heiratete sie einen Bergmann namens Davies, doch die Ehe nahm ein tragisches Ende, als Davies wenig später bei einer Grubenexplosion ums Leben kam. Soweit ich es feststellen konnte, waren keine Kinder da. Die Bergwerkseigentümer weigerten sich achtzehn Monate lang, ehe sie ihr ein kümmerliches Almosen als Witwenentschädigung auszahlten; und nach Angabe der Freundinnen von Mary war es diese Verzögerung, die sie auf die Straße trieb, erst im Gebiet der Tiger Bay in Cardiff und später in London.

In London scheint sie auf dem geradesten Weg zum East End und seinen Bordellen gekommen zu sein. Es gibt nicht den geringsten Beweis dafür, daß sie sich in einem Bordell im West End eingenistet oder daß sie je das lockere Leben am Haymarket oder in Piccadilly genossen hätte. Anscheinend ist dies genau wie das Zwischenspiel, das sie mit einem »Herrn« nach Paris geführt

haben soll, reine Erfindung. Dagegen scheint sie tatsächlich ihren Strich eine Zeitlang auf dem berüchtigten Ratcliffe Highway gehabt und dann in Stepney und Bethnal Green mit einer Reihe von wilden Burschen gelebt zu haben, ehe sie bei Joseph Barnett, einem Fischträger in Billingsgate, endete, bei dem sie annähernd zwei Jahre blieb. Als sie ermordet gefunden wurde, war sie im dritten Monat schwanger.
Die Schwarze Mary muß nach Angaben von Barnett Furcht vor Jack the Ripper gehabt haben. »Ich habe immer die Zeitungen gekauft und ihr alle Einzelheiten von den Morden des Rippers vorgelesen«, behauptete er. Diese Furcht teilte sie mit allen anderen Prostituierten von der Dorset Street, unter denen sie hervorragte wie eine Art Amazonenkönigin, denn eins der Mordopfer, Annie Chapman, hatte auch eine Zeitlang auf der Dorset Street gewohnt, und Hanbury Street, der Schauplatz ihrer Ermordung, befand sich nur 200 Meter entfernt.

3

Die Dorset Street, heute Duval Street, auf die der Schatten der Christuskirche in Spitalfields fällt, hatte insofern ihr eigenes Gesetz, als ihre Bewohner keins der Gesetze beachteten, von denen sich Menschen im allgemeinen leiten lassen. Schon vor langer Zeit hatte diese Straße die Totenkopfflagge gegen die Gesellschaft im allgemeinen gehißt; und ihre Bewohner boten jedem die Stirn, der sie zwingen wollte, sie einzuziehen.
»Es bleibt offen, ob die Dorset Street oder der Ratcliffe Highway die Ehre für sich in Anspruch nehmen konnte, die schlimmste Verbrecherstraße Londons zu sein«, schreibt Detektivsergeant Leeson in seinen Erinnerungen. »Die Dorset Street war bei den Bewohnern des Viertels bekannt als das ›Tut was ihr wollt‹, und die Straße rechtfertigte ihren Titel durchaus.« So mancher Konstabler, der einen fliehenden Verbrecher verfolgte, gab die Jagd auf, wenn sich der Missetäter in den Schutz der Dorset Street begab. Die Verfolgung ohne eine wirksame Verstärkung durch andere Polizisten fortzusetzen, hätte den Konstabler das Leben kosten können.
Dennis Barrett, der ehemalige Marktträger, mit dem ich sprach, kannte die Dorset Street gut und beschrieb mir einige ihrer hervorstechenden Gestalten. Der Alte selbst stammte von einer langen Reihe von Händlern ab; auch seine Mutter hatte einen Obststand an der Royal Exchange gehabt. Als ich mit ihm redete, wohnte er in einer Sozialwohnung in Stoke Newington und zeigte mir stolz ein gerahmtes Telegramm von der Königin, in dem sie ihm zur diamantenen Hochzeit gratulierte.
»Eine der übelsten Gestalten in der Dorset Street«, erzählte er, »war der verrückte Jack O'Brien, ein Ire mit Schultern wie ein Boxer. Er trug niemals ein

Hemd und prügelte sich mit jedem. Er ging von einer Kneipe zur andern, wo ihm die Wirte umsonst zu trinken gaben, nur um ihn loszuwerden.« Dann war da Tommy »Ohnebein« und Frau »Blüte der Herde«. Tommy, der statt Beinen zwei Holzstümpfe hatte, verkaufte vor der Bank von England Streichhölzer, und wenn er stockbetrunken war, was häufig geschah, schnallte er eins seiner Holzglieder ab und benutzte es dazu, die Kneipeneinrichtung zusammenzuschlagen.

Frau »Blüte der Herde« – »Gott allein weiß, wie sie zu diesem Namen kam«, sagte Barrett, »war der Schrecken von Whitechapel. Selbst die Polizisten fürchteten sich, sie festzunehmen, wenn sie betrunken war. Sie machte Spielzeugpeitschen für Kinder und trug ständig ein Messer im Mieder bei sich. Einmal habe ich gesehen, wie sie dieses Messer benutzte. Sie zog es gegen einen Mann, der vor der Kneipe zum ›Golden Hart‹ stand. Sie schnitt ihm damit quer durchs Gesicht, das hat sie getan.«

Unter solchem Strandgut trieb Mary Kelly an jenem 8. November, einem Donnerstag, in der Nacht, mitgerissen von der Flut, doch immer aufrecht, wie es sich für eine Amazonenkönigin schickt. Gelegentlich machte sie für einen Schnaps kurz Station in der einen oder andern Kneipe auf der Commercial Street, wo sie mit einem Blick von der Theke aus ihre beruflichen Möglichkeiten abschätzte. Wenn die Kelly keinen »Freier« fand, ging sie weiter.

Irgendwo in diesem gleichen Menschenmeer wachte ein anderes Augenpaar und wartete die große Chance ab. Der namenlose Töter, der sich als Jack the Ripper unterschrieb, wanderte durch Whitechapel und wurde langsam zur Schwarzen Mary hingezogen; sein Kompaß stand sozusagen auf Kollisionskurs.

Nicht weit entfernt, in Cheapside, legten Maler fieberhaft die letzte Hand an die Transparente, die am nächsten Tag im Zug des Lord Mayors mitgeführt werden sollten. Darauf las man als Wahlspruch *Labor omnia vincit, Ehre und Rechtschaffenheit* oder *Wirtschaftlicher Erfolg*, lauter Ziele, die James Whitehead, der erwählte Lord Mayor, garantierte.

Auch in Scotland Yard brannten die Lampen bis tief in die Nacht. Dort traf Sir Charles Warren, dessen Rücktrittsgesuch noch nicht angenommen war, die letzten Vorbereitungen, um mit dem Sozialistenaufstand fertig zu werden, den er als einziger für den nächsten Tag erwartete. Um diesen Aufstand im Keim zu ersticken, hatte Sir Charles Warren folgende Anordnung erlassen: »Keine Person, die nicht zum Zug des Lord Mayors gehört, darf die Erlaubnis bekommen, eine öffentliche Ansprache zu halten oder Plakate oder Transparente auf irgendeiner Straße oder Gasse, die der Zug des Lord Mayors passiert, zu zeigen.«

Warren, der dazu neigte, unter jedem Bett einen Anarchisten zu sehen, wollte nicht Gefahr laufen, daß diese Anordnung nicht befolgt würde. Deshalb hatte er vierzig berittene Polizisten als Verstärkung der Citypolizei auf dem Weg des Zuges eingeteilt, während der Trafalgar Square, laut der *Times*, »starke Polizeikräfte, beritten und zu Fuß«, erhalten sollte. Als Sir Charles Warren jetzt seine Nadeln mit den bunten Köpfen in die Karte steckte, die die Marschroute zeigte, und mit den Fäden für die Nadeln spielte, wirkte er, als hätte er wirklich jeden Notfall berücksichtigt – bis auf einen: den Mord.

4

Mary Ann Cox, eine Witwe, die sich der Prostitution verschrieben hatte, wohnte auf dem Miller's Court, einer schmalen, übel aussehenden Passage, die von der Dorset Street abging und an der sechs Bordelle lagen, die als »McCarthys Häuser« bekannt waren. Sie gehörten einem gewissen John McCarthy, der eine Schiffsbedarfshandlung auf der Dorset Street hatte.
Auf dem Weg zu diesen Häusern befand sich Witwe Cox am Donnerstagabend gegen 11.45 Uhr, als sie Mary Kelly aus der Kneipe Britannia an der Ecke herauskommen sah. Die Schwarze Mary war in der Britannia keineswegs unbekannt. So manches Mal war sie in diese Kneipe hineingestürmt, nachdem sie einen betrunkenen Seemann ausgeplündert hatte, um mit einer der andern Dirnen dort das Umschlagtuch zu tauschen. So verkleidet ging sie wieder hinaus auf die Straße, da sie wußte, daß die Polizei sie unter einer andern Personenbeschreibung suchen würde.
Doch an diesem Abend trug Mary kein Umschlagtuch. Statt dessen hatte sie eine dunkelrote Pelerine um, und das Haar, das sie sonst ordentlich aufgesteckt trug, hatte sich gelöst und flatterte ihr um die Schultern. Sie war betrunken, und sie war nicht allein.
Der Mann, mit dem Mary ging, war klein, stämmig und trug nach Angabe der Witwe Cox eine »Melone«. Er war etwa 38 Jahre alt, hatte ein aufgedunsenes Gesicht, einen dichten rötlichen Schnurrbart und einen Eimer Bier in der Hand. Die Witwe folgte dem Paar, das in den Miller's Court einbog, und sagte den beiden an der Tür der Kelly guten Abend. Die Schwarze Mary erwiderte den Gruß und setzte in einem Anflug närrischer Leutseligkeit hinzu: »Jetzt kann ich mal singen.« Die Witwe sah, wie das Paar in Marys Zimmer, Nummer 13, eintrat, dann hörte sie, wie das Mädchen eine sentimentale irische Ballade begann: »Nur ein Veilchen pflückte ich für meiner Mutter Grab.« Die Stimme wäre angenehm, dachte die Witwe, wenn die Schwarze Mary nüchtern wäre; doch so klang sie dünn, den Tränen nah, und außerdem sang die Kelly falsch. Die Cox blieb etwa eine Viertelstunde in ihrem Zimmer und hörte, als sie herauskam, die Kelly immer noch singen. »Zillah, Geliebte, ich hab' sie gepflückt und bringe sie dir«, trällerte die heisere Stimme.
Im Zimmer der Kelly war Licht, und das Mädchen sang immer noch, als Witwe Cox um ein Uhr zurückkam. Inzwischen hatte es angefangen zu reg-

nen; deshalb blieb die Cox ein paar Minuten vor dem Feuer sitzen und wärmte sich die Hände, ehe sie wieder auf die Straße ging. Sie scheint in dieser Nacht unermüdlich gewesen zu sein; der Grund war wohl der, daß sie keine Kundschaft fand. Als sie um drei Uhr zurückkehrte, war das Licht im Zimmer der Kelly aus und kein Laut zu hören.

5

Es regnete fast die ganze Nacht, und deshalb rückten die Straßenarbeiter früh aus und streuten feinen Kies am Victoria Embankment entlang, wo der Zug des Lord Mayors marschieren sollte, damit die Pferde nicht ausrutschten. Es ging nicht an, daß die Braunen der Zehnten Husaren, des Regiments der Prinzessin von Wales, sich auf dem nassen Pflaster wälzten. Der 9. November war nämlich nicht nur der Tag der Lord Mayor's Show, sondern auch der Geburtstag des Prinzen von Wales; und jetzt begannen, als ob sie daran erinnern müßten, Kanonen den königlichen Salut vom Tower von London und vom Platz vor dem Gebäude des britischen Oberkommandos zu schießen. »Der Geburtstag meines lieben Bertie«, schrieb Königin Victoria in ihr Tagebuch. »Möge Gott ihn segnen! Er hat ein warmes, liebevolles Herz und ist ein sehr pflichtgetreuer und guter Sohn.«
Vom frühen Morgen an war der Greenyard, die Stallungen der City, der Schauplatz ungeheurer Geschäftigkeit, da die Kutsche des Lord Mayors dort angespannt werden sollte. Diese im Jahr 1757 gebaute Kutsche war eine barocke Geschichte voller Ornamente und Vergoldungen; die Gemälde auf den Füllungen wurden Cipriani zugeschrieben. Die sechs schweren Pferde, die das Fahrzeug ziehen sollten, taten sonst ihren Dienst in einer Londoner Brauerei, doch für diese Gelegenheit wurden sie prächtig herausgeputzt, und ihre Fahrer und »Zähmer« vertauschten die braune Uniform und die Zuckerhutmütze gegen das zeremonielle Scharlach und Gold.
An diesem Morgen um zehn Uhr, während die Kutsche des Lord Mayors noch bereit gemacht wurde, saß John McCarthy in seiner Schiffsbedarfshandlung und sah seine Bücher durch. Als er mit dem Finger die Eintragungen im Journal entlangfuhr, fiel ihm auf, daß Mary Kelly mit ihrer Miete sechs Wochen im Rückstand war. Die Miete für das Zimmer, viereinhalb Schilling wöchentlich, sollte jede Woche im voraus gezahlt werden, doch McCarthy, der etwas für die Schwarze Mary übrig hatte, war so lange auf ihre Versprechungen und Flunkereien eingegangen, bis ihre Schulden, wie er jetzt erschrocken feststellte, auf neunundzwanzig Schilling angewachsen waren.
»Bowyer!« rief er seinem Gehilfen zu. »Gehen Sie mal rüber zum Miller's Court Nummer 13 und sehen Sie zu, was Sie von der Kelly als Abschlag für die Miete kriegen können, die sie uns schuldet. Sie hat uns seit Wochen ver-

tröstet«, setzte er hinzu und warf die Feder ärgerlich auf den Tisch. »Sagen Sie ihr, von nun an heißt es, die Miete bar und im voraus auf den Tisch, und wenn sie nicht endlich anfängt, ihre Rückstände abzutragen, hetze ich ihr den Gerichtsvollzieher auf den Hals ... Und kommen Sie mir ja nicht mit leeren Händen zurück, merken Sie sich das!« Obwohl Thomas Bowyer nur um die Ecke zu gehen hatte, um Mary Kelly aufzusuchen, griff er doch nach seinem Hut, als ob dieses Kleidungsstück seinen Gang zu einem amtlichen Unternehmen machte. Es war 10.45 Uhr vormittags.

James Whitehead befand sich um diese Zeit in einem Vorzimmer des bürgermeisterlichen Amtssitzes Mansion House und kleidete sich für die vor ihm liegende Zeremonie an. Als der erwählte Lord Mayor das Scharlachgewand mit dem weißen Seidenfutter und dem Besatz aus echtem Zobel anlegte, hatte er Zeit, über die fast mystische Natur der Bräuche nachzusinnen, an denen er wie eine überreich geschmückte Puppe teilnehmen mußte. Selbst die Herkunft der Insignien, die er führen würde, war ungewiß. Seiner Lordschaft kristallener Amtsstab, in eine goldene Spirale gefaßt, sollte aus angelsächsischen Zeiten stammen, wenn es auch niemand genau wußte. Die Börse aus ausgefranstem Goldbrokat, die dem neuen Lord Mayor zeremoniell überreicht wurde, konnte möglicherweise ein Geschenk von Elisabeth I. sein. Aber auch das wußte keiner, genau wie niemand wußte, weshalb aromatische Kräuter auf der Estrade in der Gildenhalle, dem Rathaus der City, verstreut wurden, nachdem ein neuer Lord Mayor gewählt worden war. Es genügte, daß all diese Dinge früher einmal Sinn gehabt hatten, um liebevoll bis in die Gegenwart bewahrt zu werden.

Die Kanonen dröhnten dem Thronfolger noch immer Geburtstagsgrüße zu, als Bowyer auf dem Miller's Court an die Tür von Nummer 13 klopfte. Als nichts erfolgte, klopfte er abermals, diesmal lauter. »Faule Nutte!« brummte er. »Schläft den ganzen Tag und hurt die ganze Nacht.« Darauf drückte er auf die Klinke, fand die Tür jedoch verschlossen. Da Bowyer Miete zu kassieren hatte, zögerte er nicht, das Auge ans Schlüsselloch zu legen, und stellte überrascht fest, daß der Schlüssel nicht im Schloß steckte. »Entweder hat sie sich eingeriegelt, oder sie ist abgehauen«, dachte er laut und rüttelte noch einmal an der Klinke.

Um die Ecke, im rechten Winkel zur Tür, lagen zwei Fenster, die auf Mülleimer und die Wasserzapfstelle blickten, die alle Mieter von »McCarthys Häusern« benutzten. Bowyer fiel ein, daß das kleinere der Fenster zwei zerbrochene Scheiben hatte, ein Andenken an einen schweren Krach zwischen der Kelly und ihrem Liebhaber Joseph Barnett. Nun entdeckte er, daß die Öffnung gerade groß genug war, eine Hand hindurchzuschieben. Geschickt griff er durch das Loch und paßte auf, daß er sich nicht an den scharfen Glaskanten verletzte. Dann schob er den ärmlichen Mullvorhang zur Seite. Was er sah, nachdem sich seine Augen allmählich an das Dämmer im Innern gewöhnt

hatten, ließ ihn vor Entsetzen aufschreien und die Hand so rasch zurückziehen, daß er sich fast am Glas geschnitten hätte.
Das erbärmliche Loch, das die Kelly ihr Heim nannte, maß etwa vier mal vier Meter und war spärlich möbliert. Links vom Fenster, genau der Tür gegenüber, befand sich ein Kamin, über dem ein billiger Öldruck hing, ironischerweise »Die Witwe des Fischers« betitelt. Es war der einzige Versuch, das Zimmer zu schmücken. Ein offener Schrank in der äußersten Ecke zeigte ein wenig Geschirr und ein paar leere Limonadenflaschen, dazu ein Stück Brot. Von dort wanderte der Blick abwärts zum Bett, dem wichtigsten Möbelstück im Zimmer. Das Bettzeug war heruntergerissen und lag mit blutbefleckten Kleidungsstücken am Fuß der Bettstelle. Auf der blutdurchweichten Matratze lag eine Masse von menschlichem Fleisch, die einmal Mary Kelly gewesen war. Zwischen dem Bett und dem nahen Tisch hatte Jack the Ripper eine Operation ausgeführt, einen kaltblütigen Versuch in Anatomie, der in seiner Entsetzlichkeit kaum zu überbieten war, wie ich bezeugen kann, nachdem ich ein Foto der Polizei von den Ergebnissen gesehen habe.
Die arme Frau lag, völlig nackt, auf dem Rücken. Der Hals war von Ohr zu Ohr bis auf die Wirbelsäule durchgetrennt worden. Ohren und Nase waren abgeschnitten und das Gesicht so zerschlitzt worden, daß die Züge völlig unkenntlich waren. Brust und Leib waren geöffnet, die Leber entfernt und auf den rechten Oberschenkel gelegt worden. Die unteren Organe, einschließlich des Uterus, waren herausgeschnitten.
Selbst an der Wand fanden sich Blutflecken. Auf dem Tisch neben dem Bett lag das letzte an Grausigem. Dort fanden sich wie die Stücke eines übelkeiterregenden Zusammensetzspiels kleine Hügel von Menschenfleisch, die sich bei näherem Hinsehen als die Brüste des Opfers erwiesen. Daneben waren Herz und Nieren symmetrisch angeordnet. Es sah aus wie die Arbeit eines wahnsinnigen Schlachters. Selbst an den Nägeln der Bilderrahmen hingen Fleischstücke.
Bowyer blieb nicht so lange vor dem Fenster stehen, um all diese Einzelheiten zu erfassen, sondern rannte davon, um seinen Arbeitgeber zu holen, der mit ihm zusammen zum Zimmer der Kelly kam und durchs Fenster spähte. »Der Anblick, der sich mir bot, war noch viel grausiger, als ich erwartet hatte«, erklärte McCarthy später. »All diese Fleischstücke auf dem Tisch – das war eher das Werk eines Teufels als das eines Menschen.«

Frau'n in Pantoffeln und Damen in Seide,
Landpomeranzen in grellbuntem Kleide ...
All', um die Lord Mayor's Show anzusehn!

So versuchte Thomas Hood um die Mitte des neunzehnten Jahrhunderts den Geist der Lord Mayor's Show einzufangen. Wie dieser Prunkzug im Jahre 1888 aussah, ist noch anschaulicher in dem Gemälde von William Logsdail dargestellt, das Sir James Whitehead in Auftrag gab und das jetzt in der Bibliothek des City-Rathauses hängt.
Vor dem Hintergrund der Königlichen Börse, im nassen Pflaster gespiegelt, schreiten drei Lakaien, die Waden in fleischfarbenen Trikots, hinter ihnen die barocke Pracht der Kutsche des Lord Mayors. In der Ferne sieht man einen Trupp der Neunzehnten Husaren, die dunkelblauen Waffenröcke mit goldenen Ketten geschmückt, aufrechte weiße Federbüsche über den Kalpaks. Aber es sind nicht so sehr Glanz und Pomp, die das Auge bei diesem victorianischen Gemälde fesseln, sondern die Massenszenen, die so naturgetreu dargestellt sind.
Und welch eine merkwürdige, zerlumpte, halbverhungerte Menge ist es — ein Kunterbunt von allem, was erbärmlich und verlassen in der Hauptstadt ist. Ein Köter ist auf die Fahrbahn gelaufen. Ein kleiner Junge bückt sich, um einen seidenen Zylinder aus dem Schmutz aufzuheben, den zweifellos ein Rowdy dem Besitzer vom Kopf gestoßen hat. Und am Rand der Marschroute werden die von Sir Charles Warren zur Verfügung gestellten, blau uniformierten Polizeiverstärkungen gezeigt, wie sie den Pöbel in seiner Begeisterung zurückdrängen.
Vielleicht ist Begeisterung ein zu starkes Wort, denn nicht all die zerlumpten Zuschauer waren wohlwollend gesinnt. Eine feindselige Demonstration begrüßte den Zug, als er in die Mincing Lane einbog, und selbst die *Times* mußte zugeben, daß es »an gewissen Stationen des Zuges zweifellos sehr viel Hohn gab«. Das schrieb die *Times* zu gleichen Teilen den politischen Ansichten des Lord Mayors zu — er war liberal — und dem Verzicht auf das sogenannte »Zirkuselement« in der Show. Obwohl es zugegebenermaßen sehr viele Rowdys in der Menge gab, ließ sich die *Times* über »das völlige Fehlen gefährlicher Elemente« aus und strafte damit Sie Charles Warren und seine Befürchtungen vor einem sozialistischen Aufstand Lügen.
Während sich der Zug des Lord Mayors durch die Straßen der City schlängelte, um zum Gerichtshof im Strand zu gelangen, wurde im Miller's Court, wo sich Detektive von Scotland Yard in großer Zahl unter Führung von Inspektor Frederick G. Abberline versammelt hatten, eine weitere dieser kleinen »Komödien der Irrungen« aufgeführt, die dem Ripper-Fall so sehr zum

Nachteil gereichten. George B. Phillips, der Polizeiarzt der Abteilung, war ebenfalls eingetroffen, um seine Untersuchung an Ort und Stelle vorzunehmen, und mußte nun feststellen, daß die Fahndung nach dem Mörder auf ein völlig unerwartetes Hindernis stieß. Als einen seiner letzten Amtsakte hatte Sir Charles Warren den Befehl erlassen, daß für den Fall eines weiteren Ripper-Mordes weder Tatort noch Leiche verändert werden durften, ehe Bluthunde geholt und auf die Fährte des Mörders gesetzt worden waren.

Die Schwierigkeit dabei war die, daß Warren es versäumt hatte, seine Untergebenen davon zu verständigen, wo die Bluthunde sich aufhielten. Einige Beamte glaubten, sie befänden sich bei einem Tierarzt in Thornton Heath, während andere meinten, sie würden auf der Polizeiwache auf der Portland Road gehalten.

Zwei kostbare Stunden wurden mit dem Warten auf Barnaby und Burgho vergeudet – und dann stellte man fest, daß die klugen Tiere bereits vor vierzehn Tagen ihrem Eigentümer, Edwin Brough aus Scarborough, zurückgegeben worden waren.

Inzwischen schlenderten die Polizisten, die nicht ins Zimmer der Kelly hinein durften, durch den Miller's Court, währenddessen verängstigte Bewohner, denen verboten worden war, ihre Behausungen zu verlassen, praktisch gefangengehalten wurden. Schließlich traf Polizeihauptinspektor Arnold vom Yard ein und widerrief die Anordnung im Hinblick auf die Hunde, doch es wurde halb zwei, ehe die Tür Nummer 13 endlich unter McCarthys Axt splitterte und sich die Polizisten in Mary Kellys Zimmer drängten.

Um diese Zeit näherte sich der Zug des Lord Mayors von der St.-Pauls-Kirche her der Fleet Street. An einer Stelle, wo der Zug für einen Augenblick aufgehalten wurde, improvisierten die Leute an den Fenstern und auf den Balkonen eine erbauliche Unterhaltung für Seine Lordschaft, die darin bestand, daß Kupfer-, bisweilen auch Silbermünzen der zerlumpten Menge auf der Straße zugeworfen wurden. »Die Fahrbahn, mit einer dünnen Schicht von schmierigem Schmutz bedeckt, war glatt wie Eis«, berichtete der *Daily Telegraph*, »und es war ein Spaß, die Straßenjungen, übrigens auch Männer, hinflitzen zu sehen, um die herabfallenden Kupfermünzen aufzufangen oder sich in der unbeschreiblich schmutzigen Gosse darum zu raufen ... Bemerkenswert an diesem Spiel waren die unbedingte Fairneß und der allgemein gutmütige Charakter.«

Doch nun, da der Zug vom Ludgate Circus, wo die Zuschauermengen am dichtesten waren, in die Fleet Street einbog, brach die Nachricht vom Mord auf dem Miller's Court mit voller Wut über alle herein. Scheinbar aus dem Nichts tauchten plötzlich Zeitungsjungen auf; die Druckerschwärze noch naß auf den Blättern, die sie schwenkten, fingen sie an zu schreien: »MORD – WHITECHAPEL – ENTSETZLICH – WIEDER MORD – VERTSÜMMELUNGEN – JACK THE RIPPER – LETZTES OPFER.« Und nun brach die Hölle

los, mindestens unter einem Teil der Zuschauer. Männer griffen nach den Extrablättern, die den abscheulichen Mord verkündeten, und streckten sie den Polizisten entgegen, die sich verzweifelt bemühten, Ordnung zu halten. »Hier, seht euch das an!« schrien sie höhnisch.
Eine Horde von Medizinstudenten, zum Teil Arm in Arm, benutzte diesen Augenblick, um den Ludgate Hill herunterzustürmen und den Passanten die Hüte mit Spazierstöcken vom Kopf zu schlagen. Ihr Anführer sprang in einem Überschwang von Vitalität einem Polizeikonstabler auf den Rücken, riß ihn mit sich zu Boden und biß ihm in den Daumen. Das ganze »Zirkuselement«, das zu unterdrücken der neue Lord Mayor sich bemüht hatte, da es unter der Würde der Stadtbehörde von London sei, kam jetzt siedend zutage. Für Sir James Whitehead war der Tag ruiniert. Zahlreiche Verhaftungen wurden durchgeführt.
Man sah, wie sechs Polizisten einen jungen Mann, mit dem Gesicht nach unten, zur nächsten Wache über die Straße schleiften. Der Zug des Lord Mayors war von hier an bis zum Gerichtshof im Strand ein einziges Chaos – oder um es schroffer auszudrücken: Jack the Ripper hatte »Die Show gestohlen«.
»Der Mörder wählte die Zeit gut«, erklärte der *Star* in einem Leitartikel und trug dann die Theorie vor, daß der Mörder »eines jener kranken Geschöpfe sei, die, besessen von dem wahnwitzigen Wunsch nach Berühmtheit, vor nichts zurückschrecken, um zur Sensation der Stunde zu werden ... Falls das seine Absicht war, übertraf der Erfolg alle Erwartungen. Der Ripper bekam seine Sensation. Während die Lakaien der City mit ihren gutgepolsterten Waden unter dem Gelächter der Londoner paradierten, lag sein Opfer in einer schmutzigen, trübe beleuchteten Gasse in Whitechapel.«

7

Die Marionettenfigur in der vergoldeten Kutsche befand sich auf dem Rückweg zum Rathaus, nachdem sie dem Brauch entsprechend in ihr Amt eingeführt worden war, als ein Karren mit einem Pferd auf der Dorset Street gegenüber dem Eingang zum Miller's Court vorfuhr. Der Kutscher und sein Gehilfe sprangen herunter, hoben einen langen weißen Kasten, schmutzig und zerkratzt vom ständigen Gebrauch, vom Karren und verschwanden damit in der Gasse. Obwohl die Polizei die Dorset Street auf beiden Seiten abgeriegelt hatte, um Neugierige fernzuhalten, ließ die Nachricht, daß die Leiche jetzt wegbefördert werden solle, die Bewohner der Pennen auf der Dorset Street herbeieilen, so daß sich bereits eine dichte Menschenmenge zusammengefunden hatte, als die beiden Männer mit ihrem offensichtlich schwerer gewordenen Sarg wieder auftauchten. »Das Verhalten der armen Leute ließ nichts zu wünschen übrig«, berichtete die *Times.* »Zerlumpte Mützen wurden von den Köpfen gezogen, und schlampig aussehende Frauen vergossen Tränen, als der Kasten – auf den Karren gestellt wurde.« Die Leiche von Mary Kelly wurde zur Leichenhalle in Shoreditch gefahren.

An diesem Abend bewirtete Sir James Whitehead, der Lord Mayor, 850 Gäste bei einem Bankett in der Gildehalle, dem Rathaus der City. Die glänzende Versammlung, zu der Generale in Paradeuniform und Diplomaten mit bunten Schärpen und Orden gehörten, zog zur Marschmusik aus Händels *Scipio* in den Bankettsaal ein, als letzter der Lord Mayor selbst, prunkvoll in seiner Robe aus schwarzem Seidendamast, mit goldener Spitze und Stickerei verziert. Zur gleichen Stunde versammelten sich 3000 Arme aus Ostlondon vor der Großen Versammlungshalle auf der Mile End Road zu einem Abendessen, das ihnen der Lord Mayor in seiner Großzügigkeit gestiftet hatte. Da keine Händelmusik diesen Einzug der Ärmsten von Whitechapel begleitete, ging er nicht ganz so geordnet vonstatten. »Der Pöbel schien entschlossen, die Halle zu belagern«, berichtete der *East London Advertiser.* »In Anbetracht des Gedränges wurde Verstärkung der Polizei angefordert, doch erst 30 bis 40 Minuten nach der auf den Einlaßkarten angegebenen Zeit konnten die Berechtigten in die Halle hinein, nämlich erst, als die als Verstärkung eingetroffenen Polizisten einen Kordon um die Eingänge legten und nur denen Einlaß gewährten, die ihre Karten vorzeigten.«

In der Gildehalle schwangen unterdessen zwei malerische Vorschneider, weiß gekleidet und jeder auf einer Kanzel stehend, ihre Tranchiermesser, um das traditionelle Roastbeef von Altengland zu zerteilen. Außerdem wurden bei dem Festmahl fast 800 Liter Schildkrötensuppe, 100 Truthähne, 250 Stück anderes Geflügel und 200 Platten mit Wildbret verzehrt. »Bitte, heben Sie die Gläser!« befahl der Toastmeister, und man trank auf das Wohl Ihrer Majestät der Königin. In der fast völligen Stille, die dem Toast folgte, hörte ein Vertreter der *Pall Mall Gazette,* wie ein Alderman zu einem andern sagte: »Ist es in unserm Bezirk passiert?« – »Nein, nein, nicht in der City«, erwiderte der zweite Alderman. »Ach, na dann ist's ja nicht so schlimm«, bemerkte der erste mit sichtlicher Erleichterung.

Bei dem Abendessen in der Großen Versammlungshalle gingen 3000 Schweinefleischpasteten, 1500 Pfund Kuchen, 825 vierzehnpfündige Brote und 6000 Äpfel durch die Kehlen der Hungrigen von East End, ehe man noch sagen konnte: »Gott schütze die Königin.« Es war, wie »ein dankbarer Armer« am nächsten Tag an die *City Press* schrieb, »eine gute und reichliche Mahlzeit«. Wenn man alles zusammenrechnete, kamen auf jeden ein halb Pfund Brot mit Butter und Kuchen und ein guter Liter Tee je Person, dazu ein tüchtiges Stück Schweinspastete.

Mittlerweile erhob sich in der Gildehalle Lord Salisbury, der Premierminister, zur Hauptrede des Abends. Es war eine heikle Aufgabe für ihn, nichts zu sagen, was den Lord Mayor verletzten konnte, der als Liberaler sein politischer Gegner war. Doch diese Furcht brauchte niemand zu haben, denn Lord Salisburys Bemerkungen strotzten ebenso vor schwülstigem Unsinn wie die von Monsieur du Norpoid, Prousts vorbildlichem Diplomaten. Die Regierung Ihrer Majestät, erklärte der Premierminister, messe »kleinen Kriegen und Kriegsgerüchten« keinerlei Bedeutung zu – diese seien »nur die Schaumkrone, die den Rand der vorrückenden Welle der Zivilisation bilde«. Nur eine »ununterrichtete öffentliche Meinung«, vom Chauvinismus verhetzt, könne Krieg bringen. (Am nächsten Tag interpretierte das *Fremdenblatt*, das Sprachrohr des österreichischen Außenministeriums, diese Bemerkung als einen Stich gegen Frankreich, »wo es leider eine Partei gibt, die den Krieg als eine Frage der nationalen Ehre betrachtet«.) Am Ende seiner Rede forderte Lord Salisbury eine »Große Flotte«. »Es gibt niemanden im britischen Volk, der einen Krieg wünschte«, rief er und setzte sich unter donnerndem Beifall wieder hin.

Das Abendessen auf der Mile End Road endete mit einer Vorführung von Bildern mit der Laterna magica und einem Konzert des Posaunenchors vom Mäßigkeitsverein, dem ein dreimaliges Hoch auf den neuen Lord Mayor und die Lady Mayoress folgte. Dem bürgermeisterlichen Ehepaar wurde ein Telegramm gesandt, in dem man sich für das Festmahl bedankte. Wohltätigkeit schien überhaupt sehr in Mode zu sein, denn am gleichen Tag hatte der Prinz von Wales seinen Geburtstag mit einem Festmahl für die dreihundert Arbeiter auf dem Gut in Sandringham gefeiert; das Essen fand in der Remise der Königlichen Stallungen statt. Am Abend gab es dort ein Feuerwerk, und der künftige Edward VII. war Gastgeber bei einem ländlichen Ball.

8

Während die Politiker der Forderung nach einer größeren Marine Beifall spendeten und die Fürstlichkeiten ländliche Tänze tanzten, lag das, was von Mary Jane Kelly, geboren in der Grafschaft Limerick in Irland, geblieben war, in der Leichenhalle von Shoreditch auf einem Tisch. Zwei Chirurgen und ihre Gehilfen arbeiteten daran in höchster Geschwindigkeit sieben Stunden lang, um die Leiche so wieder zusammenzufügen, daß man sie identifizieren und ihr ein anständiges Begräbnis zuteil werden lassen konnte. Wenigstens wollte man es dem Gericht des Coroners ersparen, die Leiche in all ihrer Verstümmelung betrachten zu müssen.

Die Polizei leugnete, daß irgendwelche von den Körperorganen fehlten, doch dem widersprach die *Times* energisch: »Wir sind in der Lage, nach Angaben aus glaubwürdiger Quelle zu erklären, daß im Gegensatz zu allem, was bisher behauptet worden ist, ein Teil der Körperorgane fehlte. Die Polizei und mit ihr der Abteilungschirurg sind zu dem Schluß gekommen, daß es im Interesse der Justiz liege, die Einzelheiten der ärztlichen Untersuchung nicht bekanntzugeben.« Der Polizeiarzt gab jedoch zu, daß die Kelly im frühen Stadium einer Schwangerschaft war, und eine andere Zeitung deutete recht verständlich an, daß der fehlende Teil der Fötus sei.

Mittlerweile unterzog die Polizei den Miller's Court Nummer 13 einer genauen Untersuchung nach Spuren. Im Kamin fanden die Beamten eine große Menge Asche als Beweis dafür, daß dort ein kräftiges Feuer gebrannt hatte. Das Feuer war so heiß gewesen, daß Rand, Henkel und Schnauze eines Teekessels verbrannt waren. Als sie die Asche durchsuchten, fanden sie Reste von Kleidungsstücken – den verkohlten Rand und die Drahtversteifung eines Damenfilzhutes und ein Stück Samt, das einzige, was von der Samtjacke der Kelly übriggeblieben war und von der Kellys Freundin Maria Harvey gesagt hatte, daß sie fehle. Die Harvey sagte weiter aus, daß zwei Männerbaumwollhemden, die sie der Kelly geschenkt habe, ebenfalls nicht mehr vorhanden seien.

Inspektor Frederick G. Abberline war der Ansicht, daß der Mörder das Feuer angezündet und dann alles darauf geworfen habe, was ihm in die Hände fiel, um bei der Ausführung seiner entsetzlichen Operationen sehen zu können. Eine Kerze, die in einem zerbrochenen Weinglas stand und erst halb aufgebraucht war, scheint der Mörder übersehen zu haben. Das große Wunder ist allerdings, daß das Feuer von andern Mietern des Miller's Court, die, wie wir noch hören werden, zu allen Stunden der Nacht in den schäbigen Häusern aus und ein gingen, nicht durch das Fenster gesehen wurde.

Hätten sie sich die Mühe gemacht, durch das Fenster zu spähen, hätten sie den Ripper bei der Arbeit betrachten können. Nach den Schätzungen der Polizei kostete es ihn mindestens zwei Stunden, sein Sezierwerk auszuführen. Als er damit fertig war, verbarrikadierte er die Tür mit einer schweren Kommode und entfernte sich durch das Fenster.

Überstürzte Totenschau

1

Kurz vor Mitternacht hatte die Witwe Cox, wie wir uns erinnern werden, die betrunkene Kelly in Gesellschaft eines Mannes mit rötlichem Schnurrbart getroffen. Die Witwe war den beiden die schmale Gasse Miller's Court hinauf gefolgt, hatte der Kelly gute Nacht gewünscht und beobachtet, wie das Paar in Nr. 13 hineinging und die Tür schloß; danach hatte sie die Kelly das Lied von den Veilchen mit schnapsrauher Stimme singen hören. Doch die Schwarze Mary hatte sich noch nicht für die Nacht zurückgezogen, wenn man einem andern Zeugen Glauben schenken darf. *Stunden später wurde sie von einem Bekannten auf den Straßen von Spitalfields gesehen.*

George Hutchinson hatte früher als Nachtwächter gearbeitet; das bedeutete, daß er, an Schlaflosigkeit gewöhnt, häufig während der Nacht durch die Straßen streifte. Doch in den ersten Stunden des Freitags, des 9. November, war es nicht Schlaflosigkeit, sondern Not, die ihn auf die Straße zwang, ein Umstand, den man im East End »das Banner tragen« nannte. George war nämlich schon seit vielen Wochen ohne Arbeit. Doch die Beobachtungsfähigkeit, die er sich als Wächter erworben hatte, kam ihm jetzt zustatten, als er von der Whitechapel Road um die Ecke bog und in die Commercial Street hineinblickte, die früh um zwei Uhr von unheimlicher Stille war. Zunächst bemerkte er einen dunkel aussehenden Mann, der an der Ecke unter einer Gaslaterne herumlungerte. Doch er hatte kaum Zeit, den Fremden zu betrachten, da aus der Richtung der Dorset Street Mary Kelly auf ihn zukam. Sofort hellte sich Hutchinsons Gesicht auf.

Der Nachtwächter und die Kelly waren alte Freunde. Als er noch feste Arbeit hatte, war er oft mit ihr in der Cambridge-Music-Hall gewesen, auf dem Olymp, wo der Platz vier Penny kostete, oder er hatte sie in der Britannia zu einem Gin eingeladen. Als er sie jetzt zu dieser späten Stunde allein sah – und außerdem in vergnügter, angeheiterter Stimmung, wie er später aussagte –, glaubte er, Glück zu haben. Denn die Kelly stand in dem Ruf, mit dem Geld ebenso freigebig zu sein wie mit ihrer Gunst. Während Hutchinson wartete, bis sie näher kam, sah er sich in Gedanken schon mit vier Penny für eine »Klappe« in einer Penne in der Tasche oder – noch besser – im Bett der Kelly.

Doch die Götter von einem andern Olymp als dem in der Music-Hall griffen nun ein und machten seine Hoffnungen grausam zuschanden. Ehe der Nachtwächter noch den Mund auftun konnte, um von seinen Sorgen zu sprechen, begann die Kelly schon mit ihren eigenen Schwierigkeiten. Die Miete sei fällig; sie habe nichts zu essen; ob er ihr ein paar Schilling leihen könne. Sie versprach, sie ihm zurückzugeben, ehe die Woche zu Ende sei. Wortlos wie

ein tragikomischer Mime stülpte er die leeren Taschen um und breitete die Hände in einer Geste gespielter Verzweiflung aus.
Mit der gleichen komisch betrübten Miene sah er die Kelly davongehen, beobachtete, wie sie den Schritt verhielt, als sie an dem dunklen Mann vorüberging, der an der Ecke der Thrawl Street stand, und sah, wie der Mann die Hand ausstreckte und die Schwarze Mary anhielt. Der Mann sagte etwas, worüber beide lachten, dann ging das Paar langsam zurück, der Mann legte der Kelly den Arm um die Hüften. Als sie an Hutchinson vorüberkamen, bemerkte der automatisch, daß der Mann maulwurfsfarbene Gamaschen trug. Welcher Impuls veranlaßte Hutchinson, dem Paar zu folgen? War es eine leise Regung des Neids? Schließlich hatte sich der ehemalige Nachtwächter eben noch selbst im Bett der Kelly gesehen. Oder war es einfach Langeweile? Spitalfields bot um diese nächtliche Stunde wenig Zerstreuung. Ebenso möglich ist natürlich, daß er der Anlage nach *voyeur* war. Doch welchen Grund Hutchinson auch gehabt haben mochte, wie ein Hund auf der Spur seiner Beute folgte er dem Paar, das in die Dorset Street einbog. Er sah die beiden einen Augenblick vor Miller's Court stehenbleiben und hörte die Kelly rufen: »Oh, ich habe mein Taschentuch verloren!« Darauf zog der Mann ein rotes Taschentuch hervor und führte damit im Scherz ein paar Bewegungen aus, als ob er ein Torero wäre. Dann verschwanden die beiden im Miller's Court.
Hutchinson wartete ein paar Minuten, dann schlich er sich zu Nummer 13, doch das Licht im Zimmer der Kelly war bereits gelöscht, und er hörte keinen Laut. Hutchinson schlich sich zurück und blieb wartend vor dem Miller's Court stehen. Worauf wartete er? »Verdammt will ich sein, wenn ich das weiß«, hätte er geantwortet, falls man ihn zu einer Erklärung gezwungen hätte. Während er dort stand, hörte er den dröhnenden Schritt eines Konstablers, der auf der Commercial Street seine Runde ging. Einmal sah er einen Mann eilig in ein Logierhaus weiter unten auf der Dorset Street laufen. Nachdem Hutchinson drei Viertelstunden auf den Mann mit den dunklen Gamaschen gewartet hatte, gab er seinen Posten zögernd auf. Den Rest der Nacht streifte er durch die Straßen, die Fäuste tief in die Taschen geschoben.
»Ich hatte sofort Verdacht«, erzählte er später der Presse, »als ich einen so gutgekleideten Mann in diesem Teil von London sah. Ich hatte den Eindruck, da stimmt etwas nicht.« Es mußte tatsächlich etwas nicht stimmen, wenn die Beschreibung, die Hutchinson von der Kleidung des Mannes gab, richtig war. »Er trug einen langen dunklen Rock, mit Astrachan besetzt, einen weißen Kragen mit schwarzer Krawatte, in der eine hufeisenförmige Nadel steckte . . . Er trug auch eine massivgoldene Uhrkette, an der ein Siegel mit rotem Stein hing.« Was die körperlichen Merkmale des Mannes betraf, so war er etwa 35 Jahre alt, ein Meter achtundsechzig groß, von dunklem Teint mit dunklen Augen, buschigen Brauen und einem Schnurrbart, der an den Enden aufwärts gebogen war. Er sah nach Hutchinsons Ansicht wie ein Ausländer aus.

Leider wurde Hutchinson, der vor der Presse recht rückhaltlos erzählte, bei der gerichtlichen Totenschau nicht als Zeuge geladen, denn sonst hätte man ihn dort ins Kreuzverhör nehmen können. Denn was soll man von den exzentrischen Einzelheiten halten, die er der Presse nannte? Seine Fähigkeit, auf einer schlechtbeleuchteten Straße zu erkennen, daß die Schlipsnadel des Mannes hufeisenförmig war, daß er maulwurfsfarbene Gamaschen trug und daß ein roter Stein an seiner Uhrkette hing, wirkt fast mirakulös. War das nicht genau die Beschreibung des Bösewichts, wie er in der Cambridge-Music-Hall aus der Versenkung zu erscheinen pflegte?

Doch Hutchinson blieb bei seiner Geschichte, trotz der wiederholten Bemühungen der Polizei, ihn von ihrer Unglaubwürdigkeit zu überzeugen. Hauptinspektor Abberline verhörte den Nachtwächter unbarmherzig. Durch eine Reihe rascher Fragen versuchte der Inspektor, den Mann in Widersprüche über Einzelheiten zu verwickeln. Doch Hutchinsons Antworten blieben immer die gleichen. »Wie konnten Sie ein rotes Taschentuch auf diese Entfernung erkennen?« fragte Abberline. »Er schwenkte das Tuch vor ihrem Gesicht«, erwiderte Hutchinson. »Da fiel der Schein der Laterne drauf. Er schwenkte es wie ein Stierkämpfer und brachte sie zum Lachen.«

Wenn Hutchinson die Beschreibung des Fremden erfunden hatte, dann war seine Leistung nur um so bemerkenswerter, als er alles zu verlieren hatte, weil er seine Aussage freiwillig machte. Schließlich hatte er während der Mordnacht nirgends geschlafen, sondern war, wie er selbst zugab, zur Zeit, als das Verbrechen begangen wurde, auf dem Schauplatz gewesen. Warum er nicht als Zeuge zur Totenschau geladen wurde, ist eins der vielen Rätsel in dieser im ganzen so undurchsichtigen Sache.

2

Bezeichnenderweise gehörte Königin Victoria zu den ersten, die auf den Mord an der Kelly mit einem Ruf zur Tat reagierten. Vom Schloß Balmoral in Schottland sandte sie ihrem Premierminister Lord Salisbury eine scharfe Mahnung: »Dieser neue, überaus abscheuliche Mord zeigt, wie unbedingt notwendig eine sehr entschiedene Tat ist. All diese Gassen müssen beleuchtet und unsere Detektive geschult werden. Sie sind nicht das, was sie sein müßten.« Ärgerlich klagte sie: »Als der erste Mord verübt wurde, haben Sie versprochen, sich mit Ihren Kollegen deshalb zu beraten.«

Vom Telegramm der Königin veranlaßt, berief Lord Salisbury sein Kabinett für Samstag, den 10. November, vormittag in der Downing Street Nummer 10 zusammen. (Wie es Jack the Ripper geschmeichelt haben muß zu erfahren, daß er der Grund für eine Kabinettssitzung war!) Nach längerer Diskussion entschloß sich das Kabinett zu dem beispiellosen Schritt, jedem, der nicht an der Ermordung der Kelly teilgenommen hatte und bereit war, über diese Informationen zu geben, Straflosigkeit zuzusichern. Die polizeiliche Bekanntmachung lautete:

»In Anbetracht dessen, daß am 8. oder 9. November im Miller's Court, Dorset Street, in Spitalfields Mary Jane Kelly von einer oder mehreren unbekannten Personen ermordet wurde, wird der Minister Ihrer Majestät die Begnadigung eines jeden Komplicen empfehlen, der zum Mord nicht gerade angestiftet oder ihn begangen hat, soweit er Informationen und Mitteilungen beibringt, die zur Ergreifung und Verurteilung der Person oder der Personen führen, welche den Mord begangen haben.«

Daß Jack the Ripper ein allein arbeitender Täter war, muß von Anfang an ziemlich klargewesen sein. Das erklärt auch die fast an ein Wunder grenzende Tatsache, daß er der Entdeckung entging. Aber die Polizei hatte anscheinend den Eindruck, daß der Ripper von einem Freund oder Verwandten gedeckt wurde, der, da er wußte, daß es sich um einen Geisteskranken und Mörder handelte, noch zögerte, ihn anzuzeigen, weil er fürchtete, dann wegen Beihilfe angeklagt zu werden. Lord Salisbury und seine Kollegen hätten vielleicht besser getan, die Straflosigkeitszusicherung mit einer nennenswerten Belohnung zu verbinden, die sich an die Habgier gewandt hätte. So dagegen blieb das Angebot ohne Ergebnis.

3

Die Sensation, die die früheren Morde hervorgerufen hatten, waren gar nichts im Vergleich zu der, die dem Fall im Miller's Court folgte. In Ostlondon wurde die Lynchwut lediglich durch die Anwesenheit zahlreicher Beamter der uniformierten Polizei eingedämmt. Daß der Mord an der Kelly am Wochenende der Lord Mayor's Show verübt worden war, wo die East-Ender in Feiertagsstimmung waren und viel Geld für Alkohol ausgaben, änderte daran nichts. Wenn die Kneipentüren auf- und zuschwangen, erhaschte man zugleich mit dem sauren Bierdunst Fetzen der Unterhaltung.

Auf der Dorset Street gegenüber dem Miller's Court lungerten ein paar rowdyhaft aussehende Gestalten herum; die Burschen rauchten ihre kurzen Tonpfeifen und riefen den Passanten obszöne Scherze nach. Hin und wieder drängten sich heisere Händler durch die Menge und schwenkten Hefte mit rotem Umschlag, die sie anpriesen als das »Blutbuch von Whitechapel – nur einen Penny!« Der Zustand wurde noch dadurch verschlimmert, daß der Jahrestag des »Blutsonntags«, an dem Sir Charles Warren seine Blauröcke eingesetzt hatte, um die Erwerbslosen zusammenzuschlagen, gerade auf dieses Wochenende fiel. Tausende versammelten sich im Hyde Park, um William Morris und R. Cunningham Graham, dem schottischen Gutsherrn, zuzuhören, die den unverzüglichen Rücktritt Warrens forderten, ohne zu wissen, daß dieser bereits angenommen worden war. Im Laufe des Wochenendes stieg die Spannung weiter. Es war gerade, als ob die East-Ender nur auf ein Signal warteten, um das Recht selbst in die Hand zu nehmen.

4

Ironischerweise wählte der neue Lord Mayor gerade diesen Samstag, den 10. November, um in seiner Eigenschaft als Oberster Polizeirichter der City in seinem Amtssitz Recht zu sprechen. Vielleicht klang eine Spur Sarkasmus in seiner Stimme, als er auf seinem Sessel Platz nahm und von dem »sehr geordneten, gutgeführten und gutmütigen Charakter der Menge« sprach, die sich den Zug des Lord Mayors angesehen hatte.
Als dies geschehen war, machte sich Seine Lordschaft an die Arbeit; es lagen 38 Anklagen vor, bei denen es sich meist um Taschendiebe handelte, die sich beim Vorbeimarsch des Zuges betätigt hatten[1].
Der interessanteste dieser Fälle war der Diebstahl einer goldenen Repetieruhr im Wert von 146 Pfund Sterling bei einem Attaché der Kaiserlich Russischen Botschaft in Berlin, der sich zufällig Freitag, den 9. November, in London aufhielt. Dieser Diplomat war, wie er aussagte, an diesem Tag zwischen ein und zwei Uhr mittags auf dem Weg zur Deutschen Bank auf der Throgmorton Street, wo er auf den Zug des Lord Mayors stieß und sich »plötzlich von Rowdys umgeben sah, die anfingen, ihn zu schieben und zu stoßen«. Im nächsten Augenblick entdeckte er, daß ihm der Mantel aufgeknöpft und die Kette seiner goldenen Repetieruhr durchgeschnitten worden war. Mittlerweile wurde die Uhr von Hand zu Hand gegeben, bis schließlich einer der Helfershelfer das Pech hatte, von einem Polizisten gefaßt zu werden. Der Lord Mayor hörte sich diese Geschichte mit gewissem Mitgefühl an und verurteilte die drei daran beteiligten Taschendiebe, die sich als schuldig bekannt hatten, zu je sechs Wochen Zwangsarbeit.

5

Noch ehe die Woche zu Ende ging, passierten im East End weitere häßliche Dinge. Am Sonntagabend tastete sich eine halbblinde alte Frau namens Mrs.

[1] Die während der Lord Mayor's Show im Jahr 1888 begangenen Diebstähle waren jedoch gar nichts im Vergleich zu dem, was sich am »Mafeking-Day«, am 17. Mai 1900, während des Burenkriegs abspielte. Als sich die Nachricht in der City verbreitete, daß die von den Buren belagerte Stadt Mafeking befreit worden war, sollen allein vor dem Mansion House, dem Amtssitz des Lord Mayors, binnen zehn Minuten sechsunddreißig Uhren den Besitzer gewechselt haben.

Humphries, die mit ihrer Tochter auf dem George Yard wohnte, auf den Hof hinaus, um Spülwasser auszugießen; als sie in das Außenklosett trat, stürmte ein junger Mann, der sich um ihre Tochter bemühte, an ihr vorüber. Zitternd vor Furcht rief Mrs. Humphries: »Wer ist da?« Der junge Mann stotterte leider, und ehe er seinen Namen hatte sagen können, schlug die Alte schon furchtbaren Lärm und rief: »Hilfe! Mord! Polizei!« Als ob sie in den Kulissen gewartet hätten, stürzten sich Polizisten und Kriminalbeamte von allen Seiten auf den unglücklichen Freier, der zur Wache auf der Leman Street abgeführt wurde.

Noch größer war die Aufregung eine Stunde später, als sich ein Mann, der sich das Gesicht wie einen Totenschädel geschminkt hatte, an die Ecke der Wentworth und der Commercial Street stellte und schrie: »Ich bin Jack the Ripper!« Dieser Mann hatte sich das Gesicht mit angebranntem Kork geschwärzt und sich breite weiße Ringe um die Augen gemalt, so daß er ein wahrhaft gespenstisches Aussehen zeigte. Er hatte jedoch nur wenig Zeit, Aufsehen zu erregen, da er von zwei Männern, darunter einem ehemaligen Soldaten, gepackt wurde. Abermals trat der Pöbel aus den Kulissen und stimmte den grauenhaften Schrei an: »Lyncht ihn!« Knüppel wurden geschwungen, und der schwarzgesichtige Mann wäre wohl zusammengeschlagen worden, wenn die Polizei nicht eingegriffen hätte. Immerhin waren vier Konstabler und mehrere Zuschauer nötig, um den Mann zu überwältigen. Er wurde zur Polizeiwache auf der Leman Street gebracht, wo er sich als Arzt am St. George's Hospital am Hyde Park vorstellte, seinen Namen aber nicht nennen wollte.

Nach Angaben von Kriminalschriftsteller Edwin T. Woodhall fand »der Mann mit den weißen Augen« ein schlimmes Ende. »Etwa drei Wochen später«, schreibt Woodhall, »wurde seine Leiche von der Flußpolizei aus der Themse bei der Hungerfordbrücke gefischt. Ein Raddampfer, der am Waterloopier festgemacht war, wurde verlegt; dabei kam die bläulich verschwollene Leiche an die Oberfläche; sie hatte unter dem Rad gehangen. Das Schwarz von dem verbrannten Kork und die weiße Farbe auf den sich bereits zersetzenden Zügen waren auf grauenhafte Weise noch immer sichtbar.« Woodhall stand nicht allein mit seiner Ansicht, daß Jack the Ripper unmittelbar nach dem Mord an Mary Kelly Selbstmord begangen habe, indem er sich in die Themse stürzte. Diese Ansicht wurde von hohen Polizeibeamten geteilt, wie es gleich berichtet wird.

6

Die Untersuchung des Todes von Mary Jane Kelly, die am 12. November im Bezirksrathaus von Shoreditch eröffnet wurde, unterschied sich in mehreren wichtigen Punkten von den Untersuchungen über die andern Morde des

Rippers. Zunächst einmal führte ein anderer Coroner den Vorsitz. Der geniale, wenn auch geckenhafte Wynne E. Baxter, der die Metropolitanpolizei mit seiner einseitigen Kritik zur Weißglut gereizt hatte, war nicht da. An seiner Stelle hatte sich die Polizei den sehr viel gefügigeren Roderick MacDonald gesichert, einen Chirurgen, der gleichzeitig Parlamentsmitglied der Liberalen und Bezirksmedizinalrat in Poplar gewesen war, ehe er Coroner für den Nordostteil von Middlesex wurde.

Zweitens wurde im Gegensatz zu den andern Verfahren, die sich über Wochen hinzogen, die Totenschau für die Kelly am Ende des ersten Tages jäh zum Abschluß gebracht. Die Polizei trug keineswegs soviel Informationen wie möglich bei, um den an der gerichtlichen Totenschau Beteiligten die Arbeit zu erleichtern, sondern schien vielmehr entschlossen, alle Begleitumstände des Mordes im Miller's Court zu vertuschen. Dabei fand sie eine tüchtige Hilfe in dem Coroner Roderick MacDonald, der selbst einmal Polizeiarzt im Bezirk K gewesen und deshalb daran gewöhnt war, eng mit den Behörden zusammenzuarbeiten.

Daß da hinter der Bühne ein Tauziehen vor sich ging, zeigte sich deutlich in der Diskussion zwischen MacDonald und einem der Geschworenen unmittelbar nach Eröffnung der Sitzung:

GESCHWORENER: Ich sehe nicht ein, weshalb wir uns diese Totenschau aufhalsen lassen sollen, wenn der Mord nicht in unserm Bezirk, sondern in Whitechapel verübt worden ist.

AMTSANWALT DES CORONERS (Mr. Hammond): Es ist nicht in Whitechapel geschehen.

CORONER (streng): Glauben Sie, wir wüßten nicht, was wir hier tun? Die Jury ist auf die übliche Art einberufen worden, und die Geschworenen haben keinen Grund zum Einspruch. Wenn sie bei ihrem Einspruch beharren, werde ich wissen, mit ihnen fertig zu werden. Bleibt irgendeiner der Geschworenen bei seinem Einspruch?

GESCHWORENER: Wir sind für den Bezirk Shoreditch berufen. Diese Sache hat sich aber in Spitalfields ereignet.

CORONER: Sie hat sich in meinem Bezirk ereignet.

EIN ANDERER GESCHWORENER: Dies ist nicht mein Bezirk. Ich komme aus Whitechapel, und mein Coroner ist Mr. Baxter.

CORONER: Ich werde über das Thema nicht mit den Geschworenen debattieren. Wenn einer der Geschworenen erklärt, er erhebe unbedingt Einspruch, dann soll er es sagen. (Nach einer Pause.) Ich kann den Geschworenen mitteilen, daß die Jurisdiktion dort liegt, wo die Leiche liegt, nicht dort, wo sie gefunden wurde.

Später sah sich Coroner MacDonald veranlaßt, noch einmal auf das erbitterte Hin und Her wegen der Zuständigkeit, das hinter den Kulissen vor sich ging, zurückzukommen; diesmal wandte er sich an die anwesenden Reporter, deren Zeitungen »viel Aufhebens« von der Verlegung der Totenschau gemacht hatten. Der Coroner sagte, er habe sich mit Mr. Wynne Baxter verständigt. »Die Leiche liegt in meinem Zuständigkeitsbereich; sie wurde in meine Leichenhalle gebracht, und damit ist die Angelegenheit erledigt«, verkündete er.

Als die Geschworenen vereidigt worden waren, wurden sie von Hauptinspektor Abberline in die Leichenhalle neben der Kirche von Shoreditch geführt, um sich die Tote anzusehen, die in einem groben Holzsarg lag. Nur das Gesicht der Ermordeten war zu sehen, der verstümmelte Körper gnädig von einem schmutziggrauen Tuch verdeckt. »Das Gesicht ähnelte einem dieser furchtbaren anatomischen Muster aus Wachs«, bemerkte die *Pall Mall Gazette*. »Die Augen waren das einzige Zeichen von Menschlichkeit. Das übrige war so zerstückelt und zerschnitten, daß man gar nicht erkennen konnte, wo das Fleisch aufhörte und die Schnitte begannen.« Danach besichtigte die Jury das Zimmer im Miller's Court, wo der Mord verübt worden war, und kehrte ins Bezirksrathaus zurück, um die Zeugen zu hören.

Als erster wurde Joseph Barnett, der Fischträger aus Billingsgate, aufgerufen, mit dem die Kelly bis zu ihrem Tod gelebt hatte. Er hatte die Kelly zuletzt am Donnerstag, dem 8. November, abends zwischen 7.30 und 7.45 Uhr am Leben gesehen, als er sie im Miller's Court Nummer 13 aufsuchte und sie in Gesellschaft einer andern Prostituierten, Maria Harvey, fand.

CORONER: Standen Sie auf gutem Fuß mit der Toten?

BARNETT: Ja, ich war mit ihr befreundet, doch als wir uns trennten, sagte ich ihr, ich hätte keine Arbeit und könne ihr nichts mehr geben, was mir leid tat.

CORONER: Haben Sie beide etwas getrunken?

BARNETT: Nein, Mary war völlig nüchtern.

CORONER: War sie, allgemein gesprochen, eine Trinkerin?

BARNETT: Wenn sie mit mir zusammen war, fand ich sie meistens nüchtern, aber sie ist auch mehrmals in meiner Gegenwart betrunken gewesen.

Thomas Bowyer, der Angestellte, der die Miete kassieren sollte, erzählte von seiner entsetzlichen Entdeckung, als er die Hand durch die zerbrochene Fensterscheibe schob, den Vorhang zur Seite zog und »zwei Fleischstücke auf dem Tisch liegen« sah. Seine Aussage, die nach dem, was er der Presse gesagt hatte, nichts Neues ergab, wurde von John McCarthy, dem Hauswirt der Kelly, bestätigt.

Als nächste kamen mehrere Gestalten von der Dorset Street, Frauen, die wie die Kelly ihren Lebensunterhalt auf der Straße verdienten. Zu Anfang ihrer Laufbahn mögen sie ebenso frisch ausgesehen haben wie die Kelly, doch nun waren die meisten von ihnen in der Prostitution ergraut. Die Umschlagtücher fest um sich gezogen, beantworteten sie die Fragen des Coroners ziemlich widerspenstig oder auf leicht komische Art und Weise. Den Rekord dabei errang Mary Ann Cox, die Witwe, die die Kelly um 11.45 Uhr bei dem Mann mit dem rötlichen Schnurrbart gesehen hatte und nun von ihrem eigenen Kommen und Gehen während der Mordnacht berichtete. Als die Witwe zum letztenmal in ihr Zimmer zurückkehrte, etwa um drei Uhr morgens, brannte im Zimmer der Kelly kein Licht, wie sie aussagte.

CORONER: Sind Sie dann schlafen gegangen?

COX: Nein, ich war aufgeregt. Ich machte mir nicht mal die Mühe, mich auszuziehen, da ich micht nicht schläfrig fühlte. Ich legte mich nur aufs Bett.

CORONER: Haben Sie Geräusche oder Schreie gehört?

COX: Ich habe gehört, wie ein Mann, der im Miller's Court wohnt, zur Arbeit auf den Markt von Spitalfield ging.

CORONER: Haben Sie sonst noch etwas gehört?

COX: Um 6.15 Uhr habe ich einen Mann über den Court gehen hören. Das wäre für den Markt zu spät.

CORONER: Aus welchem Haus kam er?

COX: Das weiß ich nicht.

CORONER: Haben Sie die Tür hinter ihm zuschlagen hören?

COX: Nein.

CORONER: Dann muß er den Court hinunter- und wieder hinaufgegangen sein?

COX: Ja.

CORONER: Könnte das ein Polizist gewesen sein?

COX: Könnte sein.

Die nächste Zeugin war Elizabeth Prater, eine Prostituierte, die das Zimmer unmittelbar über dem der Kelly innehatte. Sie sei die ganze Donnerstagnacht auf der Straße gewesen, berichtete sie der Jury, und sei erst um ein Uhr in die Nähe des Miller's Court gekommen, und selbst dann habe sie noch etwa zwanzig Minuten an der Straßenecke gestanden, weil sie hoffte, einen Freier zu finden. Wenn Licht in Nummer 13 gewesen wäre, hätte sie das bemerkt, als sie die Treppe zu ihrem eigenen Zimmer hinaufging, sagte sie aus. Sie habe jedoch niemanden gesehen. Wenn sich die Kelly oder sonst jemand im Zimmer bewegt hätte, müßte sie das gehört haben, da die Wände sehr dünn seien. Aber sie habe nichts gehört. Sie habe ihre Tür mit zwei Tischen verbarrikadiert, sei dann ins Bett gegangen und habe zwei Stunden lang fest geschlafen. »Eine junge Katze störte mich gegen 5.30 Uhr oder 45«, erklärte sie der Jury. »Als ich mich umdrehte, um wieder einzuschlafen, hörte ich einen schwachen Schrei: ›Oh, Mord!‹ Er schien aus dem Court zu kommen.«

CORONER: Hören Sie den Schrei Mord häufig?

COX: Er ist auf der Straße nicht ungewöhnlich. Ich habe mich nicht darum gekümmert.

CORONER: Haben Sie gehört, daß Betten oder Tische hin und her gerückt wurden?

COX: Gar nichts. Ich bin wieder eingeschlafen und um fünf aufgewacht.
CORONER: Was haben Sie dann getan?
COX: Ich bin hinuntergegangen und habe gesehen, wie ein paar Männer Pferde anschirrten. Viertel vor sechs war ich in den Ten Bells.
CORONER: Haben Sie Fremde in den Ten Bells gesehen?
COX: Nein.
CORONER: Was haben Sie dann getan?
COX: Ich bin wieder ins Bett gegangen und habe bis elf Uhr vormittags geschlafen.
CORONER: Haben Sie kein Singen unten gehört?
COX: Nein, gar nichts. Ich hätte das Singen deutlich gehört, aber es war um halb zwei still.
Sarah Lewis, eine Wäscherin, die auf der Great Pearl Street Nummer 24 wohnte, sagte als nächste aus, daß sie um halb drei Uhr morgens zum Miller's Court gegangen sei, um ihre Freundin, Mrs. Keyler, zu besuchen, die in dem Haus gegenüber von Mary Kelly wohnte. Als sie in den Court einbog, bemerkte sie einen Mann, der dem Eingang gegenüberstand und den Court hinunterblickte, als ob er auf jemanden warte. Er war stämmig, nicht sehr groß und trug einen Schlapphut. (Leider besitzen wir keine Personenbeschreibung von George Hutchinson, aber der Mann, den Mrs. Lewis sah, könnte wohl Hutchinson gewesen sein, der behauptete, bis drei Uhr morgens vor dem Miller's Court Posten gestanden zu haben.) Die Wäscherin sagte, sie habe in einem Stuhl bei Mrs. Keyler bis halb vier Uhr morgens gedöst, als sie die Glocke der Christuskirche in Spitalfields die halbe Stunde schlagen hörte.
CORONER: Was hat Sie geweckt?
LEWIS: Ich konnte nicht schlafen. Ich blieb bis gegen vier Uhr wach da sitzen, als ich eine Frauenstimme laut »Mord« rufen hörte. Es schien die Stimme einer jungen Frau zu sein. Es klang vor unserer Tür. Es kam nur der eine Schrei.
CORONER: Hatten Sie Furcht? Haben Sie jemanden geweckt?
LEWIS: Nein. Ich kümmerte mich nicht weiter darum, als ich nur den einen Schrei hörte.
CORONER: Und wie lange blieben Sie dann im Haus der Keyler?
LEWIS: Bis Freitag halb sechs Uhr nachmittags. Die Polizei ließ uns nicht aus dem Court heraus.
Die Aussage der nächsten Zeugin wich so sehr von den bekannten Tatsachen ab, daß der Coroner sie ermahnte, vorsichtig mit ihren Aussagen zu sein. Die Zeugin war Caroline Maxwell, Ehefrau des Logierhausvorstehers auf der Dorset Street Nummer 14, das dem Miller's Court unmittelbar gegenüberlag. Mrs. Maxwell sagte jetzt unter Eid aus, daß sie Mary Kelly *am Freitag um acht Uhr morgens* vor dem Eingang zum Miller's Court habe stehen

sehen. Die Zeugin war fest überzeugt, daß es sich um Mary Kelly gehandelt habe, obwohl sie nur ein-, zweimal mit ihr gesprochen habe; im Hinblick auf die Zeit war sie ebenso fest überzeugt, weil ihr Mann erst vor wenigen Augenblicken seine Arbeit beendet hatte.

CORONER: Haben Sie mit ihr gesprochen?

MAXWELL: Ja. Es war so ungewöhnlich, sie um diese Stunde auf zu sehen. Ich sprach mit ihr über die Straße: »Was machst du denn so früh draußen, Mary?« Sie antwortete: »Ach, Carrie, ich fühle mich so schlecht.«

CORONER: Und trotzdem sagen Sie, sie hätten vorher nur zweimal mit ihr gesprochen? Sie kannte Ihren Vornamen, und Sie kannten ihren?

MAXWELL: Ja, weil sie oft im Logierhaus war.

CORONER: Was hat sie dann gesagt?

MAXWELL: Sie sagte: »Ich habe ein Glas Bier getrunken und es wieder von mir gegeben.« Ich nehme an, sie ist in dem Bierlokal Britannia an der Ecke gewesen. Ehe ich ging, sagte ich noch, daß ich es ihr nachfühlen könne.

CORONER: Was haben Sie dann getan?

MAXWELL: Ich bin zur Bishopsgate Street gegangen und habe meinem Mann Frühstück geholt.

CORONER: Haben Sie die Kelly wiedergesehen?

MAXWELL: Ja. Als ich zurückkam, sah ich, wie sie vor dem Wirtshaus Britannia mit einem Mann sprach.

CORONER: Um welche Zeit wäre das gewesen?

MAXWELL: Es war Viertel vor neun.

CORONER: Können Sie den Mann beschreiben?

MAXWELL: Ich kann ihn nicht beschreiben, da die beiden in einiger Entfernung standen.

INSP. ABBERLINE (unterbrechend): Die Entfernung beträgt etwa 15 Meter.

MAXWELL: Ich bin fest überzeugt, daß es Mary Kelly war. Ich bin bereit, das zu beschwören.

CORONER: Sie sind bereits vereidigt. War der Mann groß?

MAXWELL: Nein, er war ein wenig größer als ich und stämmig.

INSP. ABBERLINE: Bei näherer Überlegung würde ich sagen, die Entfernung betrug reichlich 22 Meter.

CORONER: Wie war der Mann gekleidet?

MAXWELL: Dunkel. Mir scheint, er hatte einen karierten Rock an. Was er für einen Hut trug, kann ich nicht sagen.

CORONER: Was für ein Kleid hatte die Kelly an?

MAXWELL: Einen dunklen Rock, ein Samtmieder, ein kastanienbraunes Umschlagtuch und keinen Hut.

CORONER: Haben Sie sie jemals betrunken gesehen?

MAXWELL: Ich habe sie betrunken gesehen, aber sie hatte keinen schlechten Ruf.

Als nächste Zeugin wurde Maria Harvey vom New Court Nummer 3 an der Dorset Street aufgerufen, die den ganzen Donnerstagnachmittag mit der Kelly zusammengewesen war.

CORONER: Waren Sie im Haus, als Joe Barnett hereinkam?

HARVEY: Ja. Ich ging, kurz nachdem Joe gekommen war. Ich sagte: »Also bis morgen, Mary Jane, wir sehen uns heute abend nicht mehr.«

CORONER: Haben Sie irgendwelche Gegenstände bei der Kelly gelassen?

HARVEY: Ja, ich habe zwei schmutzige Männerhemden, ein kleines Knabenhemd, einen schwarzen Mantel, eine schwarze Krepphaube mit schwarzen Seidenbändern, einen Pfandschein für ein graues Umschlagtuch, auf das zwei Schilling geliehen waren, und einen kleinen weißen Mädchenunterrock bei ihr gelassen.

CORONER: Haben Sie irgendwelche von diesen Gegenständen seither wiedergesehen?

HARVEY: Ja, den schwarzen Mantel habe ich am Freitagnachmittag in einem Zimmer auf dem Court gesehen.

Dann rief der Coroner George Baxter Phillips auf, den Bezirkschirurgen der Polizei, der einen vorläufigen Bericht über seine Obduktionsergebnisse geben sollte. Das tat Phillips, ohne sich in Einzelheiten im Hinblick auf die Wunden einzulassen. Als unmittelbare Todesursache gab der Arzt die Durchschneidung der rechten Halsschlagader an. Die Geschworenen stellten in diesem Stadium keine Fragen, da sie der Ansicht waren, eine eingehendere Aussage über die ärztliche Untersuchung würde bei einer späteren Vernehmung gegeben werden.

Man kann sich deshalb die Überraschung bei den Zuschauern vorstellen, als Coroner MacDonald kurz darauf das Verfahren abbrach und den Urteilsspruch der Jury »gegen eine oder mehrere unbekannte Personen wegen vorsätzlichen Mordes« zu Protokoll gab. Der Coroner hatte es nicht für nötig gehalten, den Polizeiarzt zu fragen, ob irgendwelche Teile der Leiche fehlten. Ebensowenig hatte er sich bemüht, die Natur der Waffe festzustellen, mit der die Kelly ermordet worden war.

Seit dem dreizehnten Jahrhundert, seit Eduard I., fordert das britische Gemeine Recht, daß »alle Verletzungen der Leiche, dazu alle Wunden betrachtet werden sollen; und die Länge, Breite und Tiefe, mit welcher Waffe und in welchem Teil des Körpers die Wunde oder Verletzung ist – welche Dinge alle in das Protokoll des Coroners aufgenommen werden müssen«. MacDonald wußte das natürlich. Als früherer Polizeiarzt war er schließlich oft genug aufgerufen worden, vor solchen Totenschauverfahren als sachverständiger Zeuge auszusagen. Doch er entschloß sich trotz all dieser Vorschriften bewußt, diese Teile des Beweises zu unterdrücken.

»Es gibt noch weitere Beweise, die ich jedoch nicht heranzuziehen beabsichtige«, verkündete er ziemlich großsprecherisch am Schluß der Untersuchung, »denn wenn wir sofort jeden Umstand bekanntgäben, der im Zusammenhang mit diesem entsetzlichen Mord vorgelegt worden ist, könnten die Ziele der Gerechtigkeit verzögert werden.« Was meinte er mit dieser außergewöhnlichen Erklärung? Wurde er dazu von Scotland Yard veranlaßt, nachdem diese Polizeidienststelle alles getan hatte, den Fall Coroner Wynne Baxter aus der Hand zu nehmen? Was versuchte die Polizei zu verheimlichen?

7

Nach den Aussagen der Zeugen bei der Totenschau läßt sich – unter der Voraussetzung, daß diese Zeugenaussagen richtig sind – eine grobe Zeittafel für Bewegungen im Miller's Court und in seiner Umgebung in der Mordnacht aufstellen:

11.45 Uhr abends: Kelly und ein schäbiggekleideter Mann werden von der Witwe Cox gesehen, wie sie aus der Kneipe Britannia kommen. Die Witwe Cox folgt dem Paar in den Miller's Court und sieht, wie die beiden in Nummer 13 eintreten. Die Witwe geht in ihr eigenes Zimmer, bleibt dort 15 Minuten und geht wieder aus.

1.00 Uhr morgens: Die Witwe Cox kehrt zum Miller's Court zurück und hört, als sie am Fenster von Nummer 13 vorbeigeht, die Kelly singen.

1.20 Uhr: Elizabeth Prater, die über der Kelly wohnt, kommt in ihr Zimmer zurück, sieht jedoch kein Licht in Nummer 13 und hört auch kein Geräusch.

2.00 Uhr: Sarah Lewis macht einen Besuch im Miller's Court, sieht einen Mann auf dem Bürgersteig gegenüber dem Court stehen. (Es könnte Hutchinson gewesen sein.)

3.00 Uhr: Hutchinson gibt Wachposten vor dem Miller's Court auf.

3.30–4.00 Uhr: Ein Schrei »Mord!« wird sowohl von Elizabeth Prater als auch von Sarah Lewis gehört, doch keine von beiden kümmert sich darum.

6.15 Uhr: Die Witwe Cox hört, daß jemand den Miller's Court verläßt.

8.00–8.45 Uhr: Mrs. Maxwell sieht die Kelly am Eingang zum Miller's Court stehen und später mit einem Mann vor der Kneipe Britannia sprechen; jedenfalls behauptet sie das.

10.45 Uhr: Mieteneinnehmer Thomas Bowyer entdeckt den Mord.

Das erste, was dem Beobachter auffällt, ist der ungewöhnlich rege nächtliche Betrieb rund um »McCarthys Häuser«, die nichts anderes sind als ein einziges Bordell, wo mindestens noch drei Prostituierte außer der Kelly in den engen Häusern leben. Man könnte mit Recht sagen, daß der Miller's Court, wenn er überhaupt schlief, dabei immer ein Auge offen hatte. Sarah Lewis findet nichts dabei, dort um halb drei Uhr nachts einen Freundschaftsbesuch zu machen, und schläft ein, während sie bei der Freundin auf dem Stuhl sitzt. Und was soll man von der Witwe Cox halten, die ihr Zimmer zwischen Mitternacht und drei Uhr morgens mindestens dreimal verläßt und wieder aufsucht, bis sie sich schließlich auf dem Bett ausstreckt, ohne sich die Mühe zu machen, die Kleider auszuziehen? Als Grund dafür gibt sie an, sie sei aufgeregt gewesen – aber worüber aufgeregt?

Und dann ist da Elizabeth Prater, eine weitere Dirne, die das Zimmer über dem der Kelly innehat. Die Prater befindet sich in so bitterer Not, daß sie nachts 1.20 Uhr an der Straßenecke steht, weil sie nach ihrer Zeugenaussage hofft, einen unvorsichtigen Freier zu finden. Aber als sie dann doch in ihr Zimmer zurückkehrt, verbarrikadiert sie die Tür mit zwei Tischen. Gegen wen verbarrikadiert sie die Tür? Man könnte glauben, sie müsse die Kronjuwelen schützen.

Aber damit sind die auffallenden Dinge noch nicht zu Ende. Sowohl Elizabeth Prater als auch Sarah Lewis erklärten vor den Geschworenen, sie hätten gegen halb vier Uhr nachts einen Schrei »Mord!« gehört. Die Prater sagte aus, es sei eine schwache Stimme gewesen, während die Lewis sagte, sie habe einen lauten Schrei gehört. Doch keine von beiden kümmerte sich irgendwie um den Ruf. In dieser Gegend werde häufig »Mord!« geschrien, sagten sie aus – man beunruhigte sich deshalb nicht. Nach dem Schrei muß man die Mordzeit anscheinend zwischen 3.30 und 4.00 Uhr ansetzen. Wenn der Verbrecher, wie die Polizei annahm, zwei Stunden brauchte, um sein abscheuliches Sezieren zu beenden, dann würde das bedeuten, daß er den Miller's Court gegen 6.00 Uhr verlassen hat, zu der Zeit also, als die Witwe Cox ihrer Aussage nach einen Mann hatte weggehen hören.

Völlig unvereinbar miteinander wäre es übrigens nicht, daß die Witwe Cox die Kelly kurz nach Mitternacht in Gesellschaft eines schäbig gekleideten Mannes und Hutchinson sie zwei Stunden später mit einem modisch angezogenen Herrn gesehen hat. Daß der erste Mann schäbig aussah, deutet darauf hin, daß er, wenn vielleicht auch nicht mittellos, so doch darauf aus war, eine kostenlose Unterhaltung bei der Kelly zu finden, zu der er nur das Bier beisteuerte. (Übrigens ist es wirklich schwer, sich Jack the Ripper mit einem roten Schnurrbart und einer Melone vorzustellen, auch ohne daß er dazu noch auf häuslich gemütliche Weise einen Eimer Bier in der Hand trägt.)

Wahrscheinlich wird die Kelly, nachdem sie ihren Liebhaber mit dem Einfachbier losgeworden war, wieder auf die Straße gegangen sein, wo Hutchinson sie um zwei Uhr nachts sah. Das war nichts Ungewöhnliches, wie wir bereits zu dem Gehen und Kommen im Miller's Court anmerkten. Und schließlich war die Miete am Morgen fällig. Die Kelly wußte, daß sie mindestens einen Abschlag zahlen mußte, sonst wurde sie aus ihrer elenden Bude herausgesetzt. Die arme Schwarze Mary, sie hätte sich die Mühe sparen können, denn der Tod erschien mit einem Sichtwechsel, der allem andern vorging.

Mary Kelly erhielt ein eindrucksvolles Begräbnis, das Henry Wilton bezahlte; er war seit fünfzig Jahren Rendant der Leonardkirche in Shoreditch. Sonntag, den 18. November, pünktlich um zwölf Uhr, fingen die Glocken der Leonardkirche an zu läuten, anscheinend als Signal für alle Hausfrauen des Viertels, die Vorbereitungen für das Essen zu unterbrechen und herbeizulaufen, denn die Menge, die sich vor der Kirche versammelte, bestand überwiegend aus Frauen. Im Handumdrehen war die ganze Straße versperrt, und die Polizei, die so etwas vorausgesehen zu haben schien, hatte alle Hände voll zu tun, um Ordnung zu halten.

Vier Männer trugen den Sarg auf der Schulter. Er bestand aus poliertem Rüster mit Metallbeschlägen, und die Sargplatte war mit der französischen Fassung des Namens der Toten graviert: »Marie Jeanette Kelly, gestorben am 9. November 1888, 25 Jahre alt.« Auf dem Sarg ruhten ein Kreuz aus Stiefmütterchen, das die Jungen einer Schule in Leytonstone bezahlt hatten, und zwei Kronen aus künstlichen Blumen, je eine von den Ten Bells und der Britannia. Der *East London Advertiser* berichtete, daß die Blumengaben Karten trugen, geschrieben von »Freunden, die gewisse Wirtshäuser gemeinsam mit der Ermordeten besucht hatten«.

Der Anblick des Sarges bewegte die Menge stark, wie der *Advertiser* berichtete: »Rund um den offenen Wagen, auf den er gesetzt wurde, kämpften Männer und Frauen erbittert um die Möglichkeit, näher zu kommen und den Sarg zu berühren. Frauen, denen die Tränen über das Gesicht strömten, riefen laut: ›Gott verzeihe ihr!‹, und jeder Mann hatte als Zeichen des Mitgefühls das Haupt entblößt.«

Zwei Trauerkutschen folgten dem Sarg zum katholischen Patricksfriedhof in Leytonstone; in der einen saß Joseph Barnett, der Fischhändler aus Billingsgate, der sehr würdig in seinem ungewohnten blauen Kammgarnanzug wirkte. In der andern fuhren die Witwe Cox, Maria Harvey und drei weitere Frauen, die sich alle für die Reise in einer Kneipe in der Nähe der Kirche gestärkt hatten. Wenige Minuten vor zwei Uhr erreichte der Zug den Patricksfriedhof, wo ihm Pater Colomban entgegenkam, der den Trauergottesdienst kurz machte. Als Mr. Wilton sich bereit erklärte, für die Beerdigungskosten aufzukommen, ließ er das Publikum doch gleichzeitig wissen, daß er Spenden annehmen wolle, falls sich jemand an den Kosten zu beteiligen wünschte. Etwaige Überschüsse würden dazu benutzt werden, einen Grabstein zu errichten, setzte er hinzu. Es wurde nie ein Grabstein aufgestellt.

9

Um den Mord an der Kelly kristallisierten sich zahllose legendäre Geschichten, von denen der populäre Fernsehansager Daniel Farson eine Anzahl sammelte und im November 1959 in einer Sendung benutzte[1]. In einer dieser Legenden geht es um die Beerdigung; sie wird von einem Cockney-Typ erzählt: »Meine Mutter befand sich an jenem Sonntagnachmittag auf dem Friedhof, wo sie ein anderes Grab besuchte. Als alle Trauernden gegangen waren, bemerkten sie und ihre Freundin einen Mann, der zurückgeblieben war. Nach einer Weile rückte er, weil er sich allein glaubte, die Bretter über dem Grab auseinander und spuckte hinein.«
Eine andere Mitwirkende bei dieser Fernsehsendung von Mr. Farson war eine gewisse Mrs. Little, die behauptete, nach dem Mord sei ihre Mutter in das Zimmer Miller's Court Nummer 13 gezogen. »An der Wand hing ein Bild von der Kreuzigung«, berichtete sie, »und dahinter der blutige Abdruck einer Hand. Ganz gleich, wie oft dieser Abdruck übermalt wurde, er leuchtete immer durch. Viele elegant gekleidete Herren besuchten das Haus, um den Abdruck zu sehen.«

[1] »Farson's Guide to the British«, ein zweiteiliges Fernsehprogramm, das am 5. und 12. November 1959 ausgestrahlt wurde.

1

Der jähe Abschluß der gerichtlichen Totenschau für die Kelly ließ das Geheimnis um den Ripper gewissermaßen in der Luft hängen. Nach einigem unschicklichen Raufen hinter den Kulissen war der Schlußvorhang überstürzt am Ende des zweiten Aktes heruntergelassen worden, und die Zuschauer mußten sehen, wie sie sich aus dem verdunkelten Theater heraustasten konnten, während ihnen der Kopf von unbeantworteten Fragen schwirrte. Weshalb war es Coroner MacDonald so eilig gewesen, das Verfahren abzuschließen? Fürchtete er, daß seine Zuständigkeit mit Erfolg bestritten werden konnte, wenn er die Jurisdiktion über den Fall länger für sich in Anspruch nahm? Oder handelte er auf Anweisung von Scotland Yard? Weshalb unterdrückte er den Bericht über den Obduktionsbefund? Bis zum heutigen Tag weiß niemand, welche Organe – wenn überhaupt – aus der Leiche von Mary Kelly fehlten. Diese Information wäre aber nützlich für die Klärung der Frage, ob den Morden ein festes Schema zugrunde lag oder nicht.
Weshalb wurde der Nachtwächter George Hutchinson nicht als Zeuge vernommen? Hutchinsons Geschichte hätte, falls er einem Kreuzverhör unterzogen worden wäre, vielleicht ebenfalls Licht auf den Fall werfen können, denn danach befand sich die Kelly Stunden, nachdem sie von der Witwe Cox gesehen worden war, auf der Straße. Hutchinson gab außerdem eine genaue Beschreibung des Mannes, mit dem er sie gesehen hatte. Und wie steht es mit Caroline Maxwell, die unter Eid aussagte, sie habe noch um acht Uhr an dem Morgen, an dem der Mord entdeckt wurde, mit der Kelly gesprochen? Weshalb wurde nicht der Versuch unternommen, die Widersprüche in der Geschichte aufzudecken? Oder hätte es sich dabei schon um die »weiteren Beweise, die ich jedoch nicht heranzuziehen beabsichtige«, gehandelt, um an die Worte von Coroner MacDonald zu erinnern?
In den folgenden Jahren haben Amateurdetektive versucht, einen dritten Akt zu diesem Geheimnis zu schreiben, das anscheinend der Lösung trotzt; ihre Antworten waren so verschiedenartig wie die Menschen, die sie gaben[1].
Der emsigste der frühen Amateure war Edward K. Larkins, Zollbeamter Ihrer Majestät, der sich drei Jahre lang überaus unbeliebt im Innenministerium und bei Scotland Yard machte. Larkins behauptete, die Morde seien nicht das Werk eines, sondern zweier Verbrecher gewesen, die er als portugiesische Seeleute an Bord der Viehschiffe *City of Oporto* und *City of Cork* bezeichnete. Nach Ansicht dieses Zollbeamten waren die beiden Mörder jedoch keine Komplicen.

[1] Vgl. Anhang B.

»Der erste Mord wurde, wie ich annehme, von dem einen Mann aus Rache begangen; die folgenden aber sind das Werk eines Menschen mit teuflischem Geist«, schrieb Larkins in einer Notiz vom 8. März 1889. Dann nannte er die Namen seiner Verdächtigen: »Die Viehwärter, die an Bord der Schiffe in unserm Land waren, als die Morde verübt wurden, waren Manuel Crux Xavier und Jose Laurence.«

Larkins arbeitete ein kompliziertes Schaubild aus, in dem er zeigte, daß die *City of Oporto* mit Xavier an Bord am 31. August, als Mary Ann Nicholls ermordet aufgefunden wurde, in den Londoner Docks festgemacht hatte, während Laurence zu den Zeiten der vier andern Morde an Bord der *City of Cork* in London gewesen war. Auf Grund dieser »Beweise« drängte Larkins den britischen Konsul in Oporto, die beiden Schuldigen verhaften und sofort an England ausliefern zu lassen. Als es der Konsul ablehnte, das zu tun, sandte Larkins ihm einen scharfen Brief: »Sofort wenn die Aufregung vorüber ist, werde ich – die Öffentlichkeit nach ihrer Ansicht darüber befragen, ob Sie der geeignete Mann sind, die britischen Interessen im Ausland zu vertreten.« Noch im Jahr 1891 bombardierte Larkins den Innenminister und den Chef der Metropolitanpolizei mit Memoranden wegen des Ripper-Falles.

Ein anderer, der den Ripper zur See fahren ließ, doch diesmal in der Rolle eines Hochseefischers, war Dr. D. G. Halsted, der seine Arztlaufbahn im Jahre 1884 als Assistenzarzt im London Hospital auf der Whitechapel Road begann und damit gewissermaßen einen Zuschauerplatz in der ersten Reihe für die Morde des Rippers hatte. Dr. Halsted, der auch einige Zeit als ärztlicher Missionar bei der Fischereiflotte an der Doggerbank verbrachte, schreibt:

»Ich glaube, daß der Ripper nach dem letzten Mord im November zur Nordsee-Fischereiflotte ging, wo er außer Reichweite des Gesetzes war. Unter dem Abschaum der Menschheit, der auf diesen Schiffen zu finden war, konnte seine Anwesenheit nahezu unbemerkt bleiben ... Ein solcher Verdacht wird gewiß bestätigt, wenn man von den Leichen hört, die von den Trawlern häufig in den Netzen gefunden werden, einige davon die Opfer von Schiffbrüchen oder Unfällen, doch andere ziemlich sicher Opfer von Verbrechen an Bord der Schiffe[1].«

Dr. Halsted fügt eine interessante Note über die angeblichen medizinischen Kenntnisse Jack the Rippers an: »Die großen chirurgischen Fähigkeiten, die er bei seinen weiblichen Opfern zeigte, konnte ein Mann, der gewöhnt war, Fische zu entgräten und Filets zu zerteilen, leicht erworben haben.«

[1] D. G. Halsted a. a. O.

Die Victorianer scheuten vor dem Gedanken zurück, daß der Mörder von Whitechapel eine Frau sein könnte. Die Möglichkeit einer entarteten Lady Macbeth der Pennen, die in ihrer Mitte tätig war, widersprach all ihren Begriffen vom zarten Geschlecht. Deshalb wurde die Theorie von Jill the Ripper auch erst im Jahre 1938 ernsthaft vorgetragen; ihr Exponent war der zum Detektiv gewordene Gebrauchsgrafiker William Stewart. Laut Stewart war der Mörder eine Hebamme, die möglicherweise mit einer Abtreibergruppe in Verbinduneg stand[1]. Nur eine Hebamme, argumentierte er, könne selbst mit blutbefleckter Kleidung bei Nacht durch die Straßen von Whitechapel gestreift sein, ohne Argwohn zu erregen. Nur eine Hebamme habe die Elementarkenntnisse der Anatomie, die der Ripper aufwies. Und schließlich: »Sie hätte jedes ihrer Opfer gekannt und ihr Vertrauen besessen — und das war unbedingt notwendig, da jede fremde Person den Frauen, die getötet wurden, verdächtig erschien.«

Selbst wenn man Jill ertappt hätte, wie sie sich gerade über die Leiche eines eben ermordeten Opfers beugte, hätte sie das vollkommene Alibi: »Sie brauchte nur zu sagen, sie sei hier entlanggekommen, dabei auf die Leiche gestoßen und habe erst geglaubt, die dort Liegende bedürfe ihrer Hilfe. Sie habe gerade mit ihrer Untersuchung begonnen, als sie zu ihrem Entsetzen feststellte, daß die Frau ermordet worden sei.« Doch wenn es um die Frage des Motivs geht, scheint sich Stewart auf schwankendem Boden zu befinden. Als Abtreiberin hätte Jill the Ripper wohl von einer der Frauen, denen sie geholfen hatte, bei der Polizei denunziert worden sein können, argumentiert Stewart. »Eine hochsensible, phantasievolle Frau, die man wegen solcher Taten ins Gefängnis geworfen hätte, würde sich selbst als Märtyrerin betrachten. Im Grübeln über diesen Verrat, wie sie es ansehen würde, mußte sie schließlich zu der Überzeugung kommen, daß sie durchaus berechtigt sei, Frauen wie die, die sie angezeigt hatten, zu ermorden.«

Der Autor benutzt den Mord an Mary Kelly als Begründung für seine Theorie. Die Kelly war zur Zeit ihres Todes seit drei Monaten schwanger. Was wäre natürlicher, als daß die Kelly, für die ein Kind die Katastrophe bedeuten mußte, die Dienste einer Abtreiberin suchte, um ihrer Schwangerschaft ein Ende zu machen? Was wäre natürlicher, als daß eine solche Abtreiberin Zugang zum Zimmer der Kelly erhielt, ohne daß Lärm geschlagen wurde, und daß sich die Kelly für eine Untersuchung auszog?

Bei seiner Suche nach Strohhalmen, mit denen er seine Fundamente bauen wollte, scheint Stewart jedoch den deutlichen Hinweis übersehen zu haben, den Barnett, der Liebhaber der Kelly, gibt und nach dem die Kelly Lesbierin

[1] William Stewart *Jack the Ripper: A New Theory* London 1939.

war oder mindestens starke lesbische Neigungen hatte, wie es bei Prostituierten keineswegs ungewöhnlich ist. Wenn das aber zutrifft, ergibt sich eine völlig neue Richtung für die kriminalistische Untersuchung.

Barnett berichtete der Polizei, daß er und die Schwarze Mary glücklich zusammengelebt hätten, bis eine gewisse Maria Harvey, die er als »diese Frau von unmoralischem Charakter« bezeichnete, in ihr Leben trat. Den Marktträger störten die Ansprüche nicht, die die Harvey an die Zeit der Kelly stellte, doch als sie dazu überging, auch das quasi-eheliche Bett mit ihnen zu teilen, »widersprach er energisch«, wie er sagte. Schließlich hatte er, nachdem die Harvey zwei, drei Nächte dageblieben war, deshalb Streit mit der Kelly und verließ sie; er zog auf die New Street 24 in Bishopsgate. Das war am 30. Oktober, etwa eine Woche, bevor die Schwarze Mary ermordet wurde. »Die Kelly wäre nie wieder auf Abwege gekommen, und ich hätte sie nicht verlassen, wenn diese schlechte Frau nicht zu ihr gekommen wäre«, erklärte Barnett.

Diese Fährte wäre für Stewart lohnender gewesen als seine Hebammentheorie. Sie bietet mindestens ein starkes Motiv für den Mord: das der Eifersucht von seiten einer rachsüchtigen Frau.

Der Umstand, daß Caroline Maxwell glaubte, sie habe die Schwarze Mary Stunden nach ihrer Ermordung vor dem Miller's Court stehen sehen, deutet auf die Möglichkeit hin, daß der Mörder, auch wenn er keine Frau war, so doch in Frauenkleidern geflohen ist – wenigstens dieses eine Mal. Ein neunundzwanzigjähriger Arzt namens Arthur Conan Doyle, der erst im Jahr zuvor seine erste Sherlock-Holmes-Geschichte veröffentlicht hatte, gehörte nach Angaben seines Sohnes zu denen, die im Jahre 1888 glaubten, der Ripper habe sich als Frau verkleidet, um der Entdeckung zu entgehen. Über die Theorie seines Vaters schreibt Adrian Conan Doyle aus der Schweiz: »Da über dreißig Jahre verstrichen sind, ist es schwer, sich seiner Ansichten über den Ripper-Fall in allen Einzelheiten zu erinnern. Doch entsinne ich mich genau, daß er es für wahrscheinlich hielt, daß der Mann einige Kenntnisse von der Chirurgie besaß und sich wahrscheinlich als Frau kleidete, um der störenden polizeilichen Aufmerksamkeit zu entgehen und sich seinen Opfern zu nähern, ohne bei ihnen Verdacht zu erregen.«

Soviel über die Bemühungen der Amateure, das große Ripper-Mysterium zu erhellen. Nun wollen wir uns die Berufskriminalisten ansehen.

3

»Ich entsinne mich nicht, daß mein Großvater, General Sir Charles Warren, seine persönlichen Ansichten über die Identität Jack the Rippers jemals schriftlich niedergelegt hätte«, schreibt Watkin W. Williams als Antwort auf meine Anfrage[1]. Auch im Gespräch mit seinem Großsohn äußerte Warren diese Ansichten nicht. »Es war ein Thema, über das er sehr selten sprach«, behauptet Mr. Williams, der Lehrer am Eton College ist. »Mein Eindruck ist der, daß er den Mörder für einen Triebverbrecher hielt, der nach dem Mord im Miller's Court Selbstmord beging – möglicherweise der junge Arzt, dessen Leiche am 31. Dezember 1888 in der Themse gefunden wurde.«

Aber wenn Sir Charles Warren zurückhaltend mit seinen Ansichten über den Ripper-Fall war, so waren andere Polizeibeamte das keineswegs. Im Gegensatz zu den Amateuren, die ziemlich alles von der Hebamme bis zum Hochseefischer zum Ripper ernannt haben, sind die Äußerungen der Berufspolizisten darüber, wer Jack the Ripper wirklich war, ziemlich einmütig. Wenn man Sir Charles Warren auf Grund der Mitteilung seines Enkels einbezieht, dann glaubten sechs von sieben Polizeifachleuten, die sich irgendwann einmal mit dem Fall beschäftigt haben, daß der Ripper Doktor der Medizin gewesen sei. Die sechs, die diese Ansicht vertraten, waren Warren, Hauptinspektor Frederick G. Abberline, Major Henry Smith, Sir Melville Macnaghten, Sir Basil Thomson und Detektivsergeant Leeson.

Diese Annahme wirkt ganz eindrucksvoll, bis man sie näher prüft. Von dem Sextett hatten nur Warren und Abberline zur Zeit der Morde in Whitechapel hohe Posten im Scotland Yard inne, und Abberline war überzeugt, daß der Ripper und George Chapman, der Giftmörder, ein und dieselbe Person seien. Major Henry Smith als amtierender Polizeichef der City von London hatte unmittelbar nur mit einem einzigen Mord zu tun, dem an Catherine Eddowes, und hatte keine festgelegte Ansicht im Hinblick auf die Persönlichkeit des Rippers, soweit ich das ermitteln konnte.

Von den übrigen Polizeibeamten trat Sir Melville Macnaghten erst sechs Monate nach den Morden im Scotland Yard ein, und das auch nur in der Eigenschaft als stellvertretender Leiter der uniformierten Polizeikräfte, während Sir Basil Thomson gar erst 1913 als Chef der Kriminalabteilung zum Yard kam. Deshalb kann keiner dieser Männer Kenntnisse aus erster Hand von den Morden haben. Was Leeson betrifft, so war er während der Zeit, in der sich der Ripper betätigte, erst Konstabler, der seine Runde in Whitechapel ging, und es ist unwahrscheinlich, daß die Vorgesetzten ihn ins Ver-

[1] Als General Warren als Polizeichef zurücktrat, folgte ihm James Monro auf seinem Posten. Doch die Öffentlichkeit hatte damit keineswegs das letzte von Warren gehört. Bei Ausbruch des Burenkriegs im Jahr 1899 wurde er reaktiviert und zum Stellvertreter von General Sir Redvers Buller ernannt, der das Expeditionsheer für Natal befehligte. Als der junge Leutnant Winston Churchill General Warren in dessen Befehlsstelle die Nachricht von der schweren Niederlage am Spion-Kop überbrachte, nahm Warren »alles sehr ruhig auf«. Churchill setzte hinzu: »Er war ein charmanter alter Herr, der mir aufrichtig leid tat. Die Armee tat mir auch leid.« General Warren trat im Jahr 1905 in den Ruhestand, um sich der Pfadfinderbewegung zu widmen. Im Jahr 1927, im Alter von 87 Jahren, wurde er in sein Walhalla abberufen.

trauen gezogen haben. Damit sind nur noch die Ansichten von Sir Robert Anderson, dem stellvertretenden Polizei-Commissioner und Chef der Kriminalpolizei im Jahr 1888, zu prüfen.

»Mit Rücksicht auf das Interesse an dem Fall«, schreibt Sir Robert Anderson in seinen Erinnerungen, »bin ich fast versucht, die Persönlichkeit des Mörders bekanntzugeben... Doch die Öffentlichkeit hätte keinen Nutzen von einem solchen Schritt, und die Traditionen meiner alten Abteilung würden darunter leiden.« Sir Robert Anderson erzählt uns trotzdem, daß der Ripper ein »polnischer Jude aus den unteren Schichten« sei und setzt hinzu: »Es ist bemerkenswert, daß Leute dieser Klasse im East End keinen aus ihren Reihen der nichtjüdischen Polizei verraten... Ich will nur hinzufügen, daß der einzige Mensch, der den Mörder deutlich gesehen hat, den Verdächtigen, ohne zu zögern, identifizierte, als er ihm gegenübergestellt wurde; doch er weigerte sich, gegen ihn auszusagen. Wenn ich behaupte, er war polnischer Jude, dann stelle ich damit lediglich eine bewiesene Tatsache fest.«

Wir sind dieser Kitzeltechnik schon einmal begegnet, und zwar, als sich Sir Robert Anderson weigerte, den Namen des Journalisten von der Fleet Street zu nennen, den er beschuldigte, die mit »Jack the Ripper« gezeichneten Briefe gefälscht zu haben. Auch dabei hätten die Traditionen seiner alten Abteilung leiden können. Doch in diesem Fall erscheint das als überaus unverantwortlich, denn John Pizer, ein polnischer Jude, war als Verdächtiger zur Zeit der Lederschürzenhysterie in der Ripper-Sache verhaftet worden. Entweder will Anderson hier die Unschuld Pizers bezweifeln, oder er frönt einfach dem Antisemitismus. (Man beachte die verleumderische Unterstellung, daß seine Religionsgenossen nicht gegen ihn hätten aussagen wollen und daß allein deshalb der Ripper straflos ausgegangen wäre!) Es gibt freilich noch eine dritte Möglichkeit, und zwar die, daß Anderson hier einfach faselt, denn wir erinnern uns, daß er an dem Tag zum Urlaub in die Schweiz reiste, als der Ripper sein zweites Opfer, Annie Chapman, ermordete. Er kehrte erst nach London zurück, als der dritte und vierte Mord verübt worden waren. Deshalb kann Sir Robert Anderson wirklich nicht behaupten, daß er an der Fahndung nach dem Ripper von Grund auf teilgenommen habe.

Gern hat man Verbrechern, die wegen anderer Morde hingerichtet worden waren, nachträglich auch die Schuld an den Morden des Rippers in die Schuhe geschoben, etwa Dr. Thomas Neill Cream, dem wir bereits begegnet sind.

Am einundzwanzigsten Mai war's mit Frederick Deeming vorbei...
Tätterä Paukenschlag! Dies ist ein Feiertag,
East-Ender Festlichkeit, vom Ripper sind wir befreit!

Dieses Liedchen entstand am 21. Mai 1893 im australischen Melbourne, als Frederick Deeming, der Dieb, Betrüger, Bankräuber und Bigamist, hingerichtet wurde. Im Jahre 1891 ermordete Deeming seine Frau und die vier Kinder, mauerte ihre Leichen unter dem Fußboden der Spülküche ihrer Hauses in Rainhill, Liverpool, ein und wanderte nach Australien aus. Seine Verbrechen in Liverpool wurden erst entdeckt, als er in Melbourne seine zweite Frau auf ähnliche Weise beseitigte. Er wurde in Gegenwart einer großen Zuschauermenge von zwei Henkern hingerichtet, von denen der eine mit einem großen schwarzen, der andere mit einem weißen Bart maskiert war. Lange Jahre hielt sich in manchen Kreisen die Überzeugung, er sei Jack the Ripper gewesen[1]. Tatsächlich soll er vor der Hinrichtung gestanden haben, der Ripper zu sein. L. C. Douthwaite beweist in seinem Buch *Mass Murder*, daß das unrichtig ist: »Ob er es behauptet hat oder nicht – und im Hinblick auf seine Egozentrik, die auf jeden Ruhm, wie schändlich er auch sein mochte, erpicht war, ist es keineswegs unwahrscheinlich, daß er es getan hat –, die Behauptung war falsch. Der Beweis dafür ist nicht umzustoßen. Zur Zeit der Morde Jack the Rippers befand sich Deeming im Gefängnis.«

4

Hauptinspektor Frederick G. Abberline war überzeugt, Jack the Ripper sei in Wirklichkeit George Chapman alias Severin Klosowski, ein polnischer Bader, der 1903 gehängt wurde, nachdem er seine drei Ehefrauen vergiftet hatte. Abberline war so fest davon überzeugt, daß er, als Chapman verhaftet wurde, in die Hände klatschte und ausrief: »Die Polizei hat Jack the Ripper endlich gefaßt!« Er war übrigens nicht der einzige, der Chapman für den Ripper hielt. »Chapman war wie der Ripper beidhändig«, schreibt Inspektor Arthur F. Neil von Scotland Yard. »Die einzige Beschreibung, die ein Augenzeuge je vom Ripper gegeben hat, paßte genau auf Chapman, sogar die Größe, die tiefliegenden Augen, die blasse Gesichtsfarbe und der dichte schwarze Schnurrbart.« Weil diese beiden Polizeibeamten so fest davon überzeugt waren, daß Chapman der Ripper sei, lohnt es vielleicht, diese Geschichte genauer zu untersuchen.

Wie Inspektor Neil anmerkte, hatte Chapman einen dichten schwarzen Schnurrbart, der seinem Gesicht ein brutales Aussehen verlieh. »Ich habe niemals einen solchen Schurken gesehen«, schrieb Edward Carson, der berühmte Strafanwalt, der im Prozeß gegen Chapman öffentlicher Ankläger war. »Er sah aus wie ein böses wildes Tier. Ich erwartete fast, daß er über die Brüstung der Anklagebank springen und mich angreifen würde.«

[1] Offenbar wurde lange Zeit ein Gipsabdruck der von Deeming genommenen Totenmaske von Führern im »Schwarzen Museum« von Scotland Yard als die Jack the Rippers gezeigt. Diese Mitteilung verdanke ich F. C. Hails, Caroner von Stoke-on-Trent, der mir sagte, sein Museumsführer habe ihm vertraulich erzählt: »Wir glauben, daß er der Mann ist.«

Chapman war im Dezember 1865 in Polen geboren; damit wäre er zur Zeit der Morde des Rippers 23 Jahre alt gewesen. In Polen lernte er den Beruf des Feldschers, eine Art Barbier, der auch für kleinere chirurgische Leistungen ausgebildet ist. Als er im Juni 1887 nach Whitechapel, London, einwanderte, fand er Arbeit als Bader: er entfernte Warzen und nahm ähnliche kleine Operationen vor. In London heiratete er außerdem eine junge Polin und nahm sie mit nach New Jersey, wo er sie im Stich ließ.

Als Chapman nach England zurückkehrte, ließ er sich in Hastings nieder. Hier schloß er im Oktober 1895 die erste einer Reihe bigamistischer Ehen. Die Ehepartnerin war eine gewisse Mrs. Spink, klein, blond und dick und ein unbestreitbarer Habenposten für das Barbiergeschäft ihres Mannes, denn Mrs. Spink seifte nicht nur die Kunden ein, sondern sie spielte außerdem noch Klavier, wenn Chapman sie rasierte. Am 3. April 1897 kaufte Chapman eine Unze Brechweinstein, in dem tödliches Antimon enthalten ist, ein eintragungspflichtiges Gift. Kurz danach begann die Frau dahinzusiechen; ihr Tod am Weihnachtstag 1897 wurde einer Tuberkulose zugeschrieben.

Bald darauf finden wir Chapman als Wirt der Bergmannskneipe »Prince of Wales« in Finsbury, mit Bessie Taylor, einer Barfrau, »verheiratet«. Bessie starb am 13. Februar 1901, 36 Jahre alt; ihr Tod wurde auf »Entkräftung infolge von Erbrechen und Durchfall« zurückgeführt. Sechs Monate später folgte ihr, sowohl in der Eigenschaft als Barfrau wie in der als Ehefrau, Maud Marsh, die wiederum an Erbrechen, Durchfall und Leibschmerzen starb. Diesmal war Chapman jedoch sorglos gewesen. Ungeduldig, mit ihr zum Ende zu kommen, hatte er ihr Strychnin gegeben.

Der polnische Bader wurde daraufhin wegen Ermordung von Maud Marsh am 25. Oktober 1902 verhaftet. Die Leichen von Mrs. Spink und Bessie Taylor wurden exhumiert und in beiden Spuren von Antimon gefunden. Als der Richter Chapman zum Tode verurteilte, verzichtete er auf die übliche Formel: »Möge der Herr deiner Seele gnädig sein.«

Hargrave L. Adam, der das Buch *The Trial of George Chapman* herausgab, kam zu dem Schluß, daß Chapman und der Ripper ein und dieselbe Person seien, auf Grund folgender Beweise: I. Der erste Mord in Whitechapel ereignete sich kurz nach Chapmans Ankunft aus Warschau, und während des ganzen Herbstes 1888 hielt sich Chapman nie weit von den Schauplätzen der verschiedenen Verbrechen des Rippers auf. 2. Die Beschreibung (vermutlich die von Hutchinson) eines Mannes, der mit der Kelly, kurz bevor diese ermordet wurde, gesehen worden war, stellte eine »überaus getreue Beschreibung Chapmans« dar, wie Adam erklärt. 3. Die Benutzung von »Amerikanismen« in den Briefen des Rippers stimmte damit überein, daß Chapman zwei Jahre in den Vereinigten Staaten verbracht hatte und häufig als Amerikaner auftrat. 4. Schließlich weist Adam darauf hin, daß Chapman die erforderliche chirurgische Geschicklichkeit besaß, um der Ripper sein zu können. Ehe er nach London kam, hatte er in Warschau-Praga als Operationsgehilfe im Krankenhaus gearbeitet, danach als »Feldscher« in der russischen Armee, und die polnische Regierung hatte ihm im Jahre 1886 ein Zeugnis als Feldscher ausgestellt[1].

Einige Begründungen, die Adam gibt, lassen sich leicht zurückweisen. Zum Beispiel mag Chapman tatsächlich versucht haben, sich als Yankee auszugeben, aber im Jahre 1888 kann er in der Benutzung des amerikanischen Slangs noch nicht sehr geschickt gewesen sein, da er die Vereinigten Staaten erst im Jahre 1890 besuchte. Sowohl Adam als auch Hauptinspektor Arthur F. Neil betonen mit Nachdruck, daß Chapman dem Mann gleiche, den Hutchinson in der Mordnacht mit Mary Kelly gesehen hatte. Aber schließlich stimmte das dickliche, brutale Aussehen Chapmans mit fast allen Beschreibungen überein, die der Polizei von Verdächtigen gegeben wurden, mit einer Ausnahme: die meisten Beschreibungen sprachen von Männern mittleren Alters. Chapman dagegen war, wie bereits erwähnt wurde, zur Zeit der Morde in Whitechapel erst 23.

Mit der Frage der chirurgischen Fähigkeiten des Rippers beschäftigen wir uns später noch, doch hier soll schon darauf hingewiesen werden, daß sich die Frauen, die Chapman mordete, stark von den völlig »heruntergekommenen« des Rippers unterschieden. Der Ripper suchte seine Opfer in den Gossen des East End, doch Mrs. Spink und ihre Schwestern stammten aus achtbaren Familien der Arbeiterschicht. Schon die Tatsache, daß Chapman es für notwendig hielt, sich einer Trauzeremonie mit ihnen zu unterziehen, beweist die sittliche Besonnenheit seiner späteren Opfer.

Doch das ausschlaggebende Argument dagegen, daß Chapman Jack the Ripper gewesen sein könnte, ist selbstverständlich die Tatsache, daß Chapman Giftmörder war, der seine Opfer mit dieser grausamen, aber raffinierten Methode beseitigte. Psychiater und Kriminologen, die über lange Jahre hinweg die Mentalität von Giftmördern studiert haben, kommen zu dem Ergebnis, daß sie wenig mit Sadisten vom Typ des Rippers gemein haben. Adam versucht, diesen Einwand vorwegzunehmen und sagt: »Falls Chapman tatsächlich Jack the Ripper war, dann mußte sich ihm das Vergiften *als ein weit sichereres Mittel des Tötens* gewissermaßen von selbst anbieten. Als er seine Methode geändert hatte, wurde es für ihn natürlich notwendig, sich eine völlig andere Klasse von Opfern zu suchen« (Hervorhebung von mir).

Eine so uneingeschränkte Behauptung aufzustellen, heißt den Sinn der Morde zu verkennen und den Charakter des Rippers völlig mißverstehen. Der Ripper war nicht an »einem weit sicheren Mittel des Tötens« interessiert. Er wählte

[1] H. L. Adam *The Trial of George Chapman* London 1930. (Freilich gab es im Jahr 1886 keine Regierungs- oder Verwaltungsdienststelle, die das Wort »polnisch« führte; Russisch-Polen hieß zu jener Zeit »Weichselprovinzen«. Anm. d. Ü.)

das gefährlichste und öffentlichste Mittel des Mordens, das überhaupt möglich war; seine Verbrechen werden durch zunehmende Verwegenheit gekennzeichnet. Er suchte keineswegs Sicherheit, sondern tat alles, um die Aufmerksamkeit auf sich zu lenken.

5

Die jüngste Theorie, nach der Jack the Ripper ein Russe namens Alexander Pedachenko gewesen sei, ist eigentlich nur eine Variante der Chapman-Theorie, der Theorie vom dämonischen Giftmörder. Immerhin wird die Pedachenko-Theorie sehr geschickt von Donald McCormick vertreten, der Rasputin als eine seiner Quellen zitiert[1]. Kurz, McCormick meint, Pedachenko sei als zaristischer Geheimagent nach London geschickt worden, um den russischen Anarchisten nachzuspionieren, und habe die Morde in Whitechapel begangen, um die Anarchisten in Mißkredit zu bringen, damit sie aus Großbritannien ausgewiesen wurden.

Pedachenko hatte, wie ihn McCormick beschreibt, viel mit Chapman gemein. Beide Männer waren Feldschere und beide waren in dieser Eigenschaft in den ärmeren Bezirken Londons tätig: sie beseitigten Warzen, behandelten Hautkrankheiten und schnitten außerdem den Männern das Haar. Doch dabei läßt es McCormick nicht bewenden; er will die Zufälle weitertreiben. Nach McCormick war Pedachenko Gehilfe in *einer Klinik, die vier Opfer des Rippers aufsuchten – Turner, Chapman, Nicholls und Kelly –*, nämlich im Erlöserkrankenhaus in Walworth. Weshalb die vier Frauen allerdings den weiten Weg nach Walworth am Südufer der Themse gemacht haben sollen, sagt McCormick nicht; er zitiert allerdings Dr. Dutton als Quelle für diese Information. Nach den Morden in Whitechapel wurde Pedachenko angeblich aus London herausgeschmuggelt und nach Rußland zurückgeschickt; dort starb er 1908 in einem Irrenhaus.

Laut dem Nachrichtenblatt der *Ochrana*, einem vertraulichen Bulletin, das für die zaristische Geheimpolizei bestimmt war, wurde Pedachenko wegen eines Mordes an einer Frau im Montmartre-Bezirk von Paris im Jahre 1886 gesucht und könnte nach London geflohen sein, um der Verhaftung zu entgehen. »Er verkleidete sich gelegentlich als Frau«, behauptet das Nachrichtenblatt der *Ochrana*, das ihn folgendermaßen beschreibt: »Dichte schwarze Brauen und einen Schnurrbart, den er gewöhnlich aufgebogen und an den Enden gewachst trug«! Diesen Widerspruch umschifft McCormick geschickt, indem er an den verbrannten Teekessel erinnert, der in der Asche in der Feuerstelle des Zimmers der Kelly gefunden wurde. Wozu wurde dieser

[1] Donald McCormick a. a. O.

Kessel benutzt? »Nicht, um Tee zu machen«, versicherte uns McCormick, »aber vielleicht, um heißes Wasser für Pedachenko zu bereiten, damit er sich den Schnurrbart abrasieren konnte.« Als der Russe das getan hatte, zog er die Kleider der Kelly an und entfloh.

Es bliebe die Frage nach dem Motiv, immer eine Schwierigkeit, soweit es sich um Jack the Ripper handelt. McCormick zitiert aus den sogenannten »Geheimpapieren« Rasputins und erklärt, daß die zaristische Polizei ihren größten Triebverbrecher auf London losließ, »um vor der Welt gewisse Mängel des englischen Polizeisystems aufzudecken« – das heißt also, um Sir Charles Warren und seine Gehilfen als die wichtigtuerische, unfähige Gruppe hinzustellen, die sie wirklich war. Doch McCormick nennt als eine noch einleuchtendere Erklärung, daß die Morde Teil eines zaristischen Komplotts gewesen seien, um die in London lebenden russischen Anarchisten in Mißkredit zu bringen. Damit wäre beispielsweise auch erklärt, weshalb die Leiche von Elizabeth Stride vor dem Internationalen Arbeiterbildungsverein, diesem Treffpunkt russischer und polnischer Sozialisten, auf der Berner Street gefunden wurde. Sir Basil Thomson unterstützte diese Theorie mit seinem Gewicht. »Es gehörte bestimmt zur Politik des zaristischen Geheimdienstes«, erklärte er in einem Brief, »anarchistische Organisationen mit Hilfe aufgebauschter Beschuldigungen des Terrorismus und räuberischer Überfälle in Mißkredit zu bringen. Die Unruhen auf der Sidney Street haben das bewiesen.«

McCormick erklärt, Dr. Dutton vertrete »ganz nachdrücklich« die Ansicht, daß Pedachenko der Ripper gewesen sei und daß die Beweiszusammenfassungen Duttons »nüchterne, vorsichtige Tatsachenwürdigungen« seien. »Er legte keinerlei wilde Theorien vor.« Im Gegenteil, der gute Dr. Dutton gab immer wieder Erklärungen ab, für die es überhaupt keine stützenden Beweise gab. Was hatte er beispielsweise für einen Beweis für seine wilde Behauptung, daß vier von den Opfern des Rippers ein Krankenhaus in Walworth aufsuchten, wo Pedachenko Gehilfe »gerade bis zum Tode der Frauen« gewesen sei? Das ist nur eine der vielen unbegründeten Erklärungen, die McCormick als von Dr. Dutton stammend zitiert; Dr. Dutton scheint es demnach bei seinen Untersuchungen des Ripper-Falls sowohl mit den Jägern als auch mit den Gejagten gehalten zu haben. Da es zunächst an Beweisen fehlt, wird man Dr. Duttons Behauptung, daß Pedachenko und der Ripper die gleiche Person gewesen seien, mit großer Zurückhaltung aufnehmen müssen.

Die Berufskriminalisten – Polizeifachleute und andere – helfen bei der Identifizierung des Rippers nicht mehr als die Amateure. Wenn sie sich überhaupt von diesen unterscheiden, dann eher durch noch größere Verworrenheit. Sie scheinen geradezu hypnotisiert von den angeblichen medizinischen Kenntnissen des Rippers zu sein und haben, vielleicht unbewußt, alle das Klischee von »dem Mann mit der kleinen schwarzen Tasche« übernommen. Tatsächlich

scheinen wirklich alle, die sich jemals mit dem Ripper-Fall beschäftigt haben, diese kleine Tasche als den entscheidenden Schlüssel zu betrachten[1].
Auf ähnliche Weise bekommen es die Fachleute einfach nicht fertig zu glauben, daß Jack the Ripper vielleicht auch ein Engländer gewesen sein könnte. Nein, er war dunkel, mit brauner Gesichtsfarbe, sah ausländisch aus, war genau das Gegenteil des konventionellen Engländers mit seinen blauen Augen und der frischen Gesichtsfarbe. Der Ripper mußte ein Portugiese, ein Russe, ein Pole gewesen sein – darunter kann man dann aussuchen. Nach dem Wust von Spekulationen, den wir eben untersucht haben, kann es uns nicht mehr überraschen, in der *Reynolds News* recht jungen Datums zu lesen: »In den vergangenen Jahren ist nichts ans Licht gekommen, um die Theorie von Scotland Yard zu ändern, die den Abschluß der Akten über den grausamsten Mörder der Polizeigeschichte bezeichnet: ›Er war ein polnischer Seemann.‹«

[1] Der Amerikaner Richard H. Barker trägt in seinem Buch *The Fatal Caress* New York 1947 die Hypothese vor, daß Jack the Ripper Professor an einem der Londoner Colleges war: ein Mann reifen Alters mit einer Leidenschaft für handgreifliche Scherze; in seiner kleinen schwarzen Tasche habe er nichts Tödlicheres befördert als Manuskripte und Vorlesungsaufzeichnungen. »Solch eine Theorie«, schreibt Barker, »trägt dazu bei, den einzigen Fehler zu erklären, den man Jack vernünftigerweise überhaupt vorwerfen kann: seine unheilbare Langatmigkeit, seine Unfähigkeit aufzuhören, als es bereits völlig klar war, daß sein Publikum genug hatte.«

I

»Nun, da es dem Ripper gelungen ist, die Aufmerksamkeit für den Augenblick auf die soziale Frage zu lenken ...« So beginnt George Bernard Shaw einen Brief an den *Star*, in dem er über die Morde in Whitechapel spricht. Für den damals 32 Jahre alten Shaw war es sehr einfach, Jack the Ripper zu identifizieren: Er war ein Sozialreformer von »unabhängigem Genie«. Der junge Bühnenschriftsteller, der sich bereits einen Ruf als Moralist und geistvoller Schriftsteller erworben hatte, benutzte den Ripper als Mittel, Kritik an den besitzenden Klassen zu üben; und trotzdem zeigt seine These mehr Logik und ist glaubwürdiger als die emsigen Abhandlungen der sogenannten Fachleute, die wir eben untersucht haben. In diesem Brief mit der Überschrift »Blutgeld für Whitechapel« stellt er zunächst die Zustände vor und nach dem Auftreten des Rippers einander gegenüber:

»Vor kaum einem Jahr schrie die Presse des West End buchstäblich nach dem Blut des Volkes – sie stachelte Sir Charles Warren an, den Abschaum, der es wagte, über Hunger zu klagen, zu verdreschen und zu zerreißen – kurz, sie verhielt sich, wie sich die besitzende Klasse stets verhält, wenn die Arbeiter es wagen, die Zähne zu zeigen und diese Klasse damit in den Wahnsinn des Entsetzens zu stürzen.«

Seit den ersten Morden in Whitechapel hatte die Presse jedoch einen bemerkenswerten Herzenswandel durchgemacht. Redakteure schrieben jetzt voller Gefühl über die »Dunklen Annies« in ihrer Mitte, und die Luft hallte wider von *mea culpa*.

»Während wir konventionellen Sozialdemokraten unsere Zeit an Erziehung, Agitation und Organisation verschwendeten, hat irgendein unabhängiges Genie die Sache in die Hand genommen und dadurch, daß es einfach vier Frauen tötete und ausweidete, die das Privateigentum vertretende Presse zu einer Art von unvernünftigem Kommunismus bekehrt. Die Geschichte ist recht hübsch, und die Rebellen, die Dynamitverschwörer, die ›Unbesieglichen‹ und die äußerste Linke der anarchistischen Partei werden nicht zögern, die Moral daraus zu ziehen ... Jedes gesprengte Zuchthaus, jedes zerbrochene Fenster, jeder geplünderte Laden, jede ausgeweidet aufgefundene Leiche bedeutet weitere zehn Pfund Sterling als ›Lösegeld‹.«

Shaw erwähnt darauf die Unruhen der Erwerbslosen im Jahr 1886, als Steine in die Fenster des Carlton Club im Pall Mall geworfen wurden mit dem Erfolg, daß die angstgeschüttelte Beamtenschaft den Fonds des Lord Mayors »zur Linderung der Not« von 3000 auf 78 000 Pfund Sterling erhöhte. »Es bleibt abzuwarten, wieviel diese Morde dem East End als *panem et circenses* einbringen werden.« Der junge Musikkritiker, der Shaw damals war, kann es nicht lassen, die Aristokratie mit sanskulottenhaftem Hohn zu überschütten:

»Wenn es die Gewohnheiten von Herzoginnen nur zuließen, diese in die Hinterhöfe von Whitechapel zu locken; denn ein einziges Experiment in Schlachthausanatomie an einem aristokratischen Opfer könnte durchaus eine runde halbe Million (Pfund Sterling) einbringen und es überflüssig machen, vier Frauen aus dem Volk zu opfern.«

Die Vorstellung, daß Jack the Ripper ein eifriger, wenn auch irregeleiteter Sozialreformer gewesen sein könnte, war dem *Star* auch schon gekommen, wenn die Zeitung sie auch sofort zurückgewiesen hatte. »Schließlich besteht noch die entfernte Möglichkeit — *zu entsetzlich, sie auch nur auszudenken* —«, schrieb der *Star* in einem Leitartikel, »daß hier ein Sozialexperimentator in Freiheit lebt, der entschlossen ist, den Vornehmen zu zeigen, wie die Massen leben« (Hervorhebung von mir). »Zu entsetzlich, sie auch nur auszudenken« — für den victorianischen Geist war die Vorstellung, daß Mord als Instrument der Sozialreform benutzt werde, ebenso undenkbar wie die Vorstellung von einem Mörder, der gleichzeitig handgreifliche Scherze machte und sich als »frecher Jack« unterschrieb. Die Victorianer wollten die Morde in Whitechapel lieber als motivlos betrachten. »Sexualmörder zu fassen bereitet der Polizei die allergrößten Schwierigkeiten«, schreibt Sir Melville Macnaghten, »denn Motive gibt es bei ihnen nicht, nur Blutlust und in vielen Fällen Haß auf die Frau als Frau.«

Zwar hatten auch noch andere überlegt, daß die Morde des Rippers vielleicht soziale oder politiche Bedeutung haben könnten, doch sie begriffen nicht den vollen Zusammenhang dieser Möglichkeit. Die *Lancet* spricht sogar davon, daß die Morde »einem guten Zweck gedient« hätten, nämlich »das öffentliche Gewissen wachzurütteln«. Pastor Samuel Barnett von Toynbee Hall war der Ansicht, daß »die Morde, das darf fast gesagt werden, unbedingt kommen mußten«. Er fuhr fort: »Die Schrecken von Whitechapel werden nicht vergeblich gewesen sein, wenn endlich das öffentliche Gewissen erwacht und über das Leben nachdenkt, das diese Greuel enthüllen.« Barnetts Ehefrau Henrietta, der wir schon als der Organisatorin der Bittschrift der Frauen von Whitechapel begegnet sind, ging noch weiter.

Mrs. Barnett erläuterte, wie kraftvoll die Morde als Anreiz für die Wohnungsreform gewirkt hätten, und schrieb: »Wahrlich, es war die Kreuzigung dieser armen verlorenen Seelen, die den Bezirk erlöste.« Selbst *Commonwealth*, das Organ von William Morris' Sozialisten, mußte zugeben, daß »in unserm

Zeitalter der Widersprüche und Absurditäten ein unmenschlicher Mörder ein wirksamerer Reformer werden kann als alle ehrlichen Propagandisten der Welt«.

»Die Morde mußten – unbedingt kommen.« Wenn sie aber kommen mußten, konnten sie sich dann woanders als in Ostlondon ereignen?

2

Aber waren die Morde des Rippers wirklich ganz ohne Motiv? Je genauer man diese Verbrechen untersucht, desto deutlicher erscheint darin ein Schema. Es ist etwas Logisches an ihnen, was den Victorianern anscheinend entging.

Jack the Ripper handelte fast als Aristoteliker, wenn es darum ging, die dramatischen Einheiten zu beachten. Welch bessere Szene im Hinblick auf den Ort hätte es zum Beispiel für Massenmorde geben können als das Londoner East End, immer vorausgesetzt, daß man tötete, um die Aufmerksamkeit auf soziales Unrecht zu lenken? Nicht einmal das ganze East End, sondern ein winziger Ausschnitt davon in der Nähe des Markts von Spitalfields und begrenzt von der Whitechapel Road, der »üblen Viertelmeile«, wie Pastor Barnett das Gebiet nannte. War das eine willkürliche Wahl? Die *Lancet* gibt in einem Leitartikel die Antwort darauf: »Es ist bemerkenswert, daß die Verbrechen *in genau dem gleichen Bezirk* begangen worden sind, *für den wir als Gesundheitsreformer oft das Eingreifen der Behörden gefordert haben«* (Hervorhebung von mir).

Die Opfer waren sich mit einer einzigen Ausnahme auffallend ähnlich; das ist die zweite Einheit, die der Ripper beachtete. Es waren Prostituierte, über ihre Jugend hinaus, auf der untersten Stufe der Erniedrigung angelangt. Es waren die Lumpenbündel, die Jack London im Schatten der Christuskirche Spitalfields schlafend fand und die, wie man ihm versicherte, ihren Körper für zwei Penny zu verkaufen bereit waren. Die Ausnahme war Mary Kelly, die noch jung war und gut aussah.

Selbst eine gewisse Einheit der Zeit prägte sich im Schema der Morde aus, eine Einheit, die übrigens nichts mit der von L. Forbes Winslow, dem Psychiater, vorgetragenen Mondtheorie zu tun hat[1]. Der Ripper war ein Wochenendmörder. Alle fünf Morde wurden entweder am ersten oder am letzten Wochenende des Monats innerhalb des Zeitraums zwischen Freitag nacht und Montag morgen begangen. Geschah das nicht, um ein Höchstmaß an Be-

[1] Allerdings hatte Winslow recht mit seiner Behauptung, daß alle fünf Morde entweder bei zunehmendem Mond oder wenn der Mond das letzte Viertel erreicht hatte, verübt wurden; so ist es in *Whitacker's Almanac* für 1888 nachzulesen. Die Stellung der Himmelskörper am 7. September, dem Vorabend des Mordes an Annie Chapman, war nach diesem Almanach von besonders unheilkündendem Charakter: Sowohl Merkur als auch Venus standen in Konjunktion mit dem Mond.

kanntheit zu erreichen? In Ostlondon wimmelte es am Wochenende von Menschen; manche wurden von dem Markt auf der Petticoat Lane angezogen, andere stellten ihren Staat auf der Whitechapel Road zur Schau. Welche besseren Mittel hätte es gegeben, um Entsetzen und Bestürzung zu erregen, als diese Menschenmenge mit Blut auf der Straße zu konfrontieren, das noch nicht getrocknet war?
Die Feuerprobe für die Absicht des Rippers kam mit dem Mord an der Kelly, für den er schlau einen öffentlichen Feiertag, die Lord Mayor's Show, wählte. Lange vor diesem festlichen Ereignis sagte ein Reporter von der Fleet Street voraus, daß der Ripper, falls er weitere Verbrechen begehen wolle, den Morgen des 9. November dazu wählen werde. »Ein besonderer Tag, ein Tag großer Erregung würde genau das Rechte für ihn sein, falls ihm daran gelegen wäre, sich als der Verbrecherboß des Jahrhunderts zu zeigen«, soll der Reporter nach Angabe des *Spectator* gesagt haben.
Und wie steht es mit der Tatsache, daß diese Verbrechen in aller Öffentlichkeit begangen wurden? Mit Ausnahme von Mary Kelly wurde den Opfern die Kehle im Freien durchgeschnitten. Die Leichen wurden verstümmelt und dann auf offener Straße liegengelassen, so daß alle Welt sie sehen konnte. Es wurde nicht der geringste Versuch unternommen, etwas zu verbergen. Im Gegenteil, hier machte der Mord absichtlich und laut auf sich selber aufmerksam. Das Schema hätte nicht klarer sein können, wenn der Ripper seine Visitenkarte jedem seiner Opfer an den Unterrock gesteckt hätte.

3

»Der Würger ist offensichtlich kein Ungeheuer, dem Hörner aus dem Kopf wachsen«, sagte Detektivleutnant John J. Donovan von der Bostoner Polizei im Mai 1963 über den Würger von Boston, nachdem man sein achtes Opfer mit einem Nylonstrumpf um den Hals gefunden hatte[1]. »Es ist fast sicher ein sehr achtbarer junger Mann, redegewandt und in einem gutgeschnittenen modernen Anzug.« Mit Ausnahme des heute modernen Anzugs könnte diese Beschreibung ebensogut für Jack the Ripper gelten. Obwohl alles darauf hinweist, daß der Ripper an einer gespaltenen Persönlichkeit litt, daß er ein Jekyll-und-Hyde-Fall des realen Lebens war, so verhielt er sich doch offensichtlich ruhig und hatte in seinem Verhalten und Aussehen nichts, was Aufmerksamkeit oder gar Beunruhigung erregte.
Das Englische hat einen recht guten Ausdruck, um einen solchen Durchschnittsmann zu bezeichnen. Er ist im Juristenjargon bekannt als »der Mann im Omnibus nach Clapham«. In seiner Durchschnittlichkeit war der Ripper geradezu die Apotheose dieses im Bus stehenden Fahrgastes.

[1] *Daily Express* vom 16. Mai 1963.

Die einzig zuverlässige Beschreibung des Rippers war vermutlich die von Joseph Lawende, dem Handelsreisenden, gelieferte; er sah Catherine Eddowes auf dem Mitre Square dicht bei einem Mann stehen, kaum zehn Minuten bevor sie ermordet aufgefunden wurde. »Es war heller Mondschein, fast so hell wie am Tag, und er sah sie deutlich«, bemerkt Major Henry Smith, der amtierende Chef der Citypolizei. »Das war zweifellos der Mörder mit seinem Opfer.« Nun Lawendes Beschreibung von dem Mann: Etwa 30 Jahre alt, 1,75 groß, *schäbiges Aussehen, helle Gesichtshaut und einen kleinen blonden Schnurrbart,* in Marineblau gekleidet und mit einer Mütze mit Schirm (Hervorhebung von mir). Man beachte das »schäbige Aussehen« – nichts von dem Schurken aus der Music-Hall mit dem astrachanbesetzten Mantel, den Gamaschen, der hufeisenförmigen Krawattennadel und der massivgoldenen Uhrkette mit dem roten Stein als Siegel. Und die Angabe »helle Gesichtshaut, blonder Schnurrbart« verweist auch jene andern Schurken – die dunklen, braunhäutigen Bader von russischer oder polnischer Herkunft – ins Reich der Phantasie.

»Der Mörder hat eine silberne Zunge«, bemerkte Detektivleutnant Donovan über den Würger von Boston. »In jedem Fall hatte er Bekanntschaft mit seinem Opfer gemacht und das Vertrauen dieser Frau gewonnen.« Das gleiche läßt sich mit ebensoviel Überzeugung von Jack the Ripper sagen. Das war ein Mann, der es verstand, sich Prostituierten zu nähern, ohne ihren Argwohn zu erregen, der ihre Spache beherrschte, bei dem sie ihre Vorsicht vergaßen. Und man darf dabei nicht vergessen, daß sich die Huren, die in Whitechapel arbeiteten, während dieses ganzen Schreckensherbstes, als der unbekannte Mörder ihre Reihen dezimierte, in einem Zustand befanden, der an Hysterie grenzte. In der Presse wurde angeregt, der Dirnenschaft von Whitechapel Pistolen auszuhändigen, und mindestens eine dieser Schlampen hatte eine Polizeipfeife, die sie benutzte, wie bereits erwähnt wurde, als sie von einem betrunkenen Gastwirt angesprochen wurde.

Ob der Ripper im East End wohnte oder nicht – und ich neige stark zu der Ansicht, daß er es nicht tat –, in der Geographie des Londoner Ostens kannte er sich bestimmt aus. Er wußte, wo es Verbindungsgänge zwischen den Straßen gab, welche Gassen Sackgassen waren, über welche Straßen man nicht weiterkam. Er wußte beispielsweise, daß es eine öffentliche Wasserzapfstelle auf einem Hof an der Dorset Street gab; dort wusch er sich die Hände nach dem Mord an Catherine Eddowes, und die Polizisten trafen dort ein, ehe das blutige Wasser abgelaufen war. Er wußte auch, welche Logierhäuser durch Türen miteinander verbunden waren und wie man durch das Gewirr ihrer Höfe kam, ohne entdeckt zu werden. Er hatte das Gebiet studiert, wie ein General vielleicht eine Lagekarte studiert.

Denn sein Leben hing davon ab, daß er das Gebiet genau kannte. Als ihm beispielsweise in der Nacht des Doppelmords die Polizei dicht auf den Fersen war, hätte ihn eine falsche Wendung, ein falscher Schritt in die Arme der Hüter des Gesetzes geführt. Er kannte die Gewohnheiten der örtlichen Polizeipatrouillen genau. Offenbar wußte er über die Dauer ihrer Runden Bescheid, war geübt darin, auf ihren gemessenen Schritt zu achten, und hatte ihren Mangel an Wahrnehmungsfähigkeit bemerkt. Wenn Jack the Ripper nicht aus dem East End selbst war, und alles deutete darauf hin, daß er es nicht war, dann war er dort doch allgegenwärtig. Er schwebte über diesem elenden, vom Verbrechen gezeichneten Gebiet wie ein böser Geist.

4

In den Wochen nach dem Mord an Mary Kelly herrschten im Scotland Yard ganz ungewöhnliche Verhältnisse. Der Yard verdoppelte keineswegs seine Bemühungen, um den Verbrecher zu fassen, sondern schien in seiner Wachsamkeit nachzulassen. Die leitenden Inspektoren, die für den Ripper-Fall der Mordabteilung zugeteilt worden waren, wurden zurückgezogen. Das gleiche geschah mit den Konstablern, die als Verstärkungen zum East End abgeordnet worden waren. Die Polizeiwache auf der Commercial Street, die zum Feldquartier für zigarrenkauende Detektive in Melonen geworden war, verwandelte sich wieder in ihren Normalzustand.
Die Studenten aus Oxford und Cambridge in der Toynbee Hall patrouillierten den ganzen Winter weiter durch die Straßen im East End – um genau zu sein, bis zum Februar 1889; dann waren sie nicht mehr fähig, »die lange Arbeitszeit und die mit den Patrouillen verbundenen Härten zu ertragen«, wie der *Toynbee Record* schrieb. Doch die Polizei folgte ihrem Beispiel nicht. Im Gegenteil, die Polizei war so fest davon überzeugt, daß man von dem Mörder von Whitechapel nichts mehr hören werde, daß sie ihre Sonderstreifen auflöste. Was machte Scotland Yard so zuversichtlich, daß Jack the Ripper nicht wieder stören werde? Weshalb glaubte die Polizei, daß der Mörder vom Antlitz der Erde verschwunden sei?
Albert Backert vom Sicherheitsausschuß Whitechapel gibt uns die Antwort. Backert teilte den allgemeinen Optimismus in Scotland Yard nicht. Tatsächlich war er so wenig zuversichtlich, daß er seinen Sicherheitsausschuß Whitechapel weiter in Bereitschaft hielt, damit er in dem Augenblick, in dem der Ripper wieder zuschlagen sollte, eingesetzt werden konnte. Da Backert sah, daß Scotland Yard nicht die Absicht hatte, den Mörder weiter zu verfolgen, forderte er Anfang März 1889 ein Gespräch mit der Polizei, in dem er sich bitter über die Sorglosigkeit der Polizei beklagte. Das Ergebnis dieses Gesprächs zeichnete er auf:

»Ich wurde gefragt, ob ich bereit sei, mich eidesstattlich zum Schweigen zu verpflichten, falls man mir dafür gewisse Informationen gäbe. Törichterweise erklärte ich mich dazu bereit. Darauf wurde mir erklärt, daß sich der Sicherheitsausschuß und seine Patrouillen auflösen könnten, *da die Polizei genau wisse, daß der Ripper tot sei.* Ich protestierte und sagte, wenn man mich gezwungen habe, Geheimhaltung zu schwören, müsse man mir schon mehr mitteilen als das. ›Mehr brauchen Sie nicht zu wissen‹, wurde mir erwidert. ›Der fragliche Mann ist tot. *Er wurde vor zwei Monaten aus der Themse gefischt,* und es wäre für seine Angehörigen nur schmerzlich, wenn wir mehr sagen würden.‹

Ich erklärte abermals unter Protest, daß ich ohne Gegenleistung zur Geheimhaltung verpflichtet worden sei, da ich tatsächlich nicht klüger sei als zuvor. ›Wenn keine Morde mehr verübt werden, werde ich schweigen, doch wenn es noch Morde gibt, betrachte ich mich als von meinem Eid entbunden.‹ Darauf wurde die Polizei sehr unangenehm. Die Beamten sagten, eine eidesstattliche Verpflichtung wäre eine ernste Angelegenheit, und *jeder, der das Gerücht aufbringe, daß der Ripper noch am Leben sei, könne wegen Störung der öffentlichen Sicherheit vor Gericht gestellt werden.* Doch die Beamten stimmten mir schließlich zu, daß die Dinge anders lägen, falls noch weitere Morde verübt werden sollten, die nach Ansicht der Polizei Morde des Rippers sein könnten[1]« (Hervorhebungen von mir).

Backert war überzeugt, daß die Polizei ihn entweder zum besten hielt oder daß sie ihn und seinen Sicherheitsausschuß loswerden wollte, den sie von Anfang an als Ärgernis betrachtet hatte. »Ich habe der Polizei die Geschichte nicht geglaubt«, gestand er, »wenn ich mein Versprechen auch bis nach dem Mord an (Alice) McKenzie im Jahr 1891 gehalten habe.«

In einem Punkt täuschte sich Backert. Die Theorie, daß Jack the Ripper kurz nach dem Mord an der Kelly Selbstmord begangen habe, indem er sich in der Themse ertränkte, war kein Scherz, sondern die feste Überzeugung von zwei Polizeichefs – sogar von dreien, wenn man Sir Charles Warren mitzählt.

Das gleiche Thema wird von einer Reihe von Kriminalschriftstellern aufgenommen, die das Vertrauen von Scotland Yard genossen. So schreibt Major Arthur Griffiths, nachdem er erklärt hat, daß die Polizei den »starken Verdacht« hege, daß ein gewisser Arzt der Ripper sei: »Er verschwand unmittelbar nach dem letzten Mord ... Am letzten Tag jenes Jahres, sieben Wochen später, fand man seine Leiche in der Themse schwimmen, und es hieß, sie sei einen Monat lang im Wasser gewesen.« Basil Thomson, der im Jahr 1913 stellvertretender Polizeichef und Leiter der Kriminalabteilung wurde, legt auch die Nationalität des Arztes fest: »Die Ansicht der Beamten der Kriminalabteilung war zu jener Zeit die, daß sie (die Morde) das Werk eines gei-

[1] Backerts Erklärung wird von Donald McCormick zitiert, der sie anscheinend aus Dr. Thomas Duttons Papieren hat.

steskranken russischen Arztes waren und daß sich dieser Mann der Festnahme entzog, indem er Ende 1888 Selbstmord beging.«

Sir John Moylan, Offizier des Ordens vom Britischen Reich, Polizeihistoriker und einstiger Unterstaatssekretär im Innenministerium, verzichtete darauf, Spekulationen über die Nationalität des Rippers anzustellen, sondern bemerkt lediglich: »Der Mörder, das steht jetzt fest, entging der Gerechtigkeit, indem er Ende 1888 Selbstmord beging.« Wir sind der Selbstmordtheorie schon einmal begegnet, und zwar bei Edwin T. Woodhall, einem Kriminalschriftsteller, der früher selbst der Kriminalabteilung angehört hatte und berichtete, daß man die Leiche eines als Ripper Verdächtigen, der sich das Gesicht mit angesengtem Kork geschwärzt hatte, in der Themse fand, als ein am Waterloopier liegender Raddampfer verlegt wurde.

Doch keiner dieser Männer, das muß beachtet werden, war an der Untersuchung der Morde des Rippers im Jahr 1888 selbst beteiligt. Wie konnten sie dann so genau wissen, daß sich der Ripper nach dem Mord im Miller's Court ertränkt hatte? Wie kommt es zu dieser einmütigen Ansicht? Welche Umstände waren es, die den Beamten jeden Zweifel nahmen? Es wird jetzt Zeit, dem Geheimnis auf den Grund zu gehen.

1

Die Verantwortung für die Geschichte, daß sich der Ripper nach dem Mord an der Kelly ertränkt habe, trägt Sir Melville Macnaghten, der von 1903 bis 1913 das Amt des stellvertretenden Polizeichefs und Leiters der Kriminalabteilung innehatte. In seinen Erinnerungen spricht Macnaghten von den beiden großen Enttäuschungen seines Lebens, von denen die eine die war, daß er niemals für Eton Kricket gegen Harrow spielen konnte. »Die zweite«, schrieb er, »war die, daß ich erst sechs Monate nach Jack the Rippers Selbstmord Kriminalbeamter wurde und mich deshalb nie an diesem faszinierenden Individuum versuchen konnte.«

Macnaghtens Vater war eine Zeitlang Vorsitzender der Ostindien-Kompanie, und Sir Melville Macnaghten ging, wie bereits erwähnt, in Eton zur Schule; deshalb war es eine Überraschung, daß er sich die Metropolitanpolizei als berufliche Laufbahn wählte und in der bescheidenen Rolle als stellvertretender Leiter der uniformierten Polizeikräfte dort eintrat. Doch er zeichnete sich aus, und wenn er sich auch nie am Ripper versuchen konnte, so klärte er doch viele andere bedeutende Fälle, darunter einige berühmte Morde. Im Jahr 1907 wurde er für seine Dienste geadelt und im Jahr 1913 wegen mangelnder Gesundheit pensioniert.

Hargrave L. Adam bezeichnet Macnaghten als »besonnen, beherrscht, verschwiegen, höflich, mit wachen Augen und vorsichtiger Zunge« und seinen Chef als »vollgestopft mit Amtsgeheimnissen«. Eines dieser Amtsgeheimnisse war laut Adam die Identität des Rippers. Adam zitiert Macnaghten, der gesagt habe, er besitze »dokumentarische Beweise« für diese Identität, habe die Papiere jedoch verbrannt – »gewiß ein beispielloses Vorgehen für einen Polizeibeamten«, kommentiert Adam[1]. Donald McCormick wiederholt die Geschichte von der Vernichtung der Dokumente: »Sir Melville Macnaghtens Ansichten sind besonders interessant, wenn auch nur deshalb, weil er an einer Stelle erklärte, er habe ›dokumentarische Beweise für die Identität des Verbrechers, habe die Papiere jedoch verbrannt‹. Das ist ein erstaunliches Geständnis von einem hohen Polizeibeamten.«

Macnaghtens Tochter, die verwitwete Lady Aberconway, glaubt, daß ihr Vater, falls er eine solche Erklärung abgegeben habe, das tat, um seine Freunde im Garrick-Club zum Schweigen zu bringen, die ihn ständig mit Fragen über Jack the Ripper bedrängt hätten. Sie bezweifelt jedoch, daß ihr Vater tatsächlich irgendwelche dokumentarischen Beweise im Hinblick auf die Identität des Rippers vernichtet habe. In einem Brief vom 7. November 1939 an den *New*

[1] H. L. Adam a. a. O.

Statesman erklärt Lady Aberconway: »Ich besitze die Privataufzeichnungen meines Vaters über Jack the Ripper, in denen er drei Individuen nennt, ›gegen die die Polizei sehr begründeten Verdacht hegt‹, und erklärt, welcher dieser drei Männer seiner Ansicht nach der Mörder ist.«
Diese Aufzeichnungen bilden die Grundlage für alle folgenden Behauptungen, daß Jack the Ripper Selbstmord begangen habe. Major Arthur Griffiths beispielsweise kopierte diese Aufzeichnungen fast wörtlich und ließ nur die Namen der drei Männer aus, die die Polizei stark verdächtigte. Kürzlich wurden die Aufzeichnungen in einer Fernsehrekonstruktion der Verbrechen des Rippers benutzt, die Daniel Farson den britischen Fernsehzuschauern darbot. Diesmal wurde Macnaghtens Hauptverdächtiger mit einigen Einzelheiten beschrieben, doch nicht genannt, wenn auch seine Initialen M. J. D. angegeben und seine Sterbeurkunde auf dem Fernsehschirm gezeigt wurde; der Name war allerdings auf dem Dokument unkenntlich gemacht worden.
Macnaghten hatte seine Aufzeichnungen über Jack the Ripper im Jahr 1894 oder sechs Jahre nach den Morden in Whitechapel geschrieben. Sie wurden durch eine Artikelreihe ausgelöst, die im Februar 1894 in der *Sun* erschienen und versuchten, die Verbrechen des Rippers einem harmlosen Fetischisten namens Thomas Cutbush zuzuschieben[1]. Es geht Macnaghten offensichtlich darum, Gerüchte zu unterdrücken, die die Ripper-Legenden am Leben halten wollen, indem sie ihm verschiedene ungeklärte, besonders gewalttätige Morde zuschreiben. Und es gelingt Macnaghten fraglos, die wilden Behauptungen der *Sun* im Hinblick auf Cutbush Lügen zu strafen. Macnaghten erklärt dann, daß »der Mörder von Whitechapel fünf Opfer hatte und nicht mehr«, die er als Mary Ann Nicholls, Annie Chapman, Elizabeth Stride, Catherine Eddowes und Mary Kelly aufzählt. Über den Grund, weshalb der Ripper sein Werk nach dem 9. November 1888 einstellte, schreibt Macnaghten:

»Eine sehr viel vernünftigere und brauchbarere Theorie ist meiner Ansicht nach die, daß der Geist des Rippers nach der schrecklichen Übersättigung im Miller's Court völlig gestört wurde und daß der Ripper dann Selbstmord beging oder – als weniger wahrscheinliche Alternative – von seinen Angehörigen so hoffnungslos geisteskrank gefunden wurde, daß sie, das Schlimmste befürchtend, ihn in einem Irrenhaus einsperrten ... Ich zähle drei Männer auf, gegen die die Polizei sehr begründeten Verdacht hegte. Nach sorgfältigen und eingehenden Überlegungen neige ich persönlich dazu, die beiden letzten zu entlasten, *aber ich habe im Hinblick auf Nummer 1 immer starken Verdacht gehabt, und je länger ich über die Angelegenheit nachdenke, desto stärker wird dieser Verdacht.* Die Wahrheit wird jedoch nie bekannt werden, und sie lag tatsächlich einmal, wenn meine Vermutungen richtig sind, auf dem Grund der Themse.

[1] Siehe Anhang B.

Nr. 1. M. J. Druitt, ein Arzt von etwa 41 Jahren und aus recht guter Familie, der zur Zeit des Mordes im Miller's Court verschwand und dessen Leiche am 3. Dezember in der Themse treibend gefunden wurde, d. h. sieben Wochen nach dem besagten Mord. Die Leiche sollte einen Monat im Wasser gewesen sein oder länger – man fand bei ihr eine Monatskarte zwischen Blackheath und London. Nach privaten Mitteilungen hege ich kaum Zweifel daran, daß die eigene Familie den Mann im Verdacht hatte, der Mörder von Whitechapel zu sein; es wurde behauptet, er sei triebkrank.
Nr. 2. Kosminski, ein polnischer Jude, der im Herzen des Bezirks wohnte, wo die Morde verübt wurden. Er war infolge vieler Jahre einsamer Laster geisteskrank geworden. Er hegte heftigen Haß auf Frauen und hatte starke mörderische Neigungen. Er wurde etwa im März 1889 in ein Irrenhaus gebracht (wo er, wie ich glaube, noch lebt). Dieser Mann ähnelte in der äußeren Erscheinung sehr dem Individuum, das der Konstabler der Citypolizei in der Nähe des Mitre Square sah.
Nr. 3. Michael Ostrog, ein verrückter russischer Arzt, Zuchthäusler und fraglos ein mörderischer Wahnsinniger. Dieser Mann soll gewohnheitsmäßig grausam zu Frauen gewesen sein; es ist bekannt, daß er lange Zeit ständig chirurgische Messer und andere Instrumente bei sich hatte; seine Antezedenzien waren sehr übel, und sein Aufenthalt während der Morde in Whitechapel konnte nie genau festgestellt werden. Er lebt noch.« (Hervorhebungen von mir.)

In seinen 1914 veröffentlichten Erinnerungen sinnt Macnaghten abermals über die Identität Jack the Rippers nach und bezieht sich dabei offenbar auf Notizen, die er zwanzig Jahre früher aufgezeichnet hat. Doch nun werden der polnische Jude und der russische Arzt nicht mehr erwähnt, und ebensowenig gibt Sir Melville Macnaghten den Namen des Individuums an, auf das sich sein Verdacht endgültig gerichtet hat. Er glaubt auch nicht mehr, daß dieser Mann von seinen Angehörigen in ein Irrenhaus gebracht worden ist. Über seinen Hauptverdächtigen gibt er noch eine weitere Information: »Der Mann war natürlich ein Triebkranker ... Ich glaube nicht, daß auch nur das geringste von religiösem Wahnsinn an dem wahren Jakob war, ebensowenig glaube ich, daß er je in einem Sanatorium gewesen ist oder in Logierhäusern gewohnt hat. Ich neige zu der Ansicht, daß das Individuum, das London in Schrecken versetzt hat, bei seinen Angehörigen gelebt, daß er sich zu gewissen Zeiten von daheim entfernt und daß er am oder um den 10. November 1888 Selbstmord begangen hat.«
Sir Melville vertrat seine Ansichten im Hinblick auf dieses Individuum sehr nachdrücklich, das er früher als »M. J. Druitt, ein Arzt von etwa 41 Jahren«, beschrieben hatte. Er äußerte diese Ansichten unter anderm auch Major Arthur Griffiths gegenüber, einem früheren Inspektor der Gefängnisse Ihrer Majestät.

Journalist George R. Sims, ein weiterer von Macnaghtens Freunden, hörte die Geschichte anscheinend auch, denn in seinen Erinnerungen sagt er, daß der Ripper Arzt gewesen sei, und bestätigt, daß seine »Leiche in der Themse gefunden wurde, nachdem sie fast einen Monat im Fluß gelegen hatte«. Er setzt hinzu: »Es gibt Umstände, die bei der Polizei wenig Zweifel über die Identität des Rippers zulassen.« In einem früheren Buch stellt er den Ripper als einen mörderischen Wahnsinnigen dar, der das gewöhnliche Leben eines freien Bürgers führt. »Er fuhr in Straßenbahnen und Omnibussen«, behauptet Sims, »er reiste mit der Untergrundbahn nach Whitechapel, häufig spät nachts. Wahrscheinlich hatte er bei mehreren Gelegenheiten nur einen einzigen Mitpassagier im Abteil, und das kann auch eine Frau gewesen sein ... Einige von uns müssen ihm auf der Straße begegnet sein oder vielleicht in einem Café oder Restaurant neben ihm gesessen haben. Er war ein Mann aus guter Familie, gebildet und so begütert, daß er ohne Arbeit leben konnte. Mindestens ein Jahr lang war er ein freier Mann, der alle Vorrechte der Freiheit genoß. Und dennoch war er ein mordender Wahnsinniger von der teuflischsten Art[1].«

2

»Ich habe niemals Tagebuch geführt, nicht einmal ein Notizbuch besessen«, brüstet sich Sir Melville Macnaghten in seinen Erinnerungen. Doch es ist vielleicht bedauerlich, daß der Chef der Kriminalpolizei kein Notizbuch führte, denn damit, daß er sich bei Ereignissen, die viele Jahre zurücklagen, nur auf sein Gedächtnis verließ, haben sich viele Irrtümer in seine Erörterungen des Ripper-Falles eingeschlichen, sowohl in die aus dem Jahr 1894 als auch in die 1914 veröffentlichten Erinnerungen. Zum Beispiel leitet er in seinen Erinnerungen den Abschnitt über Jack the Ripper damit ein, daß er sagt: »Obwohl sich der Mörder von Whitechapel – kurz nach der Affäre auf der Dorset Street im November 1888 aller Wahrscheinlichkeit nach selbst den Tod gab, *gelangten gewisse Tatsachen, die auf diesen Schluß hinweisen, erst einige Jahre, nachdem ich Kriminalbeamter geworden war, der Polizei zur Kenntnis«* (Hervorhebung von mir). Hier läßt sich Macnaghten deutlich von seinem Gedächtnis in die Irre führen, wie sich aus Albert Backerts Erklärung ergibt. Man wird sich erinnern, daß Backert als Mitglied des Sicherheitsausschusses Whitechapel bereits im März 1889 zum Scotland Yard gerufen und aufgefordert wurde, die Straßenpatrouillen aufzugeben, »da die Polizei genau wisse, daß der Ripper tot sei«; seine Leiche sei »vor zwei Monaten aus der Themse gefischt« worden. Backerts Gespräch im Scotland Yard muß also stattgefunden haben, ehe Sir Melville Macnaghten bei der Kriminalpolizei eintrat.

[1] George R. Sims *The Mysteries of Modern London* London 1906.

Weiter schreibt Macnaghten in seiner Notiz vom Jahr 1894 über den polnischen Verdächtigen Kosminski, er »ähnelte in der äußeren Erscheinung stark dem Individuum, das der Konstabler der Citypolizei in der Nähe des Mitre Square« in der Nacht sah, als Catherine Eddowes ermordet wurde. Ich finde nirgends einen Hinweis darauf, daß ein Konstabler der Citypolizei einen Mann unmittelbar vor oder unmittelbar nach dem Mord in der Nähe des Mitre Square gesehen hätte. Im Gegenteil, Polizeikonstabler Edward Watkins, der diese Runde zu gehen hatte, sagte bei der Totenschau aus, daß er keinem Menschen in der Nähe des Platzes begegnet sei. Anscheinend verwechselt Macnaghten den Citykonstabler mit Joseph Lawende, dem Handelsreisenden, der tatsächlich einen Mann und eine Frau auf dem Mitre Square miteinander sprechen sah, fünfzehn Minuten bevor der Mord entdeckt wurde.
Den allergrößten Fehler macht Macnaghten aber, wenn er seinen Verdächtigen Nr. 1 als »einen Arzt, etwa 41 Jahre alt«, bezeichnet. Montague John Druitt war, als er Selbstmord beging, erst 31 Jahre alt und nicht Arzt. Er war Barrister, also ein vor den höheren Gerichten plädierender Anwalt, und hatte seine Berufung für die Gerichte im Inner Temple im April 1885 erhalten. Sein Vater William Druitt war dagegen Chirurg. Ebenso sein Großvater, sein Onkel und sein Vetter. Der Barrister Montague John Druitt stammte aus einer langen Linie von Mitgliedern des Königlichen Chirurgenkollegiums.

3

Leonard Matters weist in seinem Buch über Jack the Ripper die Behauptung zurück, daß die Leiche des Rippers in der Themse gefunden worden sei. »Für diese Behauptung gibt es nicht die geringste Bestätigung«, schreibt er, »und alle darauf beruhenden Theorien, all die zuversichtlichen Versicherungen, daß die Polizei ›ihren Mann‹ gefunden habe, sind wertlos.« Donald McCormick neigt dazu, ihm zuzustimmen. »Um diese Theorie zu prüfen, ist es notwendig festzustellen, welcher Arzt am letzten Tag des Dezember 1888 ertrunken in der Themse gefunden wurde. Doch sobald man dies prüft, wird die Theorie unhaltbar. Denn in keiner der führenden Londoner Morgen- oder Abendzeitungen jener Zeit wird ein solcher Vorfall zwischen dem 9. November 1888 und Ende Januar 1889 erwähnt. Ebenso geben weder die Spalten der Todesanzeigen in den Zeitungen noch die Nachrufe im *Medical Directory* für 1889 und 1890 Hinweise.«
Zu schade, daß McCormick sein Netz nicht ein wenig weiter spannte, denn hätte er das getan, wäre seine Geduld belohnt worden. Hätte er zum Beispiel die Zeitung *County of Middlesex Independent* von Mittwoch, den 2. Januar 1889, durchsucht, wäre er auf folgende Meldung gestoßen, die unten auf Seite 3 zehn Zeilen einnimmt:

»Im Fluß gefunden – Die Leiche eines gutgekleideten Mannes wurde am Montag in der Höhe von Thorneycrofts Torpedowerft von einem Flußschiffer namens Winslow im Fluß entdeckt. Die Polizei wurde verständigt und der Tote in die Leichenhalle gebracht. Die Leiche, die die eines etwa vierzigjährigen Mannes ist, hat sich etwa einen Monat im Wasser befunden. Nach gewissen Papieren, die man bei der Leiche fand, ist an Freunde in Bournemouth telegrafiert worden. Die Totenschau wird heute stattfinden (Mittwoch).«

An einer andern Stelle bemerkt das Blatt, das in Brentford erschien, daß am Montag, dem 31. Dezember, dem Tag, an dem die Leiche gefunden wurde, »dichter Nebel« herrschte. Am 5. Januar 1889 identifizierte der *Independent* die Leiche und gab einen kurzen Bericht über die Totenschau:

»Selbstmord in der Themse – Dr. Diplock hielt am Mittwoch im Lamb Tap in Chiswick die Totenschau für die Leiche eines Herrn namens Montague John Druitt (sic), 31 Jahre alt, die von einem Flußschiffer am Montag in der Höhe von Thorneycroft in der Themse schwimmend gefunden wurde. *Die Taschen des Toten enthielten Steine.* Die Geschworenen gelangten zu dem Spruch ›Selbstmord während zeitweiliger geistiger Umnachtung‹« (Hervorhebung von mir).

Weitere Einzelheiten über Montague John Druitt muß man im *Southern Guardian* vom 5. Januar 1889 suchen, wo folgender Artikel erscheint:

»Trauriger Tod eines hiesigen Anwalts – Am Mittwoch hielt Dr. Diplock in Chiswick die Totenschau für Montague John Druitt, 31 Jahre alt, ab, der ertrunken in der Themse gefunden wurde. Der Verstorbene wurde von seinem Bruder, einem Rechtsanwalt in Bournemouth, identifiziert, der erklärte, daß der Verstorbene Barrister sei, doch in letzter Zeit an einer Schule in Blackheath unterrichtet habe. Der Verstorbene hat einen Brief hinterlassen, adressiert an Mr. Valentine von der Schule, in dem er auf seinen Selbstmord anspielt. Nachdem die Geschworenen unterrichtet worden waren, wie der Verstorbene in der Themse entdeckt wurde – bei der Leiche fand man einen Scheck über 50 und 16 Pfund Sterling in Gold –, fällten sie den Spruch: ›Selbstmord während einer geistigen Störung.‹
Der verstorbene Herr war in seiner Heimat wohlbekannt und sehr geachtet. Er war ein Barrister von glänzenden Gaben, hatte eine verheißungsvolle Zukunft vor sich, und sein vorzeitiges Ende wird tief betrauert. Die Beerdigung hat am Donnerstagnachmittag auf dem Friedhof Wimborne stattgefunden, und der Leiche folgten die Angehörigen und einige Freunde des Verstorbenen zum Grab...«

Montague John Druitt wurde am 15. August 1857 in Wimborne, Dorset, geboren. Im Westen des Ortes liegt die riesige »Egdon-Heide«, aus den Romanen von Thomas Hardy bekannt, und die Dörfer in der Umgebung sind in seinen Werken deutlich zu erkennen. Hardy selbst lebte in Wimborne Minster oder in »Warborne«, wie es in seinen Büchern heißt; er muß Montague John Druitt also noch eine wohlbekannte Gestalt gewesen sein.
In dieser »Kathedralstadt en miniature«, wie das amtliche Handbuch den Ort nennt, lebte William Druitt, der Vater von Montague John, als Mann von einigem Ansehen. Er war nicht nur der führende Chirurg von Wimborne, sondern auch Friedensrichter, Vorstandsmitglied der anglikanischen Kirche und einer der Kuratoren der 389 Jahre alten Lateinschule, die Lady Margaret, Gräfin von Richmond und Mutter von Henry VII., gegründet hatte. »Ein treuer Kirchenmann und Konservativer«, so bezeichnete der *Wimborne Guardian* Dr. Druitt. »Er vertrat strenge Ansichten im Hinblick auf die Anwendung einiger Teile des Armengesetzes«, setzte die Zeitung hinzu, ohne jedoch zu erläutern, welcher Art diese Ansichten seien. Selbst Sohn eines Chirurgen wurde William Druitt im Jahr 1842 in Wimborne Mitglied der Londoner Gesellschaft der Apotheker und im Jahr 1849 Mitglied des Königlichen Chirurgenkollegiums. Im Juni 1854, im Alter von 34 Jahren, heiratete er Anne, ein Mädchen aus Dorset, zehn Jahre jünger als er. Das Paar hatte sieben Kinder, von denen Montague John der zweite Sohn war.
Die Stellung der Familie Druitt läßt sich leicht daran ablesen, daß Haus Westfield, in dem Montague John Druitt geboren wurde, bei weitem das größte und imposanteste Haus der ganzen Stadt war. Manche Leute sagen, daß dieses lange, niedrige englische Landhaus aus grauem Stein von Dr. Druitt als privates Sanatorium für geisteskranke aristokratische Patienten verwendet worden sei, doch es ist mir nicht gelungen, diese Gerüchte zu verifizieren. Jedenfalls stand es auf einem herrlichen Grundstück, durch hohe Bäume vor neugierigen Blicken abgeschirmt und mit zwei breiten, schön geschwungenen Auffahrten, die zum Eingang führten. Auf dem Grundstück gab es neben den Stallungen für Pferde und Wagen zwei Cottages für die Dienstboten.
In dieser großbürgerlichen Umgebung wuchs Montague John Druitt auf. Daß er ein begabter Junge war, läßt sich nicht bezweifeln, denn er gewann bereits mit dreizehn Jahren bei einem Schulwettbewerb ein Stipendium für das Winchester-College. Die nächsten sechs Jahre, vielleicht die entscheidendsten seines Lebens im Hinblick auf die Formung seines Charakters, sollte er auf dieser berühmten Internatsschule verbringen.
Nach seinen schulischen Leistungen ist Montague John Druitt ein völlig extrovertierter Typ gewesen. Er erhielt sogar einen Preis in Literatur, wenn auch das Thema seines Aufsatzes nicht bekannt ist. Nur beim Theaterspiel erreichte

Druitt das gesteckte Ziel nicht. Sein erstes und letztes Auftreten im Rahmen der Shakespearegesellschaft seiner Schule erlebte er in der Rolle des Junkers Tobias von Rülp in *Was ihr wollt*; über diese Aufführung berichtete *The Wykehamist*, die Schulzeitung: »Doch was sollen wir über Druitts unzureichende Leistung als Junker Tobias sagen? Sie läßt sich besser vorstellen als beschreiben.«

Doch was Montague John Druitt auf der Bühne fehlte, glich er auf dem Sportplatz reichlich aus. Er war ein erstklassiger Kricketspieler und spielte im Sommer 1876 in der ersten Elf der Schule, gewöhnlich als Ballmann in der ersten Halbzeit. Er war ein ausgezeichneter Racketspieler und zeichnete sich auch in Wandball aus. Im Jahr 1874 gewann er mit einem Partner das Wandball-Doppel für die Senioren und wurde im folgenden Jahr Wandballmeister der Schule.

Aber Druitts Hauptliebe galt dem Debattieren, was vermutlich viel dazu beigetragen hat, daß er sich entschloß, Jurist zu werden. Fast von Anfang an betätigte er sich aktiv in der Debattiergesellschaft und wurde im letzten Schuljahr deren Schatzmeister. In der Wahl seiner Diskussionsthemen verrät Montague John Druitt eine stark politische Neigung. So bewunderte er zum Beispiel Gladstone, obwohl er von der liberalen Partei als solcher nicht viel hielt. Was die europäische Politik angeht, war er in seinen Sympathien jakobinisch und verteidigte in einer Debatte im November 1873 die französische Republik, die zu jener Zeit von monarchistischen Verschwörern bedroht war. In einer andern Debatte griff er Bismarcks Einfluß in Europa »als einen moralischen und sozialen Fluch für die Welt« an. Bei seinem letzten Auftreten vor der Debattiergesellschaft verteidigte er die jetzige Generation gegen die Generation ihrer Väter, die verantwortlich für solche Übel wie Sklaverei und Unterdrückung der Frau sei. »Die alte Theorie von der Regierung lautete, ›der Mensch ist für den Staat geschaffen‹«, erklärte er. »Ist es nicht ein großer Fortschritt, daß Staaten für den Menschen geschaffen sein sollen, wie es jetzt der Fall ist?«

Indessen beschäftigten sich nicht alle forensischen Leistungen Druitts mit so ernsten Dingen. In einer Debatte über das Thema »Die gegenwärtige Knechtung durch die Mode ist ein soziales Übel« stellte er sich auf die Seite der Mode und trug das typisch victorianische Argument vor, daß die Mode und der Stil der siebziger Jahre eine »anmutige Verbindung von Schönheit und Nützlichkeit« seien. Überdies verteidigte er Wordsworth gegen seine Verleumder und bezeichnete es als großes Verdienst des Dichters, daß er »ein Bollwerk des Protestantismus« sei.

Im letzten Jahr in Winchester wurde Druitt zum Präfekten der Kapelle gewählt: eine der höchsten Ehren der Schule. Er gehörte auch zu den neunzehn Schülern, die im Herbst 1875 ihre Examina für Oxford und Cambridge mit Erfolg ablegten; im folgenden Jahr erhielt er ein Stipendium seiner Schule für das New College in Oxford. Im Jahr 1876 war der neunzehnjährige Montague John Druitt auf der Schwelle der Universität einer der verheißungsvollsten Schüler von Winchester, gleich gut im Sport wie in den Wissenschaften. Die Schule durfte sich rühmen, ihn zu einem »kraftvollen Christen« geformt zu haben, wenn seine politischen Neigungen auch entschieden radikal waren.

Daß Druitt dieses Versprechen in Oxford nicht erfüllte, ist etwas wie ein Rätsel. War er einer jener Vulkane, die sehr früh ausbrechen und dann nichts mehr sind als ein fauchender Krater? Oder fand er den Wettbewerb in Oxford zu hart und tauchte deshalb ohne Kampf in die Mittelmäßigkeit hinab? Seine Leistungen an der Universität waren alles andere als glänzend. Er fing zwar recht gut an, indem er im Jahr 1878 in der ersten öffentlichen Prüfung in klassischen Fächern den zweitbesten Grad errang, doch bis Ende des Ostersemesters 1880 war er in den klassischen Fächern auf den dritten Grad abgesunken. Er wurde jedoch zum Verwalter des Gemeinschaftsraums der jüngeren Studenten gewählt, was seine Beliebtheit mindestens bei den Jüngeren im New College beweist. Im gleichen Jahr, 1880, verließ er Oxford als Bakkalaureus Artium. Druitt erlebte später noch einmal Alt-Herren-Ruhm, als er, gerade zum Barrister berufen, mit einer Gruppe anderer Alter Herren nach Winchester zurückkehrte, um dort die erste Elf im Kricket zu schlagen; dabei erzielte Druitt in der ersten Halbzeit 38 und in der zweiten 23 Läufe für sich.

5

Im Jahr 1882 – wie auch heute noch – waren die Kosten, um Barrister zu werden, für alle außer den wirklich Wohlhabenden fast unerschwinglich. Der Bewerber mußte zunächst ein Gesuch an eine der vier Rechtsschulen – Inner Temple, Middle Temple, Lincoln's Inn, Gray's Inn – richten, die allein das Recht haben, künftige Barrister auszubilden. Diese erste Hürde setzte die Zahlung einer beträchtlichen Zulassungsgebühr voraus (heute 84 £ 5 s.). Der Bewerber mußte dann seiner Rechtsschule oder -innung, dem Inn, eine Erklärung abgeben, daß er sich in keinem Beruf betätigen werde, ehe er das Schlußexamen der Bar abgelegt habe. Die Tradition verlangte, daß er während der nächsten drei Jahre zweiundsiebzigmal in der Hall speiste, und dabei konnte sich allein die Weinrechnung als ein recht kostspieliger Posten erweisen. Im Gray's Inn beispielsweise trank der Senior der Messe jedem beim Diner anwesenden Herrn einmal zu und nannte dabei einen jeden beim Namen. Die Prüfungen, denen sich der Student von Zeit zu Zeit zu unterziehen hatte, forderten alle hohe Stempelgebühren, und wenn er endlich an die Bar berufen wurde, war auch dafür eine Gebühr fällig (heute 60 £).

Wenn man sich das vergegenwärtigt, ist man nicht überrascht zu hören, daß sich Montague John Druitt mit Zustimmung seines Vaters auf die Sicherheit eines Legats von 500 £ hin, das sein Vater eigens für diesen Zweck in seinem Testament ausgesetzt hatte, Geld lieh. Als der junge Druitt seine Finanzen so geregelt hatte, bewarb er sich um Zulassung zum Inner Temple und wurde am 17. Mai 1882 angenommen. Dort begann für ihn eine neue Art studentischen Lebens. Er lernte, sich der Prüfung des Diners in der Hall zu unterziehen, wo er, umringt von den Porträts früherer Mitglieder der hohen Gerichte, seinen Rotspon trank und der witzigen Rhetorik lauschte. Die nächsten drei Jahre büffelte er in seinen Lehrbüchern und legte seine Prüfungen ab. Dann kam am 29. April 1885 der Berufungsabend, an dem Druitt, in den traditionellen schwarzen Talar gekleidet, vor die Mitglieder des Inn »gerufen« wurde. Durch den Zauber eines Händedrucks wurde er ein ausgewachsener Barrister.
Doch der Jubel über seine Unabhängigkeit mag Montague John Druitt beim Tode seines Vaters im September 1885 wohl vergangen sein. William Druitt, der an einem Herzanfall starb, hinterließ ein Vermögen, das auf 16 579 £ taxiert wurde, und einen merkwürdigen Letzten Willen. Nach diesem Testament fiel die Nutzung aller Mieten und anderer Einkommen aus dem Vermögen, zusammen mit »meinen Pferden, Wagen – und all meinem Wein, der Kohle, dem Korn und andern Verbrauchsgütern«, an die Witwe des Arztes, Ann Druitt. Der Letzte Wille sah Legate von je 6000 £ für jede der drei Töchter vor unter der Bedingung, daß sie nicht vor dem 21. Lebensjahr heirateten. Die Farm in Child Okeford, Dorset, fiel an den ältesten Sohn William. Damit blieb sehr wenig von den irdischen Gütern des Vaters, was unter die drei jüngeren Söhne hätte aufgeteilt werden können. Vielleicht meinte der Chirurg, nachdem er sie auf der Universität hatte ausbilden lassen – alle vier Söhne hatten Oxford besucht –, sei er mit seinen männlichen Nachkommen quitt; wahrscheinlich wollte er seinen Töchtern eine ausreichende Mitgift hinterlassen; die jüngste, Ethel, war, als er starb, erst 14. Doch welche Gründe der Arzt auch für dieses Testament gehabt haben mochte, es mußte Unzufriedenheit hervorrufen.
Inzwischen hatte Montague John Druitt weitere Vorkehrungen für seinen Beruf getroffen und einige Zimmer im Inner Temple gemietet – auf dem King's Bench Walk Nummer 9, einer Straße im Schatten von Bäumen, die einstmals vom Lärm betrunkener Tempelritter widerhallten, bis man sie im vierzehnten Jahrhundert aus dieser Gegend vertrieb. In den achtziger Jahren des neunzehnten Jahrhunderts waren die Junggesellenwohnungen im Inner Temple sehr ruhig und billig – für 60 £ das Jahr konnte man zwei bis drei Zimmer mieten. Druitt ließ seinen Namen in schmalen schwarzen Buchstaben auf die Holztafel vor seiner Tür malen. Er richtete sich ein und wartete auf Klienten. Doch die kamen anscheinend nicht.

»Die Tragödien der Inns – die Lebensgeschichten von Männern, die begeistert zum Beruf des Juristen gekommen sind und völlig enttäuscht wurden – füllen ebenso viele Seiten wie die Gesammelten Rechtsentscheidungen«, schreibt George R. Sims, Journalist und Zeitgenosse von Druitt. Sims setzt hinzu, daß von den 8000 berufenen Barristern höchstens jeder achte seinen Lebensunterhalt verdiene. Das war die Zeit vor dem Armenrecht, das den Armen einige Erleichterung vor den Gerichten brachte. In jenen Tagen konnten es sich nur die Wohlhabenden leisten, Prozesse zu führen.

Montague John Druitt gehörte nicht zu der kleinen Minderheit, die von ihrem juristischen Beruf leben konnten, denn im Jahr 1888 war er Hilfslehrer an einer Privatschule in Blackheath, die ein Mr. George Valentine am Eliot Place Nummer 9 leitete. War es unbesonnen von ihm, seine juristische Laufbahn aufzugeben? Das ist schwer zu sagen. Vielleicht hatte er die Absicht, sie später wiederaufzunehmen, denn er behielt seine Zimmer auf dem King's Bench Walk.

6

In der victorianischen Zeit war Blackheath berüchtigt für seine »Pressen«, unter denen das von Mr. George Valentine geleitete Lehrinstitut einen der ersten Plätze einnahm.

Merkwürdigerweise war Nummer 9 das einzige von der ganzen Reihe schöner Barockhäuser auf dem Eliot Place, das zerstört werden sollte; es wurde 1910 abgerissen und durch ein freistehendes Doppelhaus ersetzt, das sich durch seine Scheußlichkeit vor den Nachbarn auszeichnet. Bereits 1811 hatte es in Nummer 9 eine Schule gegeben, in der Benjamin Disraeli als Internatsschüler gewohnt hatte. In jener Zeit stand die Schule, obwohl sie anglikanisch war, in dem Ruf, liberal in Fragen der Religion zu sein, und der junge Disraeli erhielt die Erlaubnis, samstags hebräischen Unterricht bei einem Rabbiner zu nehmen[1]. Die Schule war außerdem ein wenig versnobt. So wurde sie im Jahr 1865 unter allen Schulen von Blackheath dazu ausersehen, einmal die Woche ein halbes Dutzend Schüler zu beauftragen, die mit Prinz Arthur, dem künftigen Herzog von Connaught, spielen sollten; der Prinz lebte damals mit einem Lehrer im Ranger's House, Greenwich Park[2].

[1] Ein Zeitgenosse liefert das folgende interessante Bild von dem künftigen Premierminister als Schuljunge: »Er war immer zu Späßen aufgelegt; und wenn er im Sommer zu den Ferien nach Haus fuhr und im Fond der großen Kutsche von Blackheath saß, schoß er mit dem Blasrohr Erbsen nach den Passanten.«

[2] In mindestens einem der früheren Schüler scheint das Institut in Nummer 9 jedoch nichts als Abscheu hervorgerufen zu haben. N. F. Abell erzählt uns im Jahr 1905 im *Home Counties Magazine* von dem ersten Tag, den er dort als Internatszögling verbracht hat: »Vor mehr als vierzig Jahren wurde ich in eine Schule in Blackheath auf

Anzeichen deuten darauf hin, daß die Schule in Nummer 9, als Montague John Druitt einige zwanzig Jahre später ihrem Lehrkörper angehörte, bereits zu einem leicht aufgemöbelten Gegenstück zu Dotheboys Hall abgesunken war, wie es Dickens in *Nicholas Nickleby* zeichnet. Nach den Angaben der Volkszählung waren 42 Internatsschüler in die engen Räume der Schule gepfercht, die außerdem noch drei im Haus wohnende Lehrer und sieben Dienstboten – darunter eine Köchin, ein Küchenmädchen und drei Hausmädchen – aufnehmen mußten. Druitt, an die weiten Gebäude von Winchester mit den ebenso geräumigen Zimmern gewöhnt, muß die Enge in Mr. Valentines Schule unerträglich erschienen sein.

Doch im Herbst 1888 wird Druitt nicht viel Zeit gehabt haben, über den traurigen Rückschlag seines Schicksals nachzudenken. Als die Schulzeit am 1. Dezember von den Weihnachtsferien unterbrochen wurde, sollte er Eliot Place Nummer 9 zum letztenmal sehen.

7

Montague John Druitt wurde lebendig zum letztenmal am Montag, dem 3. Dezember 1888, gesehen. Der Tag zog regnerisch und unangenehm herauf: London wurde von einem Ausläufer der Südweststürme erreicht, die die Küsten peitschten. Als der Tag seinen Fortgang nahm, erwiesen sich die Nachrichten fast ebenso scheußlich wie das Wetter. Im Unterhaus beschuldigte Gladstone, der sich dem 80. Geburtstag näherte, die Polizei, brutal gegen irische Nationalisten vorzugehen, und Gladstone wiederum wurde der Quertreibereien beschuldigt. James Monro erschien an diesem Montag im Scotland Yard, um seinen Dienst als Chef der Metropolitanpolizei zu übernehmen. Die verwitwete Lady Kinnaird, die gehofft hatte, daß sie Bibelkolporteure dazu einsetzen könnte, um das dunkelste Whitechapel in eine Wohnung Gottes zu verwandeln, starb friedlich im Schlaf. Neun Arme wurden vor Gericht gestellt, weil sie einen Aufstand im Armenhaus Islington entfesselt hatten. Im weiteren Verlauf des Tages gab das Ansteigen der Themse Anlaß zu einiger Beunruhigung, der Fluß hatte die Leinpfade in der Nähe von Windsor bereits überschwemmt.

An diesem traurigen, windig-regnerischen Tag machte Druitt einen Spaziergang am angeschwollenen Fluß und warf sich in einem Anfall von Ver-

dem Eliot Place gebracht. Ich komme im Spätherbst niemals durch Blackheath, ohne an den Eindruck zu denken, den das Internat mit seiner Kälte und Traurigkeit, mit dem Düster der dunkel abgegrenzten Heide, den laublosen tropfenden Bäumen, der finsteren Ziegelmauer ... und der Zeile unheimlicher, reizloser Häuser, die auf dem Eliot Place standen, auf mich machte.« Mr. Abell verleiht natürlich der victorianischen Abneigung gegen die Barockarchitektur Ausdruck.

zweiflung in die rasche Strömung, nachdem er sich die Taschen vorher sorgfältig mit Steinen beschwert hatte. Seine Leiche wurde erst etwa einen Monat später aus der Themse geborgen. Druitts Selbstmord scheint ein Signal für das Unheil gewesen zu sein, das seine Familie nun überwältigte. Bestimmt erholte sich seine Mutter nie wieder von der Erschütterung. Kurz darauf wurde sie in ein privates Sanatorium für Geisteskranke in Chiswick gebracht, nicht weit von der Stelle entfernt, an der die Leiche ihres Sohnes in der Themse gefunden worden war. Dort starb Mrs. Druitt im Alter von 59 Jahren am 15. Dezember 1890, zwei Jahre und zwölf Tage, nachdem sich ihr Sohn das Leben genommen hatte. »Melancholie« ist die auf ihrer Sterbeurkunde vermerkte Todesursache. Der ausstellende Arzt hat dazu vermerkt: »Gehirnkrankheit 21 Monate; akute Lungenentzündung 8 Tage; Entkräftung.« Falls der Arzt recht hat, datiert Mrs. Druitts Verfall fast genau von jenem regnerischen Dezembertag im Jahr 1888, als ihr Sohn verschwand. Sechs Monate nach dem Tod der Mutter wurde Haus Westfield, die Geburtsstätte von Montague John Druitt, unter den Hammer gebracht.

1

Montague John Druitts Selbstmord hinterläßt eine Kette von Fragezeichen. Was stand zum Beispiel in dem Brief, den er an Mr. Valentine von der Schule in Blackheath richtete? Enthielt er ein Mordgeständnis? Was war mit dem Geld, das man bei ihm fand, den Scheck über 50 und das Gold im Betrag von 16 Pfund Sterling? Das war ein ungewöhnlicher Betrag für einen Schulmeister, mindestens wenn er ihn bei sich trug. Hatte er das Geld von der Bank mit der Absicht zu fliehen abgehoben? Wenn ja, weshalb überlegte er es sich dann anders und stürzte sich in die Themse? »Wahrscheinlich«, schreibt Macnaghten, »geriet sein Geist nach dem schrecklichen Blutbad im Miller's Court völlig in Unordnung, und Druitt beging Selbstmord.«
Schließlich – worauf gründete die Polizei ihren »starken Verdacht«, daß Druitt Jack the Ripper war? Dieser Verdacht kommt der Überzeugung gleich, wenn man die Erklärung von Albert Backert berücksichtigt. Nachdem Backert im März 1889 von Scotland Yard eidesstattlich zur Schweigsamkeit verpflichtet worden war, sagte man ihm, die Polizei sei überzeugt, daß der Ripper tot sei, da man seine Leiche bereits aus der Themse gezogen habe. Die Polizei drohte sogar, Backert vor Gericht zu stellen, falls er weiter verbreite, daß der Ripper noch am Leben sei. Was war die Grundlage dieser Gewißheit? Die exzentrische Art von Druitts Selbstmord? Beweise müßten schon schlüssiger sein. Ein unterschriebenes Mordgeständnis in der Hand von Mr. Valentine? Doch auch das würde allein noch nichts beweisen. Dutzende von Verrückten, von denen einige harmlos waren, andere nicht, waren erschienen und hatten während der Fahndung die Verbrechen des Rippers gestanden.
Der Schlüssel zu dem Geheimnis liegt vermutlich in der Erklärung Macnaghtens: »Nach privaten Mitteilungen hege ich kaum Zweifel daran, daß die eigene Familie den Mann im Verdacht hatte, der Mörder von Whitechapel zu sein.« Irgendwann zwischen dem 3. Dezember, als Montague John Druitt zum letztenmal lebend gesehen wurde, und dem 31. Dezember, als seine Leiche aus der Themse geborgen wurde, muß die Familie Druitt sein Verschwinden bei der Polizei gemeldet haben. Hat einer der Druitts, als er die Vermißtenanzeige aufgab, der Polizei gleichzeitig die Befürchtungen der Familie im Hinblick auf ihn mitgeteilt? Aller Wahrscheinlichkeit nach ist das – wenn man an Macnaghtens Erklärung denkt – geschehen. Es ist sogar möglich, daß sich die Familie vor dem 3. Dezember entschlossen hatte, Montague John Druitt in ein Irrenhaus zu stecken, und daß sie sich dazu der Hilfe der Polizei versichert hatte. Das würde die Anzeichen für eine überstürzte Flucht – die großen Geldbeträge in seinen Taschen – erklären.

Wenn Scotland Yard seinen hypothetischen Fall gegen Druitt als Jack the Ripper tatsächlich ausgebaut haben sollte, dann hätte es dabei einige sehr erhebliche Hindernisse zu überwinden gehabt. Man mußte beispielsweise Druitts Anwesenheit in Whitechapel erklären. Was tat ein Mann von seiner Bildung und dem kultivierten Herkommen in den übelsten Gegenden von Ostlondon? Das wäre die erste Frage, die sich der victorianische Geist stellte. Die Victorianer gestatteten Besuche im East End, vorausgesetzt, daß sie moralischen Zwecken diente. Tatsächlich war diese Art von Streifzügen durch die Elendsviertel in den achtziger Jahren sehr verbreitet. *Punch* hatte sogar eine Karikaturserie, auf der eine Gruppe offensichtlich vornehmer Leute, in aseptisch aussehende Regenmäntel gekleidet, sich aufmachte, »ein liebes kleines Slum in den Minories« zu besuchen. Aber sich mit »diesen lasterhaften Geschöpfen« gemein zu machen, das war eine ganz andere Sache. Die victorianische Ethik duldete solche *nostalgie de la boue* keinesfalls.

Und trotzdem frönten einige von Druitts Zeitgenossen, Männer von hoher Kultur, solch merkwürdigen Neigungen. Walter Sickert, der Maler der Jahrhundertwende, hatte eine ausgesprochene Vorliebe für das gemeine Leben; er besuchte billige Music-Halls und andere übelbeleumundete Lokale. Swinburne war ein weiteres Beispiel. Gejagt von den Erinnerungen an den Prügelblock in Eton, besuchte der Dichter häufig ein Bordell in St. John's Wood, dessen Spezialität das Peitschen war, *le vice anglais*. (»Mein Leben ist kürzlich von einer blonden Freundin bereichert worden, die eine *maison de supplice* hält«, vertraute er einem Freund in einem Brief an; »gelegentlich wirkt Gilead wie Balsam.«) Und doch war Swinburnes sexuelle Verirrung die »gequälte Empfindsamkeit, die zum innersten Wesen seines Seins gehörte«, wenn man seinem letzten Biographen glauben darf.

Ein weiteres Beispiel war William Ewart Gladstone, viermaliger Premierminister von Großbritannien. Gladstones Bemühungen, gefallene Frauen zu retten, bildeten den Grund zur Verzweiflung für seine Angehörigen und Freunde. Der liberale Staatsmann, der aus den lautersten Motiven handelte, pflegte nachts durch die Straßen von Soho zu streifen, Prostituierte aufzulesen und sie seiner Frau nach Haus zu bringen. Einmal versuchte ein Junge, der Gladstone mit einer Dirne sah, ihn zu erpressen. Ein andermal entwarf eine Gruppe politischer Gegner einen Plan, Gladstone von Privatdetektiven beschatten zu lassen. Der Klatsch wurde so laut, daß er im Jahr 1886 schließlich auch die Ohren von Königin Victoria erreichte, die diesen Klatsch als weitere Waffe gegen ihren Premierminister benutzte.

Aber man braucht gar nicht an Laster zu denken, um Druitts Anwesenheit im East End zu erklären. Da war Toynbee Hall, die von Pastor Samuel Barnett im Jahr 1884 gegründete religiöse Wohlfahrtseinrichtung der Universitäten. Als Student mußte Druitt von dem Plan, Toynbee Hall zu bauen, gehört haben, denn Pastor Barnett besuchte Oxford um die Mitte der siebziger Jahre häufig. In jenen Tagen war Oxford ein Ferment der Sozialreform; Studenten wie Dozenten reagierten in gleichem Maß gegen die seelenlosen Lehren der liberalen Wirtschaft. Nachdem Druitts Kurskameraden Pastor Barnett gehört hatten, der ihnen die Entsetzlichkeiten von Spitalfields beschrieb, wo die Masse »ohne Wissen, ohne Hoffnung und oft ohne Hilfe« lebte, erklärten sich viele bereit, ihre Ferien im East End zu verbringen und dort Sozialarbeit zu verrichten.

2

Diese Studenten beantworteten »den Ruf des Ostens« und strömten nun nach Whitechapel. Mit mehr Begeisterung als praktischem Sinn halfen sie den Fonds von »Stiefeln und Decken« verwalten, den das Ehepaar Barnett eingerichtet hatte. Sie beteiligten sich an Blumenausstellungen, Konzerten, Ausspracheabenden, die die Kluft zwischen den Vornehmen und den Massen überbrücken sollten, indem man den letzteren Kultur brachte. Als Toynbee Hall im Jahr 1885 seine Tore als ortsfeste Wohlfahrtseinrichtung öffnete, war ein großer Teil der dort wohnenden Helfer aus Oxford, einige davon Druitts Jahrgangskameraden. Zum Beispiel kam Cyril Jackson, der spätere Vorsitzende des Londoner Grafschaftsrates, der zu jener Zeit in der Toynbee Hall arbeitete, ebenfalls vom New College. Es war deshalb nur natürlich, daß sich Druitt an die Toynbee Hall wandte, nicht nur, um sich dort zu erholen, sondern auch, um Gutes zu tun. Bei seiner Vorliebe für die Polemik war es selbstverständlich, daß er sich an den wöchentlichen »Rauchkonferenzen« oder »Tabakskollegien«, wie sie genannt wurden, beteiligte, wo die sozialen Fragen von kleinen Angestellten und ernsthaften Wohlfahrtsarbeitern, die die Schlipse ihrer alten Schulen trugen, leidenschaftlich diskutiert wurden. Hier wäre Druitt auch mit dem Fabier-Sozialismus in Berührung gekommen, denn Bernard Shaw und die beiden Webbs waren häufige Besucher in Toynbee Hall[1].

»Das Sündenbewußtsein ist der Ausgangspunkt für den Fortschritt gewesen«, bemerkte Pastor Barnett mehr als einmal. Gewiß fehlte es der Umgebung von Toynbee Hall nicht an sündigen Beispielen. Diese winzige Nachbildung von Oxford, die in allen Einzelheiten von dem viereckigen Vorderhof bis zu dem mit Zinnen versehenen Glockenturm getreu war, lag im Herzen von Spitalfields. Das hintere Tor ging auf den George Yard, die jetzige Gunthorpe

[1] Ein weiterer Besucher war übrigens W. I. Lenin. Als John Morley, zeitweise Minister für Indien, im Jahr 1902 in der Toynbee Hall Vorträge hielt, wurde er von einem Ausländer mit gewölbter Stirn und Spitzbart, der seinen Namen als Jacob Richter angab – der deutschen Übersetzung für Lenin, die er während seines Londoner Exils benutzte –, mit scharfen Fragen in die Zange genommen. Lenin machte auf die Leute von Toynbee Hall einen solchen Eindruck, daß Dekan Robinson ihn für den folgenden Sonntag zum Tee einlud.

Street, wo einmal eine Schule für jugendliche Diebe großer Zulauf gehabt hatte. Laut Mayhew pflegte der weibliche Fagin, der diese Dressuranstalt für Verbrecher leitete, ihre jungen Zöglinge, wenn sie morgens auf »Arbeit« ausgingen, zu ermahnen: »Und nun, meine lieben Kleinen, macht's so gut, wie ihr könnt, und Gott segne euch!«

Aber nicht nur Dieberei – auf dem Treppenabsatz des ersten Geschosses in einem dieser Gebäude auf dem George Yard wurde die Leiche von Martha Tabram, aus 39 Stichwunden blutend, gefunden. Vier-, fünfhundert Meter von Toynbee Hall entfernt wurden Annie Chapman und Mary Kelly ermordet. Es kann deshalb nicht überraschen, daß die Studenten in Toynbee Hall sich so eifrig zu einem Sicherheitsausschuß zusammenschlossen, um Jack the Ripper zu jagen. Vielleicht handelten sie nicht einmal so sehr aus selbstlosen Motiven als aus dem Wunsch, jeden Verdacht von sich selbst abzulenken. Im Scherz sagte mir tatsächlich ein Bewohner von Toynbee Hall, daß damals nicht einmal der heiligmäßige Pastor Barnett dem Verdacht der Bevölkerung aus der Umgebung entging, er sei Jack the Ripper.

3

»Selbstmord in einem Anfall geistiger Verwirrung«, lautete der Spruch bei der Totenschau für Montague John Druitt. Wie lange war sein Geist schon gestört gewesen? Das wird man nicht erfahren, obwohl Macnaghten darauf hinweist, daß Druitts Familie schon lange »das Schlimmste befürchtet« habe. Konnte nicht ein Mensch von Druitts Bildung und Kultur, dessen Geist bestenfalls labil war, schon durch den Anblick der Dinge rund um ihn her im Londoner East End an den Rand der Geisteskrankheit gebracht werden? Das nächtliche Schauspiel von Frauen, die ihren Körper für zwei Penny oder eine alte Brotrinde verkauften, hatte Jack London bei seinem kurzen Besuch in Spitalfields zur Übelkeit gebracht. Was mußte es einem Montague John Druitt antun, dessen Geist die Stabilität verloren hatte? Könnte es ein solcher Mann, überwältigt von Hoffnungslosigkeit und einem Gefühl der Vergeblichkeit, nicht als seine Aufgabe betrachtet haben, die Aufmerksamkeit auf diese Übel zu lenken, selbst wenn er dazu Morde verüben mußte?

Pastor Barnett sprach von einer »Leidenschaft für die Gerechtigkeit«, als er die Mission der Sozialarbeiter im East End umschrieb; und er erklärte, daß die Getretenen nur durch »Barmherzigkeit, die ebenso zornig wie mitleidsvoll sein kann«, zu retten seien. Das sind merkwürdige Worte. Wurden sie durch eine völlig verzerrte Intelligenz gefiltert, dann konnten sie buchstäblich als Aufruf zur Aktion verstanden werden, im letzten, verzweifelten Extrem sogar als Aufruf zum Mord. War das der Fall bei dem Mörder von Whitechapel?

»Es war Zeitverschwendung, Jack the Ripper unter den Lumpen von Whitechapel zu suchen«, sagte Alfred E. Knowles, ein ehemaliger Privatdetektiv der Agentur Pinkerton, der in London lebte, zu einem Reporter des *Daily Telegraph.* »Der Mörder muß Mittel zur Verfügung gehabt haben, mit deren Hilfe er seine Wohnung, sein Aussehen und seine Kleidung beliebig verändern konnte.« Darauf machte der Detektiv Scotland Yard schwere Vorwürfe, weil die Polizei die Eisenbahnstationen in der Nähe der City und des East End, besonders an den Wochenenden spät abends, nicht unter Bewachung gehalten habe. »Auf diese Weise hätte jeder Reisende – beobachtet werden können.«

Daß die Polizei ihre Zeit damit verschwendete, wenn sie den Ripper in den Pennen des East End suchte, hätte von Anfang an klar sein müssen. Selbst Einbrecher vermieden diese Löcher, wie wir von M. Williams, dem Polizeirichter, wissen. Wenn ein »Einbrecher etwas wie eine feste Wohnung hätte, wo sein Gehen und Kommen beobachtet werden könnte, dann wäre das verhängnisvoll für sein Unternehmen«, erklärt Williams, »weil er in seinen Werkzeugen die schlüssigen Beweise seiner Schuld bei sich trägt.« Wieviel schlüssiger als Beweis für die Schuld eines Mörders wäre seine blutbefleckte Kleidung! Wieviel größer ist für ihn deshalb die Notwendigkeit, die Logierhäuser zu vermeiden, wo er Gefahr lief, von seinen Schlafkameraden der Polizei übergeben zu werden, falls die ihn nicht sogar vorher gelyncht hätten!

Auch Dr. Thomas Dutton war überzeugt davon, daß der Ripper nicht im East End lebte. »Aber es scheint sicher, daß er in der Nähe des East End wohnte«, setzt Dr. Dutton hinzu, »und das Gebiet südlich des Flusses – Lambeth, Walworth und Camberwill – scheint eine in Frage kommende Gegend zu sein.« Zweifellos war der Umstand, daß Montague John Druitt südlich des Flusses in einer Schule unterrichtete, ein gewichtiges Argument für die Polizei, als sie ihre Hypothese aufstellte, daß Druitt Jack the Ripper sei. Das gäbe beispielsweise eine Erklärung für die geradezu wunderbare Fähigkeit des Rippers, der Polizei zu entwischen, denn Blackheath besaß eine fast direkte Eisenbahnverbindung mit Ostlondon über den Bahnhof Cannon Street in der City; so war es einem in Blackheath lebenden Mann möglich, unbemerkt nach Whitechapel zu kommen und wieder heraus. Die Polizei überwachte die Station nicht. Überdies konnte Druitt, falls er der Ripper war, vom Schauplatz seiner Verbrechen fliehen, ohne die Middlesex Street, Bishopsgate oder sonst eine der bevölkerten Hauptstraßen, die nach Nordlondon oder zum West End führen, zu benutzen. Er brauchte lediglich über Seitengassen den Bahnhof Cannon Street zu erreichen – wenigstens scheint die Polizei so gefolgert zu haben.

So verlockend diese Erklärung auch sein mag, ich neige dazu, sie als nicht mit den Tatsachen des Falls übereinstimmend abzulehnen. Zunächst einmal bewies die bei Druitts Leiche gefundene Monatskarte London-Blackheath, daß er nicht in Blackheath wohnte, sondern dorthin zur Arbeit fuhr. Zum andern gab es nicht die ganze Nacht Verbindung von London nach Blackheath. Nach den Fahrplänen des Jahres 1888 ging der letzte Zug der Southeastern nach Blackheath 11.40 Uhr abends im Bahnhof Cannon Street ab; allerdings fuhr vom Bahnhof London Bridge noch 12.35 Uhr ein Spätzug, der in Blackheath hielt. Doch es liegt auf der Hand, daß keiner dieser Züge dem Mörder für seine Flucht hätte helfen können, da alle fünf Morde des Rippers zwischen 12.35 Uhr und 4 Uhr morgens verübt wurden. Der erste Zug von Cannon Street nach Blackheath ging um 5.10 Uhr, aber wenn der Mörder auf diesen Zug gewartet hätte, wäre die Gefahr, gefaßt zu werden, vervielfacht worden. Doch Druitt brauchte gar nicht nach Blackheath zurückzukehren. Er hatte einen viel sichereren Zufluchtsort dicht bei der Hand, einen Ort, an dem er rasch verschwinden konnte, wenn ihm die Polizei auf den Fersen war. Denn Montague John Druitt hatte immer noch die Zimmer am King's Bench Walk Nummer 9 im Inner Temple inne, und diese geschlossene juristische Enklave war zu Fuß leicht vom East End und dem Schauplatz der Verbrechen des Rippers zu erreichen. Außerdem konnte man auf zwei verschiedenen Wegen zum Inner Temple gelangen, die beide nachts völlig unbelebt waren. Wenn man von der City kam, konnte man die Fleet Street benutzen, wo sich höchstens gelegentlich einmal ein Drucker nach Mitternacht auf der Straße zeigte, oder man ging über das Embankment an der Themse entlang. Zum Inner Temple führten drei Tore, darunter das auf der Tudor Street, dicht bei der Bouverie Street. Ein Wort zu einem verschlafenen Nachtpförtner in seiner Portiersloge hätte Druitt an jedem dieser Tore den Weg geöffnet, ohne daß ihm eine Frage gestellt, ja, ohne daß er auch nur gesehen worden wäre.

Die Notwendigkeit, daß sich Jack the Ripper nach seinen Verbrechen an einen völlig ungestörten Ort zurückziehen konnte, war überhaupt nicht zu überschätzen. Die *Times* schrieb dazu: »Es ist wahrscheinlicher, daß es ein Mann ist, der in einem verhältnismäßig anständigen Haus in dem Bezirk wohnt, in das er sich rasch zurückziehen konnte und in dem er, wenn er es einmal erreicht hatte, in der Lage war, in Muße alle Spuren des grauenhaften Verbrechens von sich zu entfernen.« Ist der Inner Temple die Lösung für das Rätsel, das das Verschwinden des Rippers stellte? Erklärt dies sein jedesmaliges wunderbares Entrinnen?

5

Schließlich bleibt noch die Frage nach der chirurgischen Geschicklichkeit des Rippers. Sir Melville Macnaghten, der sechs Jahre nach den Ereignissen aus der Erinnerung schreibt, beging den entscheidenden Fehler, Druitt als Arzt zu bezeichnen. Aber würde die Tatsache, daß Druitt Jurist und nicht Arzt war, ihn als Verdächtigen ausschließen? In Wirklichkeit widersprachen sich jedoch die Fachleute gründlich darin, wieviel medizinische Kenntnis der Ripper tatsächlich besaß. Ralph Llewellyn, der bei der Totenschau für Polly Nicholls gutachtlich aussagte, war der Ansicht, daß die Verstümmelungen in der »Art und Weise, wie die fehlenden Organe herausgenommen worden seien, eine gewisse anatomische Geschicklichkeit« bewiesen, ein Urteil, mit dem die *Lancet* übereinstimmte. »Offensichtlich«, bemerkte die medizinische Zeitschrift, »war es das Werk eines Experten – mindestens das eines Mannes, der so viel von anatomischen oder pathologischen Untersuchungen wußte, daß er imstande war, die im Becken liegenden Organe mit einer Bewegung des Messers sicherzustellen.«
Frederick G. Brown, der die Obduktion von Catherine Eddowes durchführte, kam zu dem Schluß, daß der Mörder »große Kenntnisse von der Lage der Organe in der Bauchhöhle und von der Möglichkeit, sie zu entfernen«, hatte. Doch ihm widersprachen die beiden Chirurgen George W. Sequeira und William S. Saunders energisch, die ihm bei der Autopsie assistiert hatten und die ihm in den Zeugenstand folgten. Beide sagten aus, daß der Ripper ihrer Ansicht nach keine besondere anatomische Geschicklichkeit bewiesen habe. Dr. Thomas Dutton hatte den Eindruck, daß die chirurgischen Kenntnisse des Rippers nicht größer seien als die, die ein Feldscher oder Badechirurg besaß. Donald McCormick zitiert Dr. Dutton mit folgenden Worten: »Ich bin durchaus bereit zuzugeben, daß nach englischen Maßstäben die Technik des Rippers nicht das gleiche Niveau hatte wie die eines überaus tüchtigen englischen Chirurgen. Schnelligkeit war der Ersatz für Geschicklichkeit ... Und zweifellos war der Ripper ein schneller Operateur, sehr viel schneller, als es der durchschnittliche britische Chirurg je hätte sein können.«
Schließlich tritt daneben noch das Urteil von Dr. D. G. Halsted, das bereits zitiert wurde, nach dem die chirurgische Geschicklichkeit des Rippers nicht größer war, als sie sich ein Hochseefischer beim Entgräten und Filettieren von Fischen hätte erwerben können. Zum Schluß kann ich nur auf die medizinische Tradition der Familie Druitt verweisen, die ich bereits dargestellt habe. Montague John Druitts Vater, Großvater, Onkel und Vetter waren Chirurgen. Es ist mehr als möglich, es ist sogar wahrscheinlich, daß Druitt als interessierter Zuschauer in einer chirurgischen Vorlesung gesessen und gesehen hat, wie sein Vater seine Kunst ausübte. Er hätte so einige Kenntnisse der Chirurgie erworben, wenn diese Kenntnisse vielleicht auch rudimentär waren.

6

»Die Wahrheit wird jedoch nie bekannt werden und lag tatsächlich einmal auf dem Grund der Themse, wenn meine Vermutungen richtig sind«, schreibt Sir Melville Macnaghten in seinen Notizen über Jack the Ripper. Diese Äußerung wirkt ungewöhnlich pessimistisch. Aller Wahrscheinlichkeit nach liegt die Wahrheit eingeschlossen in einem stählernen Aktenschrank von Scotland Yard; oder vielleicht liegt sie auf einer staubigen Bodenkammer vergraben unter Briefen, die seither längst vergessen, unter Fotografien, die verblichen sind, und neben einer Haarlocke, die vor Alter schimmelt. Wenn sich beispielsweise der Brief mit der Andeutung des Selbstmordes, den Druitt an Mr. Valentine adressierte, finden ließe, könnte er wohl einiges Licht auf das Geheimnis werfen. Doch nützlicher, als diese Bodenkammer zu erbrechen oder die Themse zu zwingen, ihr Geheimnis herzugeben, wird es sein zu überlegen, was einen Jack the Ripper hervorbringt, was ihn veranlaßt, sich mörderisch auszutoben. Denn trotz der Fortschritte in den forensischen Wissenschaften ist heute kaum mehr über die Psychologie des Verbrechers oder über die Ökologie des Verbrechens bekannt als zur Zeit der Morde in Whitechapel.
Durch ein unheimliches Zusammentreffen fand ich, als ich Montague John Druitts Nachruf im *Southern Guardin* vom 5. Januar 1889 suchte, auf der benachtbarten Seite einen Artikel mit der Überschrift »Mord und Wissenschaft«, der die Sache genau traf. Ich zitiere einen Teil davon:

»Angenommen, wir fangen den Mörder von Whitechapel, können wir dann nicht, ehe wir ihn dem Henker oder den Behörden in Broadmoor ausliefern, eine wirklich ernsthafte Bemühung machen, seine Antezedenzien und seine Vorfahren zu entdecken, jeden Schritt seines Lebenslaufes, jeden ererbten Instinkt, jede erworbene Vorliebe, jeden moralischen Fehltritt, jede geistige Eigenart zurückzuverfolgen? Die Zeit für solche Bemühungen ist wahrhaftig gekommen. Wir stehen einem geheimnisvollen und furchtbaren Produkt der modernen Zivilisation gegenüber.«

Dieser Artikel wurde vor fünfundsiebzig Jahren geschrieben, noch ehe die Lehrstühle für Kriminologie errichtet wurden.

7

Als ich darum bat, die Kirchenbücher des uralten Münsters von Wimborne sehen zu dürfen, zeigte mir der Küster nicht nur diese, sondern führte mich durch die ganze Kathedrale und machte mich auf verschiedene Denksteine der Familie Druitt aufmerksam, an denen wir vorübergingen. Auch das Buntglasfenster des südlichen Querschiffs war eine Erinnerung an William Druitt, Montague Johns Vater, das seine überlebenden Kinder im Jahre 1892 gestiftet hatten. Dieses Fenster ist ein schönes Stück der Buntglasarbeiten von Clayton und Bell aus jener Zeit, wie mir der Küster sagte. Eine der Töchter hatte dem Münster außerdem eine silberne Patene geschenkt.

Als ich meine Arbeit im Münster beendet hatte, fragte ich einen Straßenarbeiter nach dem Weg zum Friedhof von Wimborne und nahm dann die Straße nach Blandford, die er mir gezeigt hatte. Die Straße führte an Westfield, dem früheren Haus der Familie Druitt, vorüber, das seit den Tagen Montague Johns einigen Veränderungen unterzogen worden war. Von außen sieht das Haus noch genauso aus wie damals, als Montague John als Junge dort spielte. Doch die Bäume sind gefällt, die Auffahrten zum Haus sind fort. Das Grundstück wurde im Jahre 1891 an Sir William Watts aus Bournemouth verkauft und kam später in die Hand von Lady Gertrude Floyer, der verwitweten Gräfin von Moray, die 1928 in diesem Haus starb. Nach ihrem Tod wurde das Innere des Hauses in eine Anzahl kleiner Etagenwohnungen mit Bedienung aufgeteilt; daneben erhebt sich jetzt eine moderne Konstruktion, eine gräßliche Anhäufung von Ziegeln und Mörtel mit dem Namen »Moray Court«.

Wer auch immer den Friedhof von Wimborne angelegt haben mag, er war bestimmt darauf aus, dem Herrn schwere Arbeit zu ersparen, denn die Anordnung stellt bereits eine vorläufige Sortierung für das Jüngste Gericht dar. Auf der linken Seite des kiesbestreuten Mittelwegs schlafen die Mitglieder der anglikanischen Kirche friedlich in ihren Gräbern; auf der rechten Seite sind die Angehörigen anderer Konfessionen und Sekten beerdigt. Auf dem Gipfel einer Anhöhe stehen zwei Kapellen aus grauem Stein, in allen Punkten völlig gleich – bis auf die Glaubensartikel. Der Friedhofswärter, ein junger Mann in Gummistiefeln und mit Backen, die der kalte November gerötet hatte, sah mich fragend an, als ich bat, er möge mir das Erbbegräbnis der Familie Druitt zeigen. »Druitt? Den Namen kenne ich doch«, sagte er. Dann führte er mich den Kiesweg entlang zur anglikanischen Kapelle zur Linken. Dort in dem geweihten Boden neben der Kapelle fand ich, was ich suchte.

Montague John Druitts Grab ist durch ein grobes, mit Flechten bewachsenes Steinkreuz bezeichnet. An der Inschrift am Fuß des Kreuzes hat die Zeit genagt, doch man kann sie noch erkennen. »Dem Gedenken von Mon. Jno. Druitt, 4. Dezember 1888. 31 Jahre alt.« Dahinter liegen seine Eltern in einem gemeinsamen Grab. Neben Montague John liegt der ältere Bruder William, der im Februar 1909 im Alter von 52 Jahren als Junggeselle starb. »Die Leute starben jung in jenen Zeiten«, bemerkte der Wärter neben mir, da er das Alter der beiden Brüder auf den Grabsteinen gelesen hatte. »Keiner von den beiden Burschen hat seinen gerechten Anteil vom Leben gehabt.« Ich stimmte ihm zu.

1

Die Schlagzeile des *Daily Express* vom 8. Februar 1960 strotzte von Tätigkeitswörtern jener Art, auf die Schlagzeilenschreiber so stolz sind:

Pistolen knallen, wo Jack the Ripper zuschlug,
Tot fallen zwei Männer.

Der Artikel darunter begann:

»In der öden schmutzigen Duval Street – wo Jack the Ripper im Jahre 1888 Mary Kelly ermordete – stiegen gestern drei Männer aus einem Wagen und traten in den Pen Club. Wenige Minuten später kamen sie rückwärts wieder heraus. Ein Clubleiter aus Soho, in den Kopf geschossen, stolperte hinter ihnen her. Dann brach er zu einem Haufen zusammen – und starb in der Gosse. Ein zweiter Mann, einst ein verheißungsvoller Mittelgewichtboxer, in den Bauch geschossen, fiel über die Leiche. Der Wagen der Gangster fuhr davon.«

Das war alles oder fast alles: Schießereien und Morde zwischen rivalisierenden Gangstern und von einer Art, wie sie in einer Metropole von der Größe Londons nicht ungewöhnlich ist. Und doch rief das ein Echo hervor. Die Duval Street ist die frühere Dorset Street, die ihren Namen änderte, weil sie nach der Ermordung von Mary Jane Kelly allzu berüchtigt geworden war. Daß der Tod zweimal an der gleichen Stelle zuschlägt, ist vielleicht auch nicht allzu ungewöhnlich. Doch das ist nicht das Entscheidende.
Das Wichtige ist, daß der Ripper, soweit es sich um die Ansicht des Durchschnittslondoners handelt, nie gestorben ist. Mütter jagen ihren Kindern mit diesem Namen Angst ein. Schlagzeilenschreiber halten ihn am Leben. Selbst Elizabeth Taylor, die Filmschauspielerin aus Hollywood, beschwor kürzlich in einem Dokumentarfilm über London im Fernsehen das Andenken des Rippers. Leider erinnert man sich des Rippers aus den falschen Gründen.

2

Ich habe behauptet, daß die Mordserie, die mit dem Namen des Rippers in Verbindung gebracht wird, einem gewissen Schema folgte, daß diese Morde einen besonderen, ihnen eigentümlichen Rhythmus hatten und daß es lediglich die geistige Beschränktheit der Victorianer war, die sie für dieses Schema und diesen Rhythmus unempfänglich machte. Vor allem habe ich behauptet, daß die inneren Beweise in dem Fall darauf hinweisen, daß die Morde als Mittel des sozialen Protestes verübt worden sind. Diese Behauptung wäre bewiesen, wenn die Morde tatsächlich zu Reformen geführt hätten, wenn der Ripper sich irgendein dauerhaftes Denkmal gesetzt hätte. Hat er Ostlondon verändert?

Die Verfasser des Bandes XXVII des *Survey of London,* der sich mit Spitalfields beschäftigt, zögern nicht, ihm gewisse Reformen zuzuschreiben: »Als die Morde Jack the Rippers in Whitechapel während der zweiten Hälfte des Jahres 1888 London aufschreckten, wurden die Zustände in den Logierhäusern der Öffentlichkeit zwangsweise zur Kenntnis gebracht ... Die Morde in Whitechapel lieferten einen weiteren Anstoß für die Neubebauung des Gebietes der Flower und Dean Street.« Bereits im Jahre 1875 hatte die Metropolitan-Abteilung für öffentliche Arbeiten Häuser in diesem Gebiet, in denen 4000 Menschen lebten, als ungeeignet für Wohnzwecke bezeichnet, doch es geschah nichts. Es geschah erst etwa dreizehn Jahre später etwas, als Jack the Ripper sich entschloß, helfend einzugreifen.

Der Ripper spornte Pastor Barnett von Toynbee Hall zur Tat an, der wiederum die Philanthropen zur Hilfe aufrief. Bereits im Oktober 1888, als der Ripper Whitechapel noch mit seinem Messer erkundete, schrieb Pastor Barnett an seinen Bruder über ein »großes Wohnungsbauprojekt«. »Einstweilen müssen wir uns ruhig verhalten«, erklärte er, »aber ich meine, daß wir versuchen können, das ganze üble Viertel neu aufzubauen.« Der Geistliche setzte hinzu, daß ein Kapital von 200 000 Pfund Sterling für die GmbH nötig sein werde, in der Barnetts Frau Henrietta einen Direktorposten übernehmen solle. »Wenn sie eine Diebshöhle in einen Tempel Gottes verwandeln kann, wird sie glücklich sterben«, schloß er.

Ein Jahr später focht Pastor Barnett noch immer seinen guten Kampf mit den Mietwucherern auf der einen und den Vierprozentern auf der andern Seite. Doch der Sieg war bereits in Sicht. Das Gebiet, das der Geistliche unbedingt säubern wollte, zählte nicht weniger als 146 eingetragene »Pennen« mit über 6000 Betten. Allein auf der Flower and Dean Street gab es 1500 Betten, von denen die meisten von Dieben und von Prostituierten des Typs der »dunklen Annie« benutzt wurden, die von einer Penne zur andern wechselten. »Diese Reform ist ungeheuer«, schrieb Pastor Barnett im Oktober 1889 an seinen Bruder, »und wenn sie getan ist, werden wir *nunc dimittis* singen dürfen.«

Die Reform war tatsächlich ungeheuer. Doch dank dem Anstoß, den der Ripper gegeben hatte, erlebte das Jahrzehnt von 1888 bis 1897 ein Wuchern von Baugesellschaften, deren Ziele ebenso wenig wohltätig wie ihre Namen lang waren – zum Beispiel »Die Metropolitangesellschaft zur Verbesserung der Wohnungen der industriellen Schichten«. Pastor Barnetts GmbH kaufte Grundstücke auf der Thrawl und auf der Wentworth Street auf, riß die Logierhäuser ab und errichtete »Musterwohnungen«. Bis 1892 war nahezu die gesamte Nordseite der Flower and Dean Street geräumt worden, und die »Vier-Prozent-Industrial-Wohnungsgesellschaft« hatte Musterhäuser dort erbaut.

Als die Abbrucharbeiter die alten Pennen abrissen, »deckten sie die Höhlen eines Jahrhunderts der Schande auf«, wie ein zeitgenössischer Schriftsteller schrieb. Sie ließen Luft und Licht in die Behausungen, wo Männer und Frauen wie Wölfe in ihren Lagern gelebt hatten. Wände, die von Ungeziefer wimmelten, große Blocks voll von kriechenden Wesen krachten in Wolken von erstickendem Staub zusammen. Das Bettzeug, ebenfalls vor Ungeziefer strotzend, wurde verbrannt. In einigen Logierhäusern waren die Zustände so übel, daß die Arbeitergruppen Lohnzuschläge und große Bierrationen forderten, ehe sie sich bereit erklärten hineinzugehen.

Leider sahen die »Musterwohnungen«, die die Logierhäuser ersetzten, so aus, daß sie wieder nur der Armut Unterkunft boten, statt diese zu lindern, und waren deshalb wie so viele gute Werke der Victorianer von Anfang an zum Scheitern verurteilt. Zunächst einmal fehlte es ihnen an der Wärme und Vertrautheit der gemeinen Pennen, so ekelhaft diese auch gewesen waren. In der Küche eines Logierhauses konnte man wenigstens erwarten, Mitgefühl zu finden, ein Gefühl, das ebenso allgegenwärtig war wie der Geruch der gebratenen grünen Heringe, während in den neuen Mietswohnungen Kriecherei, um irgendwelche Vergünstigungen zu erlangen, die Regel gewesen zu sein scheint. Eine Gruppe von unverheirateten Mechanikern, die von der Zeitschrift *The Builder* interviewt wurden, gaben folgende Erklärung dafür, daß sie ein Logierhaus den »Musterwohnungen« vorzogen, die zu ihrem Wohl auf der Spicer Street in Spitalfields errichtet worden waren: »Der Tee schmeckte ihnen besser«, sagten sie, »wenn sie ihn in Gesellschaft eines Menschen tranken, der im Gespräch mit ihnen den Platz einer Mutter oder Schwester einnehmen könnte.«

3

Durch eine Laune des Schicksals überlebten die sechsgeschossigen victorianischen Musterwohnhäuser in Spitalfields, zu denen Jack the Ripper angeregt hatte, die Luftangriffe des zweiten Weltkriegs. Diese kasernenhaften Musterwohnungen, der Stolz von Pastor Barnett, blieben unbeschädigt, obwohl die Brandbomben in die Nachbarstraßen fielen. Einige sagen, sie blieben verschont, weil die deutsche Luftwaffe die Christuskirche in Spitalfields als Markierungspunkt benutzte und die Heinkelflugzeuge sich nach diesem Kirchturm richteten, um ihre Bomben weiter westlich über der Stadt abzuwerfen. Doch welches der Grund auch gewesen sein mag, diese Mietskasernen sind als eine düstere Erinnerung an die Vergangenheit von Spitalfields und als Denkmal für den Ripper erhalten geblieben. Nicht, daß es dem Ripper sonst an Denkmälern fehlte! Der Winkel auf dem Mitre Square, wo Catherine Eddowes ausgeweidet wurde, ist bis auf den heutigen Tag als »Rippers Ecke« bekannt und ein Schauplatz für die Touristen. Fast jeder East-Ender, mit dem ich über mein Buch sprach, erbot sich übrigens, mich zu den verschiedenen Mordplätzen zu begleiten. Sie waren alle genau bekannt und wurden von den Bewohnern des Viertels häufig besucht.

Wenn man nachts durch dieses Gebiet schlendert – die Textilfabriken sind dann leer und die Ladetore des Marktes Spitalfields geschlossen –, spürt man immer noch die Gegenwart Jack des Rippers. Die Commercial Street ist nachts jetzt so verlassen und schweigsam, daß man beim Vorübergehen an der Christuskirche glaubt, man höre die Insekten, die man Totenuhr nennt, im Gebälk dieses nobelsten Turmes von Nicholas Hawksmoor nagen. Doch die alten Wahrzeichen sind noch vorhanden. An der Ecke die Kneipe Ten Bells, wo Mary Kelly rasch einen Gin trank. Wenn man draußen steht, während sich ein Gast durch die Schwingtür des Lokals schiebt, wartet man unwillkürlich auf das Gelächter von Mary Kelly und ihren Schwestern im Gewerbe. Aber nein, die Kneipe Ten Bells ist jetzt bei Nacht ganz ruhig. Ihre Gäste sind achtbare Arbeiter, die lange bei einem Glas Bier sitzen. Eine Atmosphäre der Stagnation hängt über dem ganzen Bezirk. Irgendwie erhält man das Gefühl, daß Spitalfields verfluchter, unseliger Boden ist. Gewiß, der Krieg mag stark dazu beigetragen haben, aber vielleicht hat sich dieses Gebiet nie wahrhaft von dem schrecklichen Ereignis im Miller's Court erholt. Selbst die Ziegelsteine scheinen einen Geruch von Armut und Laster auszuströmen.

Zwei Blocks weiter steht Hanbury Street Nummer 29, wo Annie Chapman gefunden wurde, das Haupt nahezu vom Rumpf getrennt. Rechts von der Tür unterrichtet einen eine gemalte Inschrift, daß »N. Brill, Friseur und Parfümeur«, hier einmal gewirkt hat; doch alles, was heute von Mr. Brill geblieben ist, sind schmutzige Milchflaschen, von denen eine ganze Reihe vor dem Fenster steht. Von der Haustür führt ein Durchgang zum Hinterhof, der noch genauso aussieht wie damals, als die »dunkle Annie« hier ihrem Schicksal begegnete. Nichts hat sich verändert, das spürt man. Die Worte, die der *Daily Telegraph* benutzte, als er über dieses entsetzliche Geschehnis berichtete, haben heute noch den gleichen Klang der Wahrheit wie vor 75 Jahren:

»Der Geist der ›dunklen Annie‹ wandert noch durch Whitechapel, ungerächt von der Gerechtigkeit... Und doch kann man nicht sagen, daß diese verlorene, verachtete Bürgerin Londons vergeblich gelitten hätte. Im Gegenteil, sie hat durch ihren Tod mehr bewirkt, als manche langen Reden im Parlament und zahllose Briefspalten in den Zeitungen hätten erreichen können. Sie hat unzählige Menschen, die früher niemals einen ernsthaften Gedanken an dieses Thema gewendet haben, gezwungen, sich zu vergegenwärtigen, wie und wo unsere riesige umherstreifende Bevölkerung – die Gestrandeten und Obdachlosen unserer Gassen – lebt und nachts schläft und welch ein Zuhause ihr unsere reiche und aufgeklärte Hauptstadt bietet, nachdem so viele Gesetze erlassen worden sind, um die Wohnungen der Armen zu verbessern, und so viele Millionen von unserer Abteilung für öffentliche Arbeiten, von unsern Verwaltungsbehörden ausgegeben worden sind ... Die ›dunkle Annie‹ wird auf gewisse Weise bewirken, was fünfzig Minister nicht erreichen konnten ...

Bei der Totenschau für Annie Chapman wurde der verrückte Vorschlag gemacht, ihre glasigen Augen zu fotografieren und so zu prüfen, ob die sterbende Netzhaut irgendein Bild von dem grausamen Ungeheuer zeige, das sie tötete und verstümmelte. Besser wäre es gewesen, mit dem Ohr der Phantasie an ihren armen geschwollenen Lippen zu lauschen, denn ohne viel Vorstellungsvermögen hätte ein Innenminister oder Vorsitzender der Metropolitanabteilung für öffentliche Arbeit sie flüstern hören können: ›Wir, eure ermordeten Schwestern, sind das, wozu uns die furchtbaren Häuser, in denen wir leben, gemacht haben. Hinter euren schönen Plätzen und hübschen Straßen laßt ihr unsere Wildtierlager weiter unverändert und ungesäubert. Die Elendsquartiere mit ihrem Schmutz und ihrer Schande zerstören uns Körper und Seele und verbreiten auch unter euch Vornehmen Fieber und Tod, weil sie Brutstätten des Verbrechens und der sozialen Unzufriedenheit sind. Wenn es den Armen Londons möglich sein wird, in Anstand zu leben und zu schlafen, werdet ihr auf den Hinterhöfen nicht mehr so viele Leichen wie die meine auflesen.‹«

A

Als Mythenschöpfer steht Jack the Ripper in der Welt des Verbrechens ohnegleichen da, sowohl was die Zahl als auch was die Wirksamkeit der Mythen angeht, die um ihn entstanden sind. Die geheimnisvolle Aura der Morde von Whitechapel hat Menschen aller Nationen gereizt und immer wieder Romane, Schauspiele, Filme und sogar Opern entstehen lassen, von 1888 bis zum heutigen Tag. In seiner Einleitung zu *The Harlot Killer, The Story of Jack the Ripper in Fact and Fiction* verzeichnet Anthony Boucher einige der Produkte der Dichtung, die ihr Entstehen dem Ripper verdanken, darunter auch eine amüsante Pastiche nach Sherlock Holmes mit dem Titel *Jack el Destripador.* Da Sherlock Holmes und Jack the Ripper ihr erstes öffentliches Auftreten etwa zur gleichen Zeit hatten, sind Pastichen dieser Art sehr beliebt gewesen. Besonders die Deutschen beschäftigten sich in den zwanziger Jahren dieses Jahrhunderts sehr eingehend mit Jack the Ripper, da das Anarchische seiner Verbrechen gut zu ihrer schwarzen Stimmung paßte, die in der expressionistischen Kunst ein Ventil suchte. So erscheint der Ripper in der interessantesten Episode des Films *Das Wachsfigurenkabinett* (mit Emil Jannings, Conrad Veidt und Werner Krauß), den Paul Leni im Jahre 1924 drehte. In diesem Film wird ein hungernder junger Dichter von einem Schausteller engagiert, Reklame für Wachsfiguren wie Harun al Raschid und Iwan den Schrecklichen zu machen. In der Ripper-Episode träumt der Dichter, daß er und die Tochter des Schaustellers von dem »Spring-Heeled Jack« durch eine unheimliche, expressionistische Landschaft verfolgt wird. Siegfried Kracauer erklärt, daß diese Episode »zu den größten Leistungen der Filmkunst« gehöre.
In Frank Wedekinds Doppeldrama *Erdgeist* und *Büchse der Pandora* findet das Ripper-Thema sein besonderes Klima von Sex, Sadismus und Verzweiflung. In diesem Drama geht es um Lulu, eine Dirne, die Männer vernichtet und selber in einer Londoner Dachkammer von Jack the Ripper vernichtet wird – eine Rolle, die Wedekind bei der Uraufführung selbst spielte. Das Drama von Wedekind inspirierte wiederum Alban Berg zu seiner (unbeendeten) Oper *Lulu,* die 1937 in Zürich uraufgeführt wurde; weiter gibt es drei Filmfassungen, die letzte, eine österreichische, aus dem Jahre 1962.
Die bei weitem interessanteste Filmfassung von *Lulu* drehte G. W. Pabst mit Louise Brooks im Jahre 1928. Pabst machte den Höhepunkt des Films zu einer veritablen Walpurgisnacht: Lulu bewirtet in ihrer schmutzigen Londoner Bodenkammer einen afrikanischen Kronprinzen, einen Taubstummen, einen Philosophieprofessor und dazu natürlich Jack the Ripper, der sowohl sie wie ihre lesbische Freundin, Gräfin Geschwitz, ermordet.

Brechts *Dreigroschenoper* ist ebensosehr von Jack the Ripper wie von John Gays *Beggar's Opera* inspiriert. Mackie Messer ist, wie Brecht uns erzählt, ein kapitalistischer Ausbeuter der Verbrechen anderer – »Er sieht streng darauf, daß sämtliche kühnen oder zumindest Schrecken einflößenden Taten seiner Untergebenen ihm selber zugeschrieben werden«[1] –, doch er hat eine Schwäche mit dem wirklichen Ripper gemein: er jagt danach, öffentlich bekannt zu werden. Macheath liebte es, in der Zeitung zu lesen, daß seine Taten nicht des materiellen Profits wegen, sondern aus Sport oder zur Befriedigung einer schöpferischen Begierde oder gar aus einem unerklärlichen dämonischen Zwang heraus begangen wurden. Der Ripper des wirklichen Lebens verfolgte die Berichte in den Zeitungen genau und lachte, wenn die Polizei behauptete, sie habe seine Spur gefunden. »Der Witz mit Lederschürze hat mir einen Lachkrampf eingetragen«, schrieb er und setzte hinzu: »Es heißt jetzt, daß ich ein Arzt bin. Ha! Ha!«

Die Briten schrecken vor expressionistischen Ausdrucksmitteln zurück, wenn sie das Ripper-Thema behandeln. So ist der im Jahre 1959 gedrehte Film *Jack the Ripper* eine ziemlich realistische Rekonstruktion der Verbrechen, die sich auf das Buch von Leonard Matters stützt. In diesem Film sucht ein verrückter Arzt die Verderberin seines Sohnes und fragt die als Opfer Vorgesehene: »Bist du Mary Clarke?« Danach zerschneidet er sie mit seinem Skalpell. Unter anderm wurde, um Reklame für den Film zu machen, vorgeschlagen, die Kinos sollten dafür sorgen, »daß ein Mann in Rock und Zylinder mit Tasche durch die Straßen geht; der Titel sollte mit weißer Farbe auf die Tasche gemalt werden«. »Dieser Reklametrick«, versicherten die Verleiher, »wird großes Interesse hervorrufen.«

Der beliebteste Ripper-Mythos ist jedoch der in Mrs. Belloc Lowndes' Roman *The Lodger* verkörperte. Dieser Roman entstand als Short story. Es handelt sich um die Geschichte eines monströsen Mörders, der im Schoß einer gewöhnlichen Familie lebt. Die Mitglieder dieser Familie wissen nicht, wer ihr Mieter ist. Von diesem Roman sind bisher fünf verschiedene Filmfassungen gedreht worden, die letzte im Jahre 1953. Die originellste ist die von Alfred Hitchcock im Jahre 1926 gemachte Stummfilmfassung mit Ivor Novello. Diesmal ist der Untermieter nicht der Mörder, wenn er auch alles tut, um Verdacht zu erregen. Novello, blaß und christushaft, wird von einer wütenden Menge gehetzt und fast gelyncht, ehe den wirklichen »Rächer« die Gerechtigkeit ereilt. Das ist der erste von Hitchcock gedrehte abendfüllende Film; der Regisseur war damals erst 26; er zeigt sich bereits als der künftige Meister in solchen Szenen wie der Großaufnahme von dem letzten Opfer des »Rächers« zu Anfang des Films; das Schreien des Opfers erweitert sich zu einer Massenszene, die das Entsetzen auf den Gesichtern der Frauen zeigt. Die andern Zelluloidfassungen folgen Mrs. Lowndes' Handlungsablauf ziem-

[1] Bertolt Brecht *Stücke III* Berlin 1958 S. 147.

lich getreu und machen Jack the Lodger, den Untermieter, zu einem religiösen Wahnsinnigen (»Wenn das Böse aus einem schönen Wesen herausgeschnitten wird – dann bleibt nur die Schönheit übrig«), verstärken jedoch die Motivierung seiner Morde. So hat in der Fassung der Twentieth Century-Fox aus dem Jahre 1943 Laird Cregar geschworen, seinen hochbegabten jüngeren Bruder zu rächen, den eine Schauspielerin, die Merle Oberon ähnelt, ruiniert hat. Dieser Film enthält übrigens einen groben Schnitzer: um den Mörder zu fassen, werden Fingerabdrücke benutzt, obwohl Scotland Yard Monsieur Bertillons Methode im Jahre 1888 noch nicht übernommen hatte. Die Neufassung dieses Films aus dem Jahre 1953 mit dem Titel *The Man in the Attic* und Jack Palance in der Hauptrolle weist einen entschiedenen Fortschritt in der psychologischen Auffassung auf. Diesmal hat Mutter an allem schuld, denn Mutter trug anscheinend einen Trikot. »Und in seinem Innern sind Liebe und Haß wütend ineinander verstrickt wegen der gefühllosen Behandlung des Vaters und des Helden selbst durch die Mutter, die Schauspielerin war«, wie es in dem erläuternden Material für die Presse hieß.

Die britische Komponistin Phyllis Tate verarbeitete *The Lodger* zu einer Oper, die am 14. Juli 1960 in der Königlich Londoner Musikakademie uraufgeführt und im Jahre 1964 im Fernsehen ausgestrahlt wurde. Miß Tate beachtet sorgfältig die Regeln der griechischen Tragödie, indem keiner der Morde auf der Szene geschieht, doch es gelingt ihr, den Hörern die religiöse und sexuelle Manie des Untermieters sehr lebhaft zu vermitteln, indem sie die Worte der Geheimen Offenbarung Kapitel 17 in Musik setzt, die da beginnen: »Und ich sah ein Weib sitzen auf einem scharlachfarbenen Tier, das war voll Namen der Lästerung und hatte sieben Häupter und zehn Hörner.« Allmählich begreift die Vermieterin, daß ihr ruhiger, vornehm wirkender Untermieter, der sie und ihren Ehemann vor bitterer Not errettet hat, ein grauenhafter Mörder ist. Der Konflikt im Geist der Vermieterin – soll sie den Geisteskranken der Justiz übergeben? – bildet den Kern der Oper, dazu das, was die Komponistin »das unheilvolle Element« nennt. Miß Tate fügt ihrer Oper solche Neuerungen ein wie einen Chor von zechenden Cockneys, die immer betrunkener, grausamer und geiler werden, während ein Mord nach dem andern hinter der Bühne begangen wird.

Der Ripper ist über den Ärmelkanal gereist und erscheint als *Jack l'Eventreur* in einem Drama gleichen Titels von André de Lorde im Grand Guignol in Paris. Marcel Carné, dem Filmregisseur, blieb es vorbehalten, die Ripper-Verbrechen in einer wilden Filmposse mit dem Titel *Drôle de Drame*, gedreht im Jahre 1937, zu karikieren. In diesem Film, der besonders die Methoden von Scotland Yard verhöhnt, spielt Jean Louis Barrault die Rolle eines Kinomörders, der darauf spezialisiert ist, lediglich Schlachter zu schlachten. Der Grund? Er ist Vegetarier, der geschworen hat, seine animalischen Freunde zu rächen.

Im Februar 1894 erhob die *Sun* den sensationellen Anspruch, sie habe das Geheimnis der Morde in Whitechapel gelöst. »Wir kennen Vor- und Familiennamen von Jack the Ripper«, krähte die Zeitung. »Wir kennen seine jetzige Wohnung; unsere Vertreter haben ihn gesehen, und wir haben eine Menge Erklärungen, Dokumente und andere Beweise seiner Identität im Besitz.«

Nach Angabe der *Sun* hatte ihr Verdächtiger neun Morde begangen, einschließlich dessen an Frances Cole im Jahre 1891; außerdem habe er sechs weitere Frauen überfallen, um sie zu ermorden; dabei habe er von hinten auf sie eingestochen. »Er befand sich während der ganzen Zeit, als die Morde begangen wurden, in Freiheit und in nächster Nähe von Whitechapel«, fuhr der Bericht fort, »und diese Morde hatten sofort ein Ende – als er sicher hinter Schloß und Riegel saß.« Als unwiderlegliches Argument nannte die *Sun* prahlerisch: »Wir besitzen sogar ein Faksimile des Messers, mit dem die Morde verübt wurden, in dem gleichen Geschäft gekauft.«

Nur einen Mangel hatte die Geschichte: Die Zeitung war zu zurückhaltend, den Verdächtigen beim Namen zu nennen; damit bot sie ihren Lesern eine Kurzfassung des *Hamlet* ohne den Dänenprinzen. »Im Augenblick müssen sich die Leser mit weniger Informationen begnügen, als zu unserer Verfügung stehen«, entschuldigte sich das Blatt. »Jack the Ripper hat Verwandte; einige von ihnen befinden sich in Stellungen, die sie zum Ziel einer natürlichen Neugier machen würden – und wir müssen deshalb im Interesse der unglücklichen, unschuldigen und achtbaren Angehörigen darauf verzichten, seinen Namen zu nennen.«

Wenn die *Sun* ihn auch nicht nennen wollte, der von ihr als Jack the Ripper Verdächtigte war Thomas Cutbush, 30 Jahre alt, ein verhältnismäßig harmloser Fetischist, der umherstreifte und den Frauen die Kleider von hinten mit einem Messer aufschlitzte. Als die Artikel erschienen, saß Cutbush in Broadmoor, dem Haus für geisteskranke Verbrecher, und die Geschehnisse, über die der Artikel sprach, hatten sich drei Jahre früher abgespielt – 1891. Die *Sun* hatte recht, wenn sie erklärte, ihr Verdächtiger habe »achtbare Angehörige«, die in Verlegenheit gebracht würden, wenn sein Name enthüllt würde: sein Onkel war hoher Beamter im Kolonialministerium.

Cutbush war jedoch von seiner Mutter und einer unverheirateten Tante erzogen worden, die beide höchst erregbar waren. Im Jahre 1888 lebte er mit diesen beiden Frauen in Kennington und nicht lediglich einen knappen Kilometer von Whitechapel entfernt, wie die *Sun* behauptet hatte.

Als junger Mann bildete sich Cutbush ein, er habe sich eine Geschlechtskrankheit zugezogen. Dieser Gedanke wurde zu einer fixen Idee. Er verbrachte seine Tage damit, über medizinischen Lehrbüchern zu brüten, und betupfte sich, wenn er unterwegs war, das Gesicht mit verschiedenen Salben, die er in der Tasche bei sich trug. Die Nächte verbrachte er, wie die *Sun* uns glauben machen will, damit, daß er durch die Straßen streifte, eine Beute der unheimlichen Hyde-Hälfte seines Charakters. Der Reporter der *Sun* übertraf sich selbst, als er Tante und Mutter beschrieb, die allnächtlich Wache hielten: »Während er in den Stunden der Nacht draußen war, um sein entsetzliches Werk zu tun, saß eine von ihnen auf und wartete ängstlich auf seine Rückkehr – und malte sich in der Phantasie diesen Tiger aus, der wie ein unschuldiges, harmloses Kind, das des Schutzes vor der Gewalttätigkeit anderer bedurfte, von einem Verbrechen zum andern marschierte.«

»Tiger« Cutbush wurde am 7. März 1891 auf frischer Tat ertappt, als Miß Isabel Anderson, 18 Jahre alt, mit einer Begleiterin über die Kennington Road schlenderte, plötzlich ein Zupfen hinten an ihrem Kleid spürte und ein Geräusch vernahm, als ob Stoff zerrissen würde. Sie fuhr herum und sah gerade noch einen Mann mit einem Messer in der rechten Hand. Doch der Mann rannte davon, ehe sie sein Gesicht sehen konnte. Ein anderer Mann verfolgte und fing Cutbush. Später stellte Miß Anderson fest, daß der untere Teil ihres Kleides wie mit einem scharfen Instrument abgeschnitten worden war. In Cutbushs Manteltasche fand die Polizei ein Scheidenmesser, dessen Klinge siebzehn Zentimeter lang war und eine sehr scharfe gebogene Spitze besaß. Dieses Messer stammte, wie festgestellt wurde, aus einem Laden in Houndsditch; der Eigentümer des Geschäfts erinnerte sich, es Cutbush verkauft zu haben. Was die Behauptung der *Sun* betrifft, daß dieses Messer für die Morde in Whitechapel benutzt worden sei, so kaufte Cutbush es im Februar 1891, zwei Jahre und drei Monate nach dem letzten Mord des Rippers.

In Cutbushs Zimmer fand die Polizei ein paar weibliche Papierpuppen in unanständigen Haltungen; armselige Kollagen: die Körper aus alten Modeheften ausgeschnitten und die Beine so angesetzt, daß sie nackte Oberschenkel und rosa Strümpfe darstellten. Nach Angabe der *Sun* waren es »grobe Zeichnungen der Körper von Frauen und ihrer Verstümmelungen in der Art der Morde von Whitechapel«.

Die *Sun* begnügte sich nicht damit, die Abenteuer ihres angeblichen Jack the Ripper aufzuzeichnen, sondern besuchte ihn auch in Broadmoor, drei Jahre, nachdem er dort inhaftiert worden war. Der Reporter, der sich mit Lügen Zugang in diese Anstalt verschaffte, beschrieb Cutbush als mager und leicht gebückt, »als ob er ein Brustleiden hätte«. Sein Gesicht war schmal, die Stirn hoch und fliehend, doch die Augen fesselten die Aufmerksamkeit des Reporters besonders. Sie waren »groß und dunkel«, schrieb er, »und zeigten den Ausdruck eines gehetzten Tieres«. Der arme Cutbush! Die *Sun* war entschlossen, bis zuletzt einen Tiger aus ihm zu machen.